W9-CHY-355

ENSAYO · CRÓNICA

Jesús Blancornelas nació en San Luis Potosí, en 1936. Realizó estudios de Contador privado. Empezó su carrera periodística como redactor de la sección de deportes en 1956 y desde entonces continúa en la profesión. El 27 de noviembre de 1997, después de publicar varios reportajes sobre el cártel de los Arellano Félix, fue víctima de un atentado, recibiendo cuatro impactos de bala. En 1977, fundó el periódico *ABC* de Tijuana y, en 1980, creó el semanario *Zeta*. Ha recibido el premio Maria Moors Cabot, el Premio Nacional de Periodismo del gobierno mexicano, el Premio Internacional del Comité de Protección a Periodistas y el Premio Mundial de Periodismo, otorgado por la UNESCO en Colombia. Es autor de *Biebrich. Crónica de una infamia, Pasaste a mi lado, Una vez nada más, Conversaciones privadas* y *Horas extra. Los nuevos tiempos del narcotráfico*.

JESÚS BLANCORNELAS

EL CÁRTEL

LOS ARELLANO FÉLIX: LA MAFIA MÁS PODEROSA EN LA HISTORIA DE AMÉRICA LATINA

DEBOLSILLO

EL CÁRTEL. Los Arellano Félix: la mafia más poderosa de América Latina

Primera edición en Plaza y Janés, 2002
Primera edición en Debolsillo, 2004
Quinta reimpresión, 2006

D.R. 2006, Random House Mondadori S. A. de C. V.
Av. Homero No. 544, Col. Chapultepec Morales,
Del. Miguel Hidalgo, C. P. 11570, México, D. F.

www.randomhousemondadori.com.mx

Comentarios sobre la edición y contenido de este libro a:
literaria@randomhousemondadori.com.mx

ISBN: 970-0517-46-2

Impreso en México / *Printed in Mexico*

"CON TINTA SANGRE DEL CORAZÓN..."

Pocas veces hablé con grandes capos; fueron muy sinceros, pero traté más con sus abogados; unos, francos; los demás, chapuceros; casi todos están muertos. Bastantes ocasiones, con policías antidrogas de México y Estados Unidos, harto taimados, pocas veces claridosos y verticales. Contadas oportunidades estuve cara a cara con informantes; muy nerviosos, todos hablando como pecador en el confesionario o político "fuera de libreta". Traté telefónicamente a confidentes anónimos harto misteriosos, a veces fantasiosos, otros certeros. Hombres o mujeres desconocidos deslizaron bajo la puerta de mi casa u oficina documentos aparentemente legítimos; nunca los identifiqué, ni hice la lucha. Me interesó más comprobar la originalidad de la información. Disimuladamente recibí expedientes valiosos, proporcionados por funcionarios, acompañados de la frase de rigor: "Yo no te di nada. Jamás hablamos del asunto". No volvieron a recordármelo ni los olvidé, pero nunca develé nombres, nunca; jamás identifiqué, a nadie. Fueron menos los informes equivocados, malintencionados o falsos y hasta con etiqueta de trampa. Otros obligadamente debieron ser confirmados; algunos, por su origen oficial, no lo necesitaban. Y muchos, pero muchos, por haberlos recibido de aquellos cuya cara vi, fueron infalibles.

Compañeros periodistas, tan solidarios como desinteresados, aportándome información, particularmente los cercanos en el semanario *Zeta*. Mi gratitud a todos. A los lejanos en Sinaloa, Jalisco, Tamaulipas y Chihuahua, mi reconocimiento. Y a los que por el quehacer periodístico nos conocemos sólo telefónicamente, correspondo en confianza. La vida me ha enseñado que el periodismo de investigación no es para "llaneros solitarios".

Fueron y son como trozos de telas diferentes para bordar un hermoso cobertor; así se armó este resumen; y no hubiera sido posible sin la permanente protección que me brinda el Ejército mexicano, ajeno a condiciones.

Jamás me propuse escribir acerca del narcotráfico; yo estaba endiosado con la crónica deportiva desde 1955 hasta 1960; luego con la política; pero a inicios de los ochenta coincidieron, mi residencia en la frontera y el nacimiento del cártel Arellano Félix. Desde hace 22 años atestiguo su actividad. Fue como si la fortuna me regalara la combinación de una caja fuerte con mucha información atesorada.

Escarbé hasta donde pude la vida de los Arellano Félix; encontré una niñez feliz, posición desahogada, todos dedicados al estudio, buena chamacada. Pero fue como si estuvieran en la fila de los ordenados y las manos del destino los empujaran para descomponer la formación y caer en la maldad. Históricamente, son los narcotraficantes con una marca difícil de igualar. Nunca nadie sobornó a tantos policías; fue ésta la llave de su éxito. Sin compasión mataron a los inservibles, traidores, enemigos, o tomaron venganza.

En México el narcotráfico creció cuando aumentó la demanda de los consumidores estadounidenses. Geográficamente nuestro país es paso obligado desde América del Sur, donde se inicia el negocio por necesidad. Sabemos quiénes son los productores. El narcotráfico en México y Estados Unidos se debe más a los circunstanciales gobernantes y no tanto a los oportunistas o permanentes mafiosos. Deben existir mayores riquezas de sobornados y menos de narcotraficantes, todos hundidos en el pútrido mar de la corrupción.

La Procuraduría General de la República (PGR) fue inoculada por la epidemia de los dólares y todavía no encuentra cura. En nuestro país resalta el escándalo; los periodistas y no la policía descubren capos y transas. El Ejército mexicano captura a los barones de la droga; funciona con eficacia su servicio de inteligencia. Estados Unidos tuvo años y años a los Arellano Félix residiendo y no los tocó; a los meses de radicar en México, los militares capturaron al principal, como antes a sus colaboradores.

Los periodistas estadounidenses saben nombres, vida y milagros de los mafiosos mexicanos, pero no de los que operan en su país. En Estados Unidos la corrupción es mayor, pero organizada. Tienen más policías y recursos, pero no saben, o si saben lo permiten, quién recibe diariamente toneladas de mariguana y cocaína; tampoco están identificados los mayoristas. Siempre detienen a los "mini", nunca, en los últimos tiempos, a un gran capo. Estados Unidos convive con cárteles más poderosos que los mexicanos. Los nuestros son caricatura, las ganancias millonarias están en el norte, el sur recibe migajas. Aquí las ejecuciones al año se cuentan por centenares. Al norte, por miles y miles causadas por sobredosis.

Escritos entre agosto de 2001 y marzo de 2002, los siguientes son relatos, crónicas e historias, pero lejos de la fantasía. Posiblemente acusen equivocación, pero no mentira. Ningún personaje ni hecho es ficticio. Las frases entrecomilladas citan la manera como las recuerdo, me las dijeron o están inscritas en expedientes federales intocables, pero que mexicanos honrados me entregaron.

"LA CUCARACHA, LA CUCARACHA..."

Lo primero que supe de la mariguana fue cuando me enseñaron a cantar en tercer año de primaria:

> La cucaracha, la cucaracha,
> ya no puede caminar,
> porque le falta, porque no tiene,
> mariguana que fumar.

Con las palmas de las manos entre cadera y cintura, bien formadito con mis compañeros, dábamos dos pasitos para adelante, dos para atrás y luego bailábamos, cantando, en círculos. Ensayábamos todas las tardes, de cuatro a cinco, hasta que saliera bien. La maestra tocaba el piano en aquel gran salón. Antes fue cochera en la casona convertida en escuela.

Otra profesora se encargaba de "a ver, ¡todos igualitos!, ¡todos igualitos!" Y con más tranquilidad: "no pierdan el paso". Así la pasamos en los ensayos.

Cuando llegó el día del festival, a las niñas las vistieron de "Adelitas": nagua larga de percal y huaraches, rebozo y una canastita de mimbre con frutas y tortillas. Y a nosotros, según eso, de revolucionarios. Me pintaron los bigotes con un carbón y a otros con grasa para lustrar zapatos; sombrerito huasteco de palma, paliacate al cuello o en la cadera, camisa de cuadros, pantaloncitos de mezclilla, "y a ver, apriétense bien las cintas de las botas para que no se vayan a caer" y "tú, tú, ponte bien la carabina en la espalda".

—¿Mamá, qué es mariguana?

Se lo pregunté mientras yo sacaba mis cosas de la mochila al regresar a casa luego del bailable escolar y ella preparaba mi merienda: chocolate con conchitas. Volteó muy seria:

—Ésa nada más la fuman los soldados.

—¿Y las cucarachas no?

—Las cucarachas no fuman.

—Pero es que la canción en la escuela dice que no pueden caminar porque les falta mariguana que fumar.

Me puso la mano sobre la cabeza. Revolvió mi pelo, sonrió y, al tiempo de poner en la mesa el pocillo y una pieza de pan, dijo: "Nunca verás una cucaracha fumar". Desde entonces me entró la terquedad de perseguir cuanto bicho cafesoso, patas de araña y sinónimo de podredumbre se atravesaba enfrente de mí. A veces con premeditación, alevosía y ventaja las buscaba. Llegué a imaginarme a las cucarachas fumando mariguana, pero nunca pude entender cómo le hacían para encender su cigarrillo, si tenían sus cerillitos o lo arrimaban a la lumbre, y menos cómo lo sostenían. Yo veía a mi padre cuando fumaba, nunca los mantenía en los labios, sólo cuando les daba la chupada; y luego entre los dedos o el cenicero.

Pero de las muchas cucarachas aplastadas por la suela de mi zapato derecho, ninguna tenía cigarrillo en la boca, tampoco rastros de mariguana. Cuando las atrapaba, crujían como cáscara de nuez y dejaban escapar un líquido lechoso. Estampadas sobre el piso o la pared, descuartizadas, duraban algunos minutos moviendo las patas y antenas. El olor no era de muerte ni de mariguana. Apestaba. "¡Sácate de aquí con esa porquería!", decía regularmente mi madre. "Agarra la escoba, el recogedor y échala a la basura", advirtiéndome casi a gritos: "¡no las vayas a agarrar!"

Las maté chiquitas y correlonas. Grandes y veloces. Casi siempre en camino desesperado hacia una juntura, un resquicio o abajo de la cama. En ocasiones, usé *flit* para hacerlas salir, rociándolas con aquellas bombas de cilindro como si fueran de aire para bicicleta.

Cuando la tractolina les caía como tormenta, perdían la velocidad; ya no se deslizaban con rapidez; como que se emborrachaban y me daban oportunidad de ver si no traían el cigarro de mariguana. De puro coraje las mataba; las agarré por montones, debajo de los botes de la basura, quitando maderos de puertas viejas en casas abandonadas, cerca de los costales de maíz o harina, debajo de los perros muertos, tiesos ya, pudriéndose.

—Mamá, ya maté muchas cucarachas y ninguna andaba fumando mariguana.

—Ay m'ijo, las mataste porque como no tenían mariguana que fumar, ya no podían caminar.

Me quedé pasmado.

—¿O qué? ¿no dice así la canción?

—Sí, mamá. Pero entonces, ¿cómo las que no alcanzo tampoco traían su cigarro?

—Es que ya habían fumado y por eso corrían rápido.

* * *

En aquellos tiempos, 1945, vendían en las tiendas de abarrotes de San Luis Potosí pequeños costalitos tabaqueros El Tigre y sobrecitos con hojas de papel arroz.

Para hacer un cigarro con eso se necesitaba mucha habilidad. El secreto, decían, estaba en humedecer el papel con la lengua antes y después de enrollarlo. Un extremo debía quedar en punta retorciéndolo entre pulgar e índice. Si no, al prenderlo levantaría flama; bigote y nariz se quemaban.

Cuando a las puertas del abarrote, desidiosos y maloras nos juntábamos, oíamos a los cristianos pedir a la tendera "un sobrecito de papel arroz". Entonces los nada zoquetes decían: "ese carnal se las va a 'tronar'".

—¿Cómo que a "tronar"?

—Sí, hombre, se va dar un buen "toque".

—¿Deletricidá? —preguntaba un camarada que por humilde no iba a la escuela.

—No seas buey... le va a "pegar" duro a la mariguana.

Cuando oí aquello recordé a las cucarachas. Afortunadamente no abrí la boca para contarles a mis amigos porque el más abusado de todos nos dijo: "La 'mota', que también le dicen así a la mariguana, si la fumas, te pone bien loco. Dicen que se siente como si anduvieras volando. Que se te olvidan todas las penas. Que te da mucha risa. Que te salen muchas fuerzas". Otro plebe brincó a la plática: "¡Naranjas! La 'mota' te pone tonto. Los ojos colorados y a todo mundo le quieres pegar".

—¿Y eso cómo lo sabes?

—Porque mi papá a veces le entra a la "mota" y le "suena" a mi jefa.

Y al momento nos invitó y fuimos al río, al río Santiago, que estaba a seis, siete cuadras de nuestro barrio. Vimos bajo el único puente, cercano al jardín, a varios fulanos, en cuclillas, engarrotados; como si tuvieran mucho frío, hechos nudo. Eran cuatro encamisados y desaseados, todos bajo su sombrero, de palma unos, de fieltro grasosos otros. Echaban harto humo por sobre el hueco que dejaban sus cabezas, igualito al que veíamos después de la doctrina, cuando el mozo de la iglesia barría las hojas secas; hacía un montoncito, les metía el tizón y aquello parecía un pequeño volcán.

Cuando se pararon, parecían haberse tomado una botella de tequila y no fumado unos cigarros de mariguana; parecían perdidos. No sabían para dónde agarrar camino entre la orilla del río y el terregal; los ojos a medio cerrar, como si quisieran enfocar la vista. Unos estaban riendo y otros serios, pero casi todos babeando. Caminaban como si el piso se les moviera y años después me acordé de Charles Chaplin haciéndole igual en un barco.

Como si aquella ocasión la hubieran pintado nada más para nosotros, estábamos a la otra orilla del río, casi casi en primera fila. Entonces vimos aturdidos, paralizados cuando sin más empezaron a pelearse. Uno cayó como rival de Tyson, boca y nariz reventadas, borboteando sangre, respirando con tosidos y luego se fue aquietando hasta que se quedó dormido, acurrucado; hasta los ronquidos oíamos. Otro solito se fue para atrás, para atrás, para atrás, en el sentido inverso de una pelota bateada para jonrón. Parecía como si lo estuvieran jalando hasta que, sin fuerza en los pies, se fue de espaldas. "¡Azotó la res!", gritó uno de mis amigos. Los otros siguieron en el pleito, no entendíamos por qué; si apenas ratito hacía compartían la mariguana. Me quedé pensando otra vez en las cucarachas, nunca las vi pelear.

Uno de los "mariguas" echó mano a la cintura y sacó una enorme navaja de media luna, cacha cuerno de chivo seguramente, hoja acerada, como las vendían en El Rebote, una calle tupida de puestos con cháchamas usadas, de todo. El contrario se echó para atrás con torpeza y por eso lo alcanzó el acero; se hundió en el lado izquierdo, me imaginé que entre costillar y estómago. Lanzó un grito que nos estremeció; hasta hizo huir descolorido y desaforado al atacante. Corría como si lo persiguiera el demonio; se cayó luego luego; parecía andar en carrera de sacos, a gatas se deslizó; se paró seguramente de chiripa, dio tres, cuatro zancadas y allá va otra vez al aterrizaje forzoso.

El herido se quedó "hecho bolita", boqueando, con la navaja atorada en su humanidad; ni fuerzas tenía para sacársela y me imagino que tampoco para gritar. Una mujer llegó encarrerada quién sabe de dónde, le tapó el estómago utilizando su rebozo y se puso a gritar "¡Aaaaaay! ¡Aaaaay!", y luego: "¡Se muere!, ¡se muere!" Y volteando para todos lados soltaba un "¡socorro!, ¡auxilio!, ¡vengan!"

No sé si por sus exclamaciones desesperadas debidas a la sangrienta figura del hombre en el suelo, pero nos desengarrotamos, echamos a correr, pisoteamos los matorrales, trepamos el terregal, agarramos por la calle Mariano Hidalgo, cruzamos las bocacalles sin ver si venía un auto o bicicletero desaforados todos; hasta llegar cada quien a su casa.

Atragantado, inflamándoseme y no el pecho luego de la corretiza, me fui hasta la cocina, le conté todo a mi madre. Canosa, ojos cafés y piel blanca, dejó el quehacer, se enjuagó las manos secándoselas con su delantal. Primero me hizo tomar una cucharadita de azúcar "para que no te me vayas a enfermar con el susto".

—Y tú, ¿cómo sabías que estaban fumando mariguana?

Le conté toda la historia, lo que supe de la mariguana. Lo que ella no me dijo.

—Para que aprendas, muchacho de la porra. La mariguana es muy mala. Por eso las cucarachas, si no la fuman, no pueden caminar.

* * *

A los pocos días y como todos los domingos, me fui con la "palomilla" al cine El Potosí, a galería y de cuarenta centavos. No me acuerdo cómo se llamó la película, pero se me quedó muy bien grabada. Blanca Estela Pavón la hacía de muchachita buena en una casa muy pobre; su abuelita estaba tullida, ni hablaba; pero no se me olvidan sus ojos bien pelones. En una de ésas, la chavala se quejó de "este maldito mariguano", interpretado por el maravilloso artista Miguel Inclán; le quedaban al centavo esos papeles de villano, de maldito, de matón; traía una gorra apaleada, camiseta a rayas, paliacate en el cuello, cinto de cuero bien apretado, pantalones guangos y unos zapatos tan deshilachados como de Cantinflas.

Se "enchiló" cuando Blanca Estela soltó aquella frase condenatoria; respondió rezongando algo más o menos así. "Está bueno que a uno le guste, pero no es para que se lo anden cantando." La película tuvo su desgracia por culpa de la hierba; salimos impresionados y nos acordamos de la tragedia bajo el puente del río.

—Mamá, vi a otro mariguano en el cine y terminó mal.

Mi jefecita estaba echándole carbón al brasero, luego le puso su ocote encendido, lo metió cuidadosamente abajo, tomó el soplador y lo movió de un lado a otro por abajo de la parrilla para avivar el fuego. Volteó y me miró tranquilamente.

—¿Pero no viste a ninguna cucaracha fumar mariguana en la película?... ¿O sí?

* * *

Después supe por mis cuates sobre una doña de por el rumbo. Vendía frasquitos o, si no tenía, el comprador llevaba un vaso; le vaciaba el líquido de una botella de ésas donde se vendían los dulces: chaparra, panzona y de boca grande. "Es re bueno para quitar las reumas y el cansancio", pero hacía la advertencia a todo el mundo: "no es para beber, si lo hacen se mueren". Realmente era alcohol con mariguana.

Algún día un amigo me llevó con la doña porque su mamá le encargó comprar aquello. Entramos a una vecindad; llegamos, y tras tocar varias veces entramos; un cuarto era todo: sala, comedor, cocina y recámara, ni excusado ni dónde bañarse; para eso había uno para todos los habitantes. Cigarro prendido entre los labios, tosía pero no se le caía; cubierta con un rebozo sucio, pero apretado en la cabeza como las monjas que a veces iban a la escuela. Nada más se le veía la cara prieta, arrugada, la nariz achatada y los ojos tan negros que se perdían en la oscuridad. No sé cómo aquella pequeña sillita aguantaba su humanidad, las posaderas rebasaban el asiento y al moverse ni el mueblecillo crujía. Mi cuate pagó veinte centavos y fuimos a su casa, donde lo entregó a su madre. Nos recibió con una azorada pregunta:

—¿No le tomaron?

—No, señora, nada más la olimos.

Me fui a casa porque ya estaba anocheciendo; al llegar encontré a mi mamá cosiendo los calcetines; les metía un huevo de madera y empezaba a zurcirlos, así nos duraban más.

—Mamá, fui con mi amigo a la vecindad de la calle Moctezuma con la doña para comprarle alcohol con mariguana.

—¿Y eso para qué?

—Para las reumas y el cansancio.

—¿Viste el frasco con la mariguana?

—Sí.

—¿Pero no tenía ninguna cucaracha?… ¿O sí?

“HUMO EN LOS OJOS...”

Salimos casi de madrugada. La rotativa traqueteaba y los voceadores parecían corredores de relevos, esperando salir a zancada limpia. Nos metimos entre la tupida neblina, típica invernal en Tijuana. Me topé con otro grupo de camaradas y escuché un “¡vámonos!” Aproveché inmediatamente el “aventón”; nos encaramamos en el Mercury de los años cincuenta, largo y tan extenso que parecía lancha, bien cuidado; pero no fuimos al restaurante como de costumbre, ni a la cantina para “despacharnos” unos “picheles”. Aterrizamos frente al edificio de apartamentos, allí vivía un camarada soltero; sin decir palabra subimos silenciosamente las escaleras; nuestro amigo metió la llave en la cerradura, abrió, encendió las luces y adelante.

Taparon la ventana con una cobija; entre puerta y piso metieron a fuerza la desteñida toalla; arriba pusieron papel periódico doblado, también a los lados; cerraron con llave, quedamos encerrados en la sala. Uno de mis compañeros, linotipista, sacó una revista *Life* de su portafolio. El habitante del departamento se acercó a un florero, quitó las rosas, de esas baratas para los turistas; puso un periódico, colocó los tallos mojados, metió mano y brazo al recipiente aún con agua. Con delicadeza, como si fuera a tomar algún pececillo, sacó una bolsa de plástico, la enredó en un pañuelo, luego secó mano y brazo hasta arribita del codo.

Parecía un acto de magia, dentro de la bolsa había otra más pequeña; como si sus dedos fueran pinzas, la abrió cuidadosa, delicadamente. Se acercó mi amigo con el *Life* y lo extendió en las páginas centrales. Mi camarada tomó ceremoniosamente hojas chicas alargadas y verdes, algunas ya casi secas; se las llevó a las palmas de las manos y, triturándolas como si fuera orégano para pozole, las vació en la revista. Todos miraban entre asombro y respeto. El compañero con el *Life* empezó a moverlo de arriba hacia abajo, a los lados; como si fuera magia, unas bolitas más pequeñas y más negras que pingüicas empezaron a separarse de las hojas; finalmente quedó la hierba hecha polvo.

Alguien sacó una cajita pequeña de cartoncillo, poniéndola sobre la mesa; luego, con pulgar e índice pizcó las hojitas, tomó una, vació su molido y empezó a torcer un cigarro. "Cigarro no, compa, carrujo", me corrigió el hacedor y recordé la infancia.

Lo prendió y dio la primera aspirada mientras los demás veían silenciosos. Mi amigo se tragó el humo y luego dijo muy suavecito con una pícara sonrisa: "Es de la buena, socios, es de la buena". Cada uno, sin avorazarse, fue tomando su porción, moliendo y arriscando su carrujo.

"Sigues tú", me dijo el linotipista, pero mi maestro entró al quite. "No. A él no. Nada más lo traje porque es mi amigo"; y remató con "nunca la ha probado". Nadie respingó; unos fueron a sentarse al sofá; otros tomaron silla; hubo quien prefirió el suelo; otros se acostaron mirando al techo. Empezaron a comentar sobre la hierba, luego de poesía, de Estados Unidos, Elvis Presley, México. Y sin poder meterme a la conversación me di cuenta de que, como dice el refrán: "cada loco con su tema". Nadie reprochó, rectificó ni afirmó; todo mundo habló.

Terminaron; alguien quitó la toalla del piso y separó las hojas de la puerta suavemente; el humo buscó la salida y cuando ya estaba aquello más claro, abrieron la ventana; luego prendieron carbón en el bracero, olla con agua; y cuando empezó a calentarse, partieron dejando caer canela. "El humo es para destantear a los vecinos. Y el té de canela siempre cae bien después de un toque." Tenía pensado decirlo cuando alguien dijo: "Después de un buen toque, un buen taco. Vámonos".

Mi maestro, no en la faena pero sí en la redacción y por respeto, era Jesús Sansón Flores, michoacano y uno de los poetas más brillantes en nuestro país en muchos años. La vida lo llevó hasta Mexicali; sus amigos lo embarcaron a Tijuana para curarle un mal de amores y cayó, de manera afortunada, en nuestra redacción. Era 1960, la primera vez en mi vida que vi a los que fuman mariguana.

Sansón era un poeta revolucionario alejado de la cursilería, amigo del general Lázaro Cárdenas. Por esas cercanías al poder lo enviaron a España; México todavía no rompía relaciones con el dictador Francisco Franco. Pero sin dónde conseguir su dotación, sembró mariguana en los jardines de la embajada y no pasó problemas. Pelo quebrado, frente amplia, nariz chata, ojos azabache, alegre; él mismo decía tener cara de beduino; bajo de estatura, delgado, jamás encorbatado, pero siempre con camisa blanca y pantalón azul de casimir; las valencianas le arrastraban. En su *Antología de la poesía revolucionaria* zarandeaba a los ricachos del poder y proclamaba la injusticia para obreros, para campesinos.

Una tarde, cuando estábamos enfrascados en la redacción, me llamó sonriente y frotándose las manos. "Coleguita, esta noche vamos a tener otra sesión en el departamento de nuestro camarada." No mencionó las palabras fumar ni mariguana, pero le sentí harta sinceridad cuando me advirtió: "Váyase al restaurante o a su casa. Échese unos tragos si quiere, pero no lo voy a llevar"; y a manera de consolación soltó un "usted no es para esto". Los vi salir por la noche, sonrientes; se despidieron todos de mí.

Al otro día hablé con mi maestro; dijo "ajá" cuando consulté si les había ido bien. Le pregunté si los demás camaradas no tenían temor por aquello de no haberme llevado y que fuera a contar. Simplemente me dijo: "Ya lo conocemos cómo es". Luego le recordé que aquella noche a nadie vi furioso ni nadie perdió sus sentidos; tampoco estuvieron agresivos ni groseros. Se lo decía porque era la impresión que me había quedado de chamaco. Fue cuando le pregunté: "Maestro, ¿pues no que fumar mariguana los vuelve peligrosos?" Me respondió: "No, eso solamente les pasa a los débiles de cerebro. A los que no comen y sólo fuman".

Recordando la infancia le pregunté por qué la canción decía "la cucaracha, la cucaracha, ya no puede caminar, porque le falta, porque no tiene, mariguana que fumar", y le solté lo vivido en la infancia. "No, colega, las cucarachas no fuman", y abriendo sus brazos con una sonrisa de satisfacción, pandeando el cuerpo hacia adelante, como los banderilleros en el ruedo frente al toro, me dijo: "¡las cucarachas somos nosotros!"

"SI YO TE BAJARA EL SOL..."

Dejé todo en el hotel Fiesta Americana Reforma del Distrito Federal y salí con las bolsas vacías al Reclusorio Oriente. Año de 1978. "Nada más llévese dos identificaciones", fue la última de las advertencias que me hicieron, tan insistentes como las dos anteriores: ni pantalón ni camisa caqui, porque de esa tela visten los internos; tampoco botas ni botines.

Alguien dijo a los custodios que llegaríamos y, contrario a todos los visitantes, nos permitieron pasar por alto la revisión en que obligaban hasta a desnudarse. Estaban avisados de a quién íbamos a ver y por eso fueron muy amables. Entregamos una identificación a la entrada de un largo túnel y otra al final, donde inmediatamente nos encontramos, asombrados, en un enorme y limpio patio. Los pequeños árboles frondosos —creo que "benjaminas"— eran como un adorno en la inexplicable tranquilidad; ni gritería, ni maldiciones, ni pleitos. La gran mayoría de los presos estaba en pequeños grupos platicando y otros jugaban amistosamente basquetbol.

Pasmado, porque esperaba todo lo contrario, ni siquiera me di cuenta de que un reo se emparejó con nosotros, luego otro, uno más y dos que tres hasta formar un círculo y a señas, sin palabras, nos llevaron hasta el restaurante. Indicaron que nos sentáramos junto a la mesa al fondo y en la esquina. Formaron un semicírculo algo así como de tres metros a la redonda; unos estaban de frente y otros nos daban la espalda, indudablemente para garantizar nuestra seguridad.

Después supe que nadie más ocupaba ese lugar; era el más limpio; pared, piso y mesa. Un hombre se acercó con cajón de bolear y, sin yo pedirlo, empezó a sacar lustre a mis zapatos. Otro nos trajo un Sidral al tiempo que nos decía: "¿O quieren otra cosa?, ¿almorzar?, ¿unos huevitos revueltos o un platito de frutas? El cocinero ya tiene la orden del jefe. Lo que ustedes quieran". Nos quedamos solamente con la bebida a pesar de la insistencia.

"Ahorita viene el señor", dijo un reo y efectivamente, apareció por la única puerta al patio; altivo, bien peinado, perfumado, vestido del mismo color que los prisioneros, pero de un delgado casimir inarrugable; aunque no estaba permitido, traía botines cafés bien lustrados. Saludó con caballerosidad y sus manos eran tan delicadas como las de un ejecutivo. A mi compañera reportera le pareció muy guapo, "tiene todo para ser artista de cine". Yo le vi pasta de *playboy*. A nosotros nos hablaba en español, y aunque sus hijos eran latinos, a ellos se dirigía en inglés.

En aquel 1978 nunca me imaginé que estaría frente al renombrado y poderoso narcotraficante cubano-americano Alberto Sicilia Falcón. Tenía su historia: en tiempos de Kennedy participó en la estrategia para invadir la isla habanera y sacar a Castro. Fracasado el plan de Bahía de Cochinos y muerto el presidente estadounidense, se metió de lleno a la mafia. Cuando lo detuvieron, ocupaba un esplendoroso chalet en el más exclusivo fraccionamiento tijuanense, pero pescaron a su gente. La interceptaron en la garita internacional Tijuana-San Ysidro, California, con un camión cisterna repleto de cocaína. Serio y visiblemente molesto, Sicilia nos contó cómo lo traicionó el ex secretario de Gobernación, licenciado Mario Moya Palencia, dándonos a entender que estaba de acuerdo con él. También recordó cuánto pagó para excavar un túnel y fugarse de la prisión de Santa Marta Acatitla; que lo capturaron a los pocos días y fue torturado hasta romperle las espinillas; nos las enseñó.

Luego nos explicó el motivo de nuestra entrevista; quería que escribiéramos un libro de su vida; lo visitaríamos cuantas veces quisiéramos y a cualquier hora. "Mi gente allá afuera", dijo, nos daría más información. No le gustó mucho cuando le advertimos que era necesario entrevistar a otras personas o funcionarios para confirmar sus versiones y obtener más datos oficiales sobre su captura, encarcelamiento, fuga y reencarcelamiento. En eso estábamos cuando hizo una seña y la valla de reos empezó a moverse hasta formar una recta hacia la puerta. Nos invitó, a salir. Caminamos en medio del escudo humano y luego fuimos platicando por el patio. Dos, tres, cuatro, más querían decirle algo, pero no podían acercarse; primero debían consultar a uno que actuaba como secretario; solamente lo permitió a dos. Uno pidió "atender a mi mamacita allá afuera, que está enferma"; y otro le habló tan cerca al oído que no escuché. Pero, por las instrucciones que dio, a los dos les concedió el favor.

Entramos a la zona de celdas y llegamos hasta la suya; era más grande, como que habían derrumbado una pared para hacer de dos una; olía a lavanda. Una gran cama de colcha rosa con revistas desperdigadas, un radio de banda civil y sus respectivos buroes; lámpara y radio en uno; teléfono y agenda en otro; televisión; una pequeña pero limpia cocina con su respectivo comedor de cuatro sillas; cuadros y banderolas cubanas en la pared pintada de café tenue; un librero; los periódicos del día; también su baño, regadera y sanitario.

Nos enseñó varias libretas con apuntes de su puño y letra en muchas hojas y también fotos muy interesantes. Aunque estábamos solos se acercó para decirnos en voz baja: "El libro lo escribo yo, pero ustedes lo firman... ¿no?"; y otro "no", nuestro, fue la respuesta. Calmado nos dijo que lo pensáramos, que no había prisa, que ya tenía contratada la empresa editora, que cuando nos decidiéramos le habláramos a Fulano y todo se arreglaba.

Bastó que se diera la media vuelta para que los protectores abrieran paso y en el patio se repitió la escena de las peticiones. Nos acompañó hasta la boca del túnel y amablemente se despidió con un "piénsenlo... les conviene... hay mucho que ganar". A mi compañera le dio un beso en la mano. Los policías nos entregaron rápidamente nuestras identificaciones y poco faltaba para que se nos cuadraran.

Afuera nos esperaba un hombre desconocido; solamente nos dijo tener instrucciones de llevarnos al hotel y lo hizo sin decir palabra en el trayecto.

Naturalmente, no escribimos el libro y jamás volvimos a verlo.

"ESOS ALTOS DE JALISCO, QUÉ BONITOS..."

Cuando vivían en Guadalajara, les encantaba jugar futbol; chavalos de 10 a 15 años, todos muy formalitos, ni desarrapados, ni malosos ni desaseados, menos fachosos. No salían del parquecito entre las calles Ónix y Zafiro de Residencial Victoria; allí le daban duro, tupido y macizo al balón; casi todas las tardes "cascareaban"; y aunque jamás formaron un equipo para competir, los fines de semana se ilusionaban y hasta jugaban sus dos tiempos de 45 minutos. A veces ni se completaban las oncenas, pero no importaba; con tres o cuatro por cada lado la hacían; y se recuerda que era tanta la "picazón" que bastaban dos por equipo; entonces se la llevaban en series de penaltis.

No había un campo especial en el parque, menos porterías; pero la chamaquiza utilizaba una de las cuatro zonas siempre con pasto. Como ahora, entonces había árboles viejos, otros apenas tomando forma, pero los chavalos no los maltrataban. Las madres de algunos se acomedían a regar, todo en orden. Nunca se empleitaron por una falta en el juego, ni "se la cobraron" cuando los competidores los "fauleaban". No caían en escándalo, tampoco molestaban a los vecinos y menos a los que por allí pasaban.

Armando Barba Franco entonces vivía en el 2217 de la calle Ámbar y recordó "desde chiquillos jugábamos mucho al futbol". Tiene muy presentes a sus camaradas: Ramón, Francisco y Eduardo "El Gualín", todos Arellano Félix. Inolvidable la chavaliza aquella, entonces casi todos estudiaban en el Colegio Británico.

Los hermanos fueron muy populares; vivían en la avenida Faro 2496; pero también tenían otra casa llegando a la esquina con calle Lechuga, yendo hacia la avenida Mariano Otero. Ésta es más grande: tiene 2 276 metros cuadrados, amplios jardines y alberca. Allí se daban la gran vida con los cuates; naturalmente también pateaban la de gajos, pero no durante mucho tiempo por aquello de lastimar el jardín. Desde entonces la familia Arellano Félix "era de mucho dinero". Su casa tenía portones para dar paso a dos autos; aún de dos pisos y con ventanas enrejadas; debió ser construida entre los años cincuenta y sesenta. Un árbol casi topa con las ventanas; ahora luce una "benjamina" al frente. Ésos eran los dominios de los "peques" Arellano Félix.

Ramón, Francisco y Eduardo jamás formaron ni liderearon pandillas, pero, con el tiempo, de la inocencia brincaron a la maldad con más facilidad que triangular un pase en la cancha y llegar a meter gol. Así, se fueron desenvolviendo hacia lo que nunca pensaron cuando jugaban futbol: el narcotráfico.

En Guadalajara, jovencito, Benjamín Arellano Félix era secretario particular del famoso narcotraficante Javier Caro Payán. Las referencias son que siempre estaba listo para saber dónde había un teléfono cercano para cuando se ofreciera. A su jefe le decían "El doctor Caro"; su especialidad era recibir de Colombia y enviar cocaína a Detroit, Atlanta, Nueva York y Boston. Llegó a depositar grandes remesas directamente a Canadá. Hasta que llegó el momento terrible: un cliente le debía más de un millón de dólares; y mientras gestionaba el pago, el canadiense fue detenido por la policía. Lo obligaron a llamarle a Caro, para que lo citara en determinado lugar. Agentes mexicanos y estadounidenses lo capturaron, y con la declaración del otro capo en prisión, extraditaron a Caro Payán.

En 1996 Benjamín ya era todo el poder; desde Tijuana dominaba gran parte de Jalisco. Entonces salió libre Caro Payán y naturalmente reclamó "su plaza". Arellano le dijo: "Imposible, ahora ya estamos en otros tiempos" y le recomendó: "váyase a Guadalajara y viva en paz. Ya no se meta en esto". Benjamín le platicó a Ramón y éste a su modo comentó: debían matarlo; de otra forma, tarde o temprano tomaría venganza. Por eso se fue a Guadalajara acompañado de Fabián Martínez "El Tiburón"; localizaron a Caro Payán por el rumbo de la colonia Providencia, le siguieron los pasos, conocieron itinerarios y costumbres; y un día lo sorprendieron: ametrallado con un amigo. Iban con sus esposas y no las tocaron para nada; escaparon. La policía tomó nota de la ejecución; jamás investigaron.

Asentados en Tijuana y San Diego, los Arellano nunca olvidaron a sus amigos: Guillermo Gómez Chávez "El Bunny" y Marcial González Muñiz, compañeros de juego en aquellos tiempos. Ya hombres hechos y derechos, Ramón los visitó para pedirles un especial favor, naturalmente a cambio "de una buena feria": llevar un "carro-bomba" a las afueras del hotel Camino Real de Zapopan. Habría una fiesta y allí estarían sus competidores; todo mundo lo sabía, hasta la policía, nada más que se hacía de la vista gorda. Desgraciadamente "El Bunny" y Marcial tuvieron muy mala suerte, el artefacto explotó antes de tiempo; ni chance les dio para correr, y murieron destrozados.

Luis Manuel Albo "El Mane", y otro chavo apodado "El Nene" eran inseparables de los Arellano en su infancia; otro era Jorge Barba Franco; se reunía mucho con los hermanos y "El Bunny". Acompañaban al más joven, "El Tigrillo". Desde chamacos les gustó la tomada y al otro día se andaban muriendo de la cruda. Cuéntase que los hermanos Arellano, a medida que iban creciendo, tomaron, como si fuera su territorio, los rumbos de Residencial Victoria, Lomas de la Victoria y Bosques de la Victoria, en Guadalajara; no permitían a chavos de otro lado meterse allí.

Luego Luis Raúl Toledo se casó el 30 de agosto de 1985 con Enedina y se cambió por el rumbo, igual que Demetrio Zamora, matrimoniado con Alicia Arellano Félix. Un hermano de este hombre, Juan Edgardo, se sumó a la banda y el 15 de septiembre de 1990 lo ejecutaron en la Residencial Victoria. Desde entonces empezó la costumbrita de traer credenciales falsas; la víctima portaba una con el nombre de Arturo Méndez, empleado de la sección 27 del Sindicato Nacional de Trabajadores de la Educación (SNTE) de Culiacán, Sinaloa. Carlos Federico Zamora Gaxiola era otro de los chavos de aquellos juegos futboleros; en 1985 la Procuraduría General de la República lo capturó en Tijuana por su enganche con los Arellano.

Así, los juegos de futbol de la infancia se convirtieron con los años en muerte, narcotráfico y angustias. El parquecito de Ónix y Zafiro de Guadalajara tiene su historia.

"DINERO MALDITO QUE NADA VALE..."

Formalmente, los Arellano iniciaron su actividad en 1982; desde entonces y hasta 2002, otros hombres poderosos del narcotráfico fueron cayendo: Miguel Ángel Félix Gallardo, Ernesto "Don Neto" Fonseca, Rafael Caro Quintero, el inolvidable raptor de la tapatía Sara Cossío; Joaquín "El Chapo" Guzmán, encarcelado y luego prófugo, Juan García Ábrego, Héctor "El Güero" Palma, "El Señor de los Cielos" Amado Carrillo, José Contreras Subías y, en fin, con ellos muchos de los que sirvieron de puente a los capos sudamericanos para llevar droga a Estados Unidos.

Pero no hubo durante veinte años poder capaz de capturar a los Arellano Félix, ni en México, ni en Estados Unidos. Tres presidentes no pudieron hacerles nada: Miguel de la Madrid, Carlos Salinas y Ernesto Zedillo; procuradores, no se diga: desde Álvarez del Castillo hasta el general Rafael Macedo de la Concha, incluido el panista Antonio Lozano Gracia.

Comandantes de la Policía Judicial Federal o delegados integran una nómina interminable. Los hubo desde incapaces o temerosos, atrabancados, ilusos, bienintencionados o desafiantes, pero la mayoría cómplices. Unos andan por allí gozando harto y discretamente la vida; pero de los más, cuando se oye su nombre, se dice resignadamente "que en paz descansen".

No hay antecedente en este país de una pandilla, una banda o un cártel con tantos años en actividad. A pocos se les achacan tantos asesinatos, miles, cometidos directamente o por sus órdenes. Pero lo más sorprendente aún: no ha existido mafia o familia en todo el continente americano con la capacidad para mantenerse activa tanto tiempo y lejos de la captura. Y lo más inexplicable, entre comillas: estuvieron, y los sobrevivientes tal vez lo estén, en Estados Unidos sin nadie tras sus pasos. FBI, DEA, CIA y anexas les resultaron poca cosa.

Leer o escuchar tantas veces de o sobre los Arellano Félix se ha vuelto familiar en nuestro país, hasta lo común; como si se hablara de un equipo musical o de algún equipo futbolero con un recuento de sus respectivas temporadas. Pero en realidad tuvieron más poderío e inteligencia que tres gobiernos federales juntos, más de diez procuradores, cientos de comandantes federales, miles de policías mexicanos y muchos funcionarios estadounidenses. Su receta: el soborno. Algo así como el agua para el chocolate... La corrupción.

"TRAIGO MI 45, CON SUS CUATRO CARGADORES..."

Dos que tres disparos rebanaron la reja metálica entre la calle y el jardín; otros tantos entraron por una ventana dejando gruesos hoyos y hollaron las trabes de la sala. Las ojivas cayeron al piso; una docena más se estampó en un arco del pórtico, varios en la pared frontal de la casona que ocupa nuestro semanario *Zeta* en Tijuana. La ráfaga de ametralladora quedó estampada como si bordara un arco imaginario en la pared lateral vecina, dando a nuestro patio.

Era el primer día de marzo de 1987. Alguien llegó durante la madrugada: 2:30, señaló el parte policiaco. Se supone que bajó del auto; lo manejaba o le llevaban; pie a tierra, traqueteó. Los vecinos dijeron no haber visto quién fue cuando la policía los interrogó; era obvio, todos estaban dormidos; los despertó el tableteo; cuando terminó, se resintió el silencio de la madrugada. Escucharon cómo arrancó un vehículo; la mayoría de los habitantes cercanos justificadamente ni siquiera asomó la cara a las ventanas de sus casas. Entonces teníamos un velador; estaba en su automóvil, camellón de por medio para dominar siempre con la vista toda la casona; pero esa vez velozmente se tiró al piso nada más vio llegar volando el vehículo y bajarse al cristiano, ametralladora en mano, para soltar los primeros disparos. En cuanto pasó todo, se fue a su casa.

Consulté a un policía experto y veterano al día siguiente; vio las huellas de los impactos; empezó a caminar para atrás y a un lado hasta que me dijo: "Desde aquí dispararon y fue con una ametralladora Uzi". La identificó por las ojivas zambutidas en la pared y otras que terminaron en el piso de la sala luego de estrellarse en las trabes. Luego señaló con el dedo la secuencia de impactos que parecían la orilla de un abanico y explicó: "Ésa es la forma natural que dejan los disparos de la Uzi en manos de un experto". Cuando se rafaguea es el curso normal del arma y el que la trae y sabe manejar la deja seguir su fuerza. No fueron un tiro sobre otro como sucede con el famoso "cuerno de chivo", la terrible AK-47 que aparte opera con balas más grandes.

Recuerdo su deducción: "El que lo hizo, sólo vino a dar un susto". Seguro estaba enterado de que a esa hora no había nadie en la oficina y por eso no podía causar daño. "Solamente falta investigar si corrió por su cuenta o lo enviaron", pero me aseguró que la policía judicial no investigaría el asunto; simplemente explicó que "no les conviene"; que "este trabajo es de gente grande y más vale no meterse con ellos".

Con el tiempo lo único que pude sacarle al velador, porque no quería decir palabra y hasta se retiró del trabajo, fue que dos hombres llegaron en una *pick-up* Toyota color café, "medio amarillento"; el que se bajó, recordó, traía tejana; al chofer ya no alcanzó a verlo. Curiosamente y con el tiempo, sucedió una fatalidad: mataron a mi compañero Héctor Félix Miranda; fueron tres guardaespaldas del ingeniero Jorge Hank Rhon. Le dispararon desde una camioneta Toyota color café y el sujeto traía igual sombrero; me quedé pensando en la coincidencia.

Recuerdo cuando Ernesto Ruffo Appel era gobernador de Baja California, el primero de Acción Nacional en la historia mexicana. En cierta ocasión andaba de viaje oficial en el Distrito Federal; alguien ametralló con un "cuerno de chivo" el frontis de la casa donde estaba su esposa en Mexicali; no era la suya. La señora acostumbraba no quedarse sola cuando su marido viajaba; también sucedió durante la madrugada y los vecinos no vieron. Como en Tijuana, oyeron un vehículo arrancar después del tiroteo. Gracias a Dios no pasó de allí la cosa. En ese tiempo el gobernante panista estaba pisando algunos callos antes intocables; infelizmente se repitió lo de la investigación: cero.

Hace 14 o 15 años otra familia se estremeció: la de José Contreras Subías, brazo derecho de Rafael Caro Quintero, uno de los célebres narcotraficantes en aquel tiempo. El frente de su elegante residencia fue rociado con disparos de ametralladora AK-47, en una zona privilegiada de Tijuana. El mismo cliché: era de madrugada; los vecinos no vieron al o los autores; después del traqueteo escucharon la repentina partida de un vehículo y nada más.

En Tecate, un jefe policiaco vivía afuera de la ciudad en una casa móvil. Alguien llegó después de la última medianoche de 1998 y disparó con el famoso AK-47. El hombre estaba acostado; al oír los primeros disparos se incorporó; no lo hubiera hecho: una bala perdida lo mató. La hipótesis, que no investigación, fue que no querían asesinarlo, nada más pegarle un susto. Pero así es la vida cuando termina en muerte.

También recuerdo cuando tirotearon la casa de Eduardo, el hermano del ex procurador defeño don Samuel del Villar. Según la prensa diaria fueron seis disparos de un "cuerno de chivo"; pegaron en la pared y ventana de su rancho Huapalcaco, en Tulancingo, a unos 40 kilómetros de Pachuca. El método fue igual: de madrugada, nadie vio al o los atacantes; los residentes salieron a buscar quién fue y no encontraron ni rastro. Unos dijeron que a lo mejor el hermano del procurador tenía líos económicos; otros supusieron que fue para darle un susto a don Samuel por andar metiéndose en terrenos movedizos, públicamente anotados como eslabones de la terrible cadena del narcotráfico. Pero también es posible que otros doloridos con el procurador o su hermano aprovecharon la situación para espantar.

Tomando en cuenta los tiroteos a residencias y el tiempo transcurrido, la probabilidad para resolverlos no es posible. Y escribo que lo probable no es posible, recordando un ejemplo que cierto día me puso el inteligente Carlos Castillo Peraza y se acomoda al saldo de estos casos: es probable que un elefante vuele, pero a la hora de hacerlo, no es posible.

"¿CUÁNTO VALE TU DESPRECIO...?"

En Tijuana, nada más había Agencia del Ministerio Público Federal, ni siquiera delegación de la PGR durante aquellos años sesenta. Era una casita de madera, alguien la trajo de Estados Unidos unos diez o veinte años antes; usada, estaba entre las calles Séptima y Octava, avenida Constitución. Uno de los cuartos la hacía de celda; cuando mucho tenía cinco policías, cada uno con su respectivo par de "aspirinas" o "madrinas".

Era muy raro, algo extraordinario, algún reporte sobre decomiso o captura de narcotraficantes, aunque todos conocíamos a los dueños de la plaza. A uno le apodaban "El Pipas" y a otro "El Cochito". Eran discretos; no andaban exhibiéndose ni dictando ajusticiamientos, todo en paz; pero no lo dudo: desde entonces le engordaban la cartera a los jenízaros.

Quién sabe de dónde transportarían la mariguana a la frontera, pero casi toda terminaba en Los Ángeles; era entonces el lujo de artistas y pomadosos. La chusma en Tijuana y al otro lado consumía pastillas, psicotrópicos; eran más baratos, y ésos sí, elaborados tan fácilmente como si se tratara de pan o tortillas. Las vendían en las calles como paletas en verano, y en muchos bares las ofrecían con más facilidad que cerveza. "Pingas" les decían a las píldoras y fue el gran negocio. Los fabricantes tenían la fortuna de que hubiera pocos policías federales para sobornar; además, las otras corporaciones tenían una posición muy clara: no metían ni una uña en los delitos federales.

Pero el narcotráfico brotó como un cohete rumbo a la luna, a fines del sexenio lopezportillista y al inicio del gobierno presidencial de Miguel de la Madrid, los mafiosos sinaloenses encaminaron fácilmente la mariguana a Estados Unidos vía Tijuana. Así hay que dejarlo en claro, el narcotráfico aventajó y con mucho a otra notable actividad: el paso de indocumentados. Rafael Caro Quintero fue de los primeros jefes carteleros, imponiendo en la frontera a su hombre de confianza José Contreras Subías; organizado el hombre, la hizo bien hasta cuando fue capturado.

La PGR también fue transformándose: dejó la pequeña casita, se fue a una cuartería, contrató secretarias, lució el escudo en la puerta y estrenó celdas. Llegaron más agentes. Se confundieron con los de la Dirección Federal de Seguridad. Adinerados por el narco se encajaron en lo abusivo; se etiquetaron odiados y temidos.

Fue la combinación ideal: corruptores y corruptos dándose la gran vida; y los narcotraficantes en su recreo de crímenes con el sello de la casa y sin ser investigados. Desde aquellos años se encarriló y nada ni nadie puede descarrilar mafiosos. La mafia no existiría si la policía actuara; por eso la corrupción es la madre del narcotráfico. La mariguana desplazó a las "pingas", se desparramó la hierba y luego la cocaína a San Luis Río Colorado; se asentó en Ciudad Juárez e inundó Tamaulipas. También la PGR creció y no por efectividad; resultó ser el mejor negocio, chapa oficial y billete mafioso. El narcotráfico se metió a todas las oficinas de la procuraduría. Nunca la mafia tuvo tanto apoyo y complicidad del gobierno; ser delegado era asegurar millones; las plazas se vendieron en miles y miles de dólares; representar a la PGR en la frontera era cuento; se iba a proteger a los mafiosos.

“HOMBRE, SI TE DICES HOMBRE...”

José Luis Larrazolo tenía cara como de malo de las películas; no parecía, era. Llegó a inicios de los ochenta a Tijuana como coordinador de la campaña contra las drogas; moreno tirando a prieto, pelo chino pero corto, ojos de veras de águila, negros; tenía la nariz tan angulosa como la que le dibujan al demonio, unos labios delgados bajo el bigote recortado con más cuidado que llevar una dieta al centavo; la barbilla angulosa pronunciada hacia delante, los oídos casi pegados al cráneo; le encantaba vestir liváis y chamarra de cuero.

Llegó con su pandilla y corrió a todo mundo de la PGR; parecía volcán en erupción, espantaba, rayaba en lo maldito. Como a todos los federales de su época, le encantaba torturar delincuentes baratos; abrirle paso a narcotraficantes y cobrar caro por sus servicios. Mientras estuvo en Tijuana, floreció la mafia, se desparramaron los abusos y la injusticia borró la ley.

Recuerdo cómo le gustaba calzar botas adornadas con acero o cobre en las puntas; decían que algunas eran chapeadas en oro. Le encantaba patear cristianos con ellas. Nunca supe cómo quedaron después de que se cansó pateando a uno. Lo dejó tan magullado que a los pocos días murió; tenía los intestinos destrozados y algunas costillas rotas. Cuentan que las botas entraban como daga a la humanidad del hombre; y naturalmente nadie se compadeció para llamar a un doctor o mandarlo al hospital; murió entre el suplicio de su familia y la incapacidad para reprochar al culpable.

Entonces, de los famosos derechos humanos ni sus luces; por eso ningún juez pudo hacerle nada a Larrazolo. No hubo autoridad decidida a denunciarlo; le tenían pavor. El muerto se fue al pozo y Larrazolo al gozo; fue como si le hubieran colgado una medalla al pecho; la lucía. Daba la impresión de sacarle brillo como advertencia: "Esto te puede suceder a ti".

Por alguno de esos abusos publiqué en cierta ocasión referencias y detalles; comprados o atemorizados como tenía a varios periodistas, le irritó mi información. Me llamó personalmente por teléfono; sugirió vernos; "¿qué le parece en media hora?", fijé y aceptó en el café de un concurrido hotel. No quería encontrarme a solas con él; prefería testigos y un lugar donde se le dificultara disparar si se le metía lo bravo.

Cuando llegué ya estaban los agentes en el estacionamiento, a la entrada, luego en el *lobby*, el pasillo y desperdigados en la cafetería. No había uno sin lentes oscuros; lo mismo de pelo corto que melena, todos con chamarra negra de cuero. Vestían liváis o pantalón casual, pero casi todos con botas, cadenón y esclava de oro, dos que tres con palillo entre los dientes y labios, mirando como si a fuerza quisieran encontrar a alguien; todos dejaban ver premeditadamente la pistola.

Ni siquiera me hablaron, pero con la vista me indicaron dónde sentarme. Larrazolo estaría de espaldas a un ventanal; me podría ver mejor y yo a él no. Naturalmente, afuera estaban dos que tres dándonos la espalda. Llegando le dije luego luego: "Tomó ventaja". Simplemente sonrió, satánico y saludó fuertemente de mano. Hizo una seña y sus guardaespaldas se retiraron hasta no escuchar. Masticaba chicle y le resaltaban las quijadas bajo la piel.

Empezó por decirme que tenía muy metido, "aquí en mi corazón", aquello de que para los enemigos el rigor de la ley y para los amigos, la bondad. Por eso, "si usted fuera otro periodista", ya hubiera actuado de diferente manera. Pero aclaró que respetaba a los hombres cuando decían la verdad y de frente. Aparte de ofrecer su amistad, también prometió "las notas exclusivas" cuando pudiera. Preferí oír y no hablar. Agotó el tema, me dio la impresión de esmerarse en lucirse y quedar bien. Casi nos tomamos el café. Se despidió ahora de abrazo y, al salir, sus agentes me sonrieron.

Larrazolo cumplió su palabra y me pasó buenas notas; por el contrario, no pudo evitar la crítica. Una tarde llamó por teléfono: "Mi amigo, recibí órdenes de trasladarme a Michoacán y me voy al rato a México". Iba camino al aeropuerto. "Ya no hay tiempo para vernos pero le voy a dar mi última exclusiva". Pidió mandar un fotógrafo a la calle trasera del hotel Lucerna en la Zona Río Tijuana; aclaró: "que se identifique su gente y no tendrá problemas".

Era increíble; había tres o cuatro plataformas de tráilers a cada lado de la calle. Sobre ellas, una Ram Charger último modelo, varios autos también recién estrenados. Algunos lucían placas estadounidenses, pero los demás, ni mexicanas. Cuando vi las fotos no hacía falta preguntar: aquel lote era evidentemente de vehículos robados, ni modo que comprados y menos regalados. Indudablemente, aduanales ni nadie impidieron transportar e internar los vehículos ilegales. Efectivamente fueron desembarcados en Morelia; las autoridades de tránsito municipal, estatal y federal no impidieron su circulación.

Pasaron los años y no volví a verlo; supe de su traslado a la delegación de la PGR en Hermosillo. Y de repente me cayó la trágica noticia: fue ametrallado al salir de su casa. Supuse y nadie me rectificó; grupos mafiosos habían decidido su ejecución. La presunción no rechazada apuntó a los sicarios de "El Señor de los Cielos", Amado Carrillo Fuentes. Lo más patético: policía, asociado con la mafia y desamparado por la PGR; ésta no investigó su asesinato.

Entre tanto, Tijuana estaba sin control de la droga. José Contreras Subías, encarcelado; Caro Quintero también. Y por si fuera poco, hasta el patriarca de las mafias mexicanas, Miguel Ángel Félix Gallardo. Nunca el narcotráfico estuvo en tan serios problemas como en aquel tiempo: principios de los años ochenta.

"TÓMATE ESTA BOTELLA CONMIGO..."

Todos los jueves terminábamos la faena periodística pasada la medianoche; café y cigarros al por mayor. A veces nos quedábamos en la redacción, comentábamos lo hecho y cómo lo tomarían los lectores al otro día. Otras noches, con el cansancio derrapando en la furia, salíamos como pedruzcos disparados por catapulta. Pero de cualquier forma nos trepábamos a mi Volkswagen rojo; me desviaba de la ruta normal para llevar a un amigo a su departamento. A veces llegábamos y seguíamos la plática cinco o diez minutos. Otras, íbamos tan fastidiados que sin charla oíamos hasta las tripas del motor.

Mi camarada tenía poco tiempo en Tijuana; venía de Sonora. Joven, excelente en su tarea; como muchos, dejó la familia para venir a la frontera, ganar más dinero para luego ir a Estados Unidos. Cuando llegó, combinaba sus estudios con el trabajo y por eso nunca me invitó, ni yo tampoco, a la tradicional escala en algún bar para "echarnos la caminera" como aperitivo a una buena cena y mejor descanso; debía levantarse más temprano que yo para ir a la universidad; se las veía difíciles a veces; le dejaban tanta tarea como para no dormir luego de terminar la jornada en el periódico. Por fortuna estaba terco en graduarse y ese propósito le ayudaba mucho. Además, tenía juventud y salud.

Tenía entonces no más de 21 años, moreno, nariz recta, barba cerrada, pelo chino, ojo verde; venía de buena familia. Aparte de echarle todas las ganas a su estudio, me fijé en algo raro para su edad: más que ahorrativo, administraba bien el dinero; y cuando tenía tiempo hacía trabajitos extras. Mandaba una parte de sus ganancias a su familia y otra al banco; por eso nunca le vi gastar de más; Y como no tenía auto, le ayudaba mucho si yo lo llevaba en el mío a su casa todas las noches. Para mi fortuna no vivía lejos. Cuando mucho entre cinco y seis cuadras de nuestro periódico. En el camino y cuando salíamos de buen humor, me contaba un pedacito de su vida. Siempre admiré el gran cariño que expresaba por su madre y hermanos. Así, fui tejiendo con retazos de relato la historia de su pasado y, sobre todo, lo que deseaba para el futuro.

Era el invierno de 1984. A veces cuando llegábamos al edificio de apartamentos donde vivía, las luces del tercer y cuarto pisos resaltaban. La música retumbaba más en el silencio de la medianoche. Y precisamente por la quietud nocturna, hasta las risotadas de hombres y mujeres. "Tienes fiesta", le dije la primera vez y simplemente respondió: "Sí, pero no voy, tengo mucha tarea". Cada vez se fueron haciendo más seguidas las bullas. Primero le oí a mi camarada un "no, si viera, van unas chavalitas que cuidado"; otra vez "me invitaron pero no quise, se las estaban 'tronando' casi todos". Luego me dio los nombres de damitas, casi todas de familias muy de prosapia. El comentario subió de tono con los días: "Otra vez. Estos desgraciados no me van a dejar dormir". Hasta que una noche cuando se repetía la fiesta dijo descorazonado: "No. Me voy a cambiar. Anoche les dio por tirar balazos.

Al rato va a venir la policía y a lo mejor hasta yo la voy a llevar". Pregunté si no habían llamado los vecinos a la policía. "Vinieron, pero me di cuenta de que cuando les dieron unos billetes, cajas de cigarros y una botella de whisky se fueron. Ni siquiera les llamaron la atención."

No pasó mucho para que me contara azorado y hasta descolorido: "Mañana mismo me salgo... allí viven los Arellano Félix". Antes de preguntarle "¿quiénes son?", me contestó: "son unos chavos que vinieron de Sonora". Y abriendo los ojos más de la cuenta pronunció espantado: "son narcotraficantes". Simplemente le pregunté si los habían denunciado. "Los vecinos tienen miedo y no dicen nada. Se aguantan. Y ya ve, la policía viene pero cada vez les dan su 'mordida' y se van alegres."

Mi amigo salió del edificio, arregló sus papeles de migración y se fue a Estados Unidos para convertirse en el dueño de su propio negocio. Mientras tanto, los jóvenes fiesteros se convirtieron en noticia de primera plana; su poder subió hasta formar un cártel; extendieron su negocio al norte y al sur de la frontera; empezaron a matar competidores. Y hasta este 2001 cuando escribo, han sido los narcotraficantes más sanguinarios, organizados y millonarios.

Quién sabe si por cariño, pero compraron el edificio de apartamentos.

"¿DE QUÉ VALE SER BUENO...?"

Llegó a buscarme y no quiso decir para qué. "Pregúntele su nombre y el motivo", dije a la recepcionista. La respuesta inmediata: "Dice que no puede dárselo, pero es muy importante hablar con usted". Fui a verle; antes de saludarlo, soltó un "¿podemos hablar a solas?" y volteando para todos lados dijo casi en secreto: "un minutito nada más".

Lo pasé a la sala de visitas. Nervioso, enchamarrado, pantalón de casimir, buen calzado, pelo negro, corpulento; casi los sesenta años. Miró a las paredes por si alguien nos estuviera oyendo; echó una ojeada rápida a los muebles. "Perdone, pero... ¿no me están grabando?" Un "no" fue mi respuesta, acompañada de "para que esté más cómodo puede revisar". Lo hizo; al terminar se quitó la pesada chamarra, sacó su cartera del bolso trasero derecho y me mostró una charola; era agente de la Policía Judicial Federal.

Vino entonces su desahogo. Sentado en un sofá, mirada al suelo, cigarrillo entre los dedos, fumándolo con ansiedad como si fuera el último de su vida y dejando escapar el humo con rapidez. "En la mañana descubrimos un gran almacén de mariguana", fueron sus palabras.

Andaba con su pareja y, sin avisar a la superioridad, alguien les dio "el pitazo" y se lanzaron al domicilio en la colonia Libertad; vieron a lo lejos el almacén, tal y como se los habían dibujado. "Vamos a pasar disimuladamente primero por enfrente", dijo a su compañero. Y cuando en eso estaban se llevaron la sorpresa hasta el estremecimiento: policías municipales vigilaban y protegían la entrada de la bodega y sus alrededores.

"No... pues vamos a preguntarles"; y se bajó mi informante recordando haberse identificado con los policías preguntándoles qué estaban haciendo allí. "Comisionados por el agente del Ministerio Público, licenciado Miguel Ángel Rodríguez." Como al buen entendedor, detective y acompañante se retiraron; entonces sí fueron e informaron a su jefe. Los tres coincidieron en que alguien muy importante estaba atrás; el superior les dijo con desenfado: "mejor olvídense del asunto y síganle con otra cosa", advirtiéndoles: "ni se acerquen por allí".

De puro coraje, me contó el amigo aquel, "informamos a la Zona Militar con detalles pero no dimos nuestro nombre". ¿Y? "Pues llegaron los soldados, entraron a la bodega, detuvieron a los policías y decomisaron toneladas de mariguana. Cargaron con todo al cuartel." Interrogaron a los jenízaros; el miedo los hizo hablar. Uno confirmó la versión original: comisionados por el agente del Ministerio Público. Otro, que no era guardián sino que empaquetaba la hierba, soltó nombres: "Los dueños son los Arellano Félix".

Era septiembre de 1985 y la primera vez que oía su nombre. Así, con todos los detalles publicamos en primera plana: "La mafia llegó a Baja California". Logré una copia del acta en la procuraduría para respaldarme; allí también la del Ejército.

Entonces sucedió con la publicación como si hubieran levantado el telón en un teatro antes de la hora y quedaran al descubierto los actores sin maquillar o ensayando. Patrullas y *pick-ups* de la policía judicial del estado conducidas por agentes fueron retacadas de ejemplares de nuestro semanario. Los polizontes compraron a todos los voceadores y en cualquier puesto cuanto periódico vieran.

Eso provocó la extrañeza del lector, despertó la expectación y me quedó muy claro: el gobierno del estado era el protector del narcotráfico. A la siguiente semana repetimos la nota, pero acompañada de las fotos cuando los agentes compraban los ejemplares. Narré este episodio, sin tantos detalles, en mi libro *Una vez nada más* en 1996.

Pero al paso del tiempo el panorama se fue aclarando y se pudo saber cómo los Arellano utilizaban al fiscal para proteger la mariguana. Empaquetaban, se la entregaban a un personaje del que solamente supe que le llamaban "El Nelo" y la llevaba a Estados Unidos. En una de ésas, los Arellano le llamaron; querían saber quién dio "el pitazo" y dónde había quedado el dinero. "El Nelo" dijo: "el único que sabía era el licenciado Rodríguez y le pagué a él un millón de dólares". Ramón y Benjamín se enojaron; aparte de perder droga y bodega, los "bailaron" con el dinero; por eso ordenaron ejecutar inmediatamente al licenciado.

Unos dicen que lo mató Federico Sánchez Valdés, joven del cártel; otros, según testimonios oficiales, indican a un tal Pedro. Pero quien haya sido, la realidad fue: esperaron a que el abogado saliera de su casa; cuando pasó a su lado, despreocupado, le soltaron uno, dos, tres balazos; el primero a la cabeza. Deshilachado se desplomó irónicamente frente al Colegio La Paz.

Con el correr de los años descubrí que el licenciado Miguel Ángel Rodríguez nunca traicionó a los Arellano salvo a Francisco; tampoco reveló el sitio donde estaba la mariguana; y no recibió el millón de dólares, escamoteándoselo, como pensaron los hermanos mafiosos. Se equivocaron, ejecutaron a un hombre que les era fiel; y fue cuando se dieron a conocer como los peligrosos Arellano Félix.

"PERO YA ESTABA ESCRITO..."

Rafael Aguilar Guajardo fue el encargado del hospedaje; alistó el chalet cercano a Las Brisas. Desde allí se veía como en cinemascope y a todo color la hermosa bahía de Acapulco, alejados del tráfico inacabable de la Costera, ningún vendedor encimoso de condominios, sin la molestia de los ruidajos en las discotecas habilitadas junto a la playa, lejos de la mirada policiaca Rafael fue tan espléndido como inteligente, logró rentar la casa que en algunas ocasiones ocupó el sha de Irán; quién sabe cómo le hizo; y no por un día o una noche, toda la semana. Era 1989.

Todos llegaron allí en obediencia al recado que desde prisión mandó el gran jefe Miguel Ángel Félix Gallardo. Incapaz para seguir maniobrando el narcotráfico mexicano, sabedor de que nunca más recobraría su libertad, pensó y decidió: el pastel debe repartirse. Naturalmente, siguiendo la vieja conseja: el que parte y comparte se queda con la mayor parte. Claro; no recibiría ni un centavo en la cárcel, pero a su familia no le faltaría dinero; además no viviría en las angustias de saber que "al hombre de la casa" podrían matarlo algún día.

Estoy seguro de que jamás un narcotraficante en México tuvo tanto poder y mando, dominio de casi todo el territorio mexicano, no tanto por existir otro competidor. No. Le faltaban tiempo y camaradas. Larguirucho y correoso, marca de la casa sinaloense; pelo grueso y negro, medio rebelde, corte escolar; no le gustaban los anillos deslumbrantes y menos traer colgando esclavas y medallas de oro con imágenes religiosas o figuras de animales, jamás ensombrerado; vestía liváis y casi todos los días camisa a cuadros; eso sí, bota vaquera y puntiaguda, pero sin mucho garigoleo labrado y menos puntas plateadas o de oro.

Nunca en la historia mexicana del narcotráfico alguien como él para operar. Era hombre de palabra, de trato antes que de disparos, de convencimiento y no de ejecuciones. Menospreciaba; para deshacerse del enemigo; ni encarado ni arrebatado, tampoco malhablado, lo natural sinaloense; hombre de dominio por convencimiento y no a la fuerza. Tuvo además otra característica muy especial: desparramó silenciosamente billetes entre los policías de todas las escalas para formar una cadena muy discreta de información; con otra distinción: sus favorecidos y cómplices en las corporaciones no derrapaban en la ostentación; ni siquiera se vislumbraba qué policía estaba en su nómina.

También fue el narcotraficante con más clase, el primero en contratar buenos abogados. Su inteligencia le abrió camino para conocer lo más importante pero entendible de la ley; por eso sabía: las batallas legales se ganaban con dinero y tiempo... Si ya tenía controladas a las policías, mejor sería a los ministerios públicos o jueces; así sería fácil ganar los juicios de amparo y alcanzar la libertad. Sin saberse públicamente, llegó a tener los mejores abogados del país; los movía en toda la geografía mexicana. Lo capturaron más por necesidad política que por sorprenderlo con las manos en la masa; dio la lucha legal; la ganó, pero no se la reconocieron. La autoridad le tuvo miedo a la venganza. Pero los gobernantes de la época no entendieron: para Félix Gallardo, mexicanote, más valía un mal arreglo que un buen pleito.

Por eso, influyente y respetado en la prisión, invitó a los novatos del narco, a los que consideró "soldados" y "capitanes"; de "su familia", porque entonces cártel no era ni siquiera palabra conocida. Me imagino el mensaje: "Júntense y arréglense, nada de pleitos, un territorio para cada quien, respétenlo, ayúdense, que todos se pongan de acuerdo". Y entonces bajo su imaginario manto protector la reunión se organizó en Acapulco; nadie los molestaría en ese sitio reservado para las clases pudientes. Nunca nadie podrá repetir lo que hizo Félix Gallardo y es verdad: por vez primera en México, el narcotráfico se dividió en "territorios":

- Tecate: Joaquín Loera Guzmán, "El Chapo".
- Ciudad Juárez, Chihuahua y Nuevo Laredo: Rafael Aguilar Guajardo.
- San Luis Río Colorado: Luis Héctor Palma, "El Güero".
- Nogales y Hermosillo: Emilio Quintero Payán.
- Tijuana: Jesús Labra Avilés, "Don Chuy".
- Sinaloa: Ismael Zambada, "El Mayo", y Baltazar Díaz Vera, "El Balta".
- Mexicali: Rafael Chao, agente de la Dirección Federal de Seguridad.

Además, Manuel Beltrán Félix, Rigoberto Campos y Javier Caro Payán tenían la libertad para movilizarse en todas las plazas sin causar problemas y actuar únicamente como enlace. La repartición de territorios significaba: en cada plaza podían llegar otros narcotraficantes mexicanos o extranjeros con droga, pero deberían pagar una "cuota". Los comisionados del lugar quedaron en libertad para efectuar ellos la internación de drogas mediante sus contactos, o dejar en libertad a los "arrendadores" del terreno. Si fuera esto, no podrían utilizar a sus relacionados.

De esa forma organizó Félix Gallardo; si hubieran seguido sus instrucciones, ahora existiría el cártel más poderoso del mundo; pero la ausencia de un líder y la presencia de varios jefes sintiéndose todos superiores al de enfrente hizo brotar la desorganización. Se brincó al desentendimiento, vino la separación, luego los enfrentamientos mortales; aterrizaron en las venganzas, aumentaron las ejecuciones. El sueño de Félix Gallardo se derrumbó; ahora sí que "cada quien jaló para su santo".

Félix Gallardo le tenía consideraciones a Jesús Labra Avilés, "Don Chuy"; y es que Pedro Avilés fue su tío y, antes de Miguel, un renombrado narcotraficante. Pero Labra no congeniaba con Rigoberto Campos; este personaje fue agente de la Dirección Federal de Seguridad y cuando vio el reparto quiso entrarle. De repente metía una mano en Sinaloa y otra en Colima; luego quiso hacer lo mismo en Mexicali y Tijuana, por eso arreciaron los pleitos.

Unas veces en la radio y más en la prensa, se ha narrado el inicio de la desunión en el narcotráfico. Apuntan a Tijuana como escenario, a Ramón Arellano como causante y 1988 la fecha. La versión tan socorrida es el asesinato de "El Rayo" López, pero la realidad es otra. Benjamín bautizó en esos días a su hijita; sin problemas ni sobresaltos, con toda la protección policiaca federal, estatal y municipal, realizaron la fiesta en el Club Britania; música, variedad, regalos y mucha asistencia. De Sinaloa viajaron invitados y los hubo más de Tijuana. Empezaba a tomar cuerpo el famoso grupo de los narcojuniors.

En el sitial de honor se encontraba Ismael "El Mayo" Zambada. La fiesta se realizaba sin problemas, cuando llegó Silvia desde Culiacán. Se decía prima de Miguel Ángel Félix Gallardo y le apodaban "La Silviona"; se apersonó en el lugar con su pareja "El Rayo" López, conocido narcotraficante; quisieron entrar y como no fueron invitados se les negó el acceso. Insistieron hasta el escándalo. Ramón se dio cuenta y salió para poner en paz todo; ya le habían ido a contar lo que estaba sucediendo. Vio a la pareja y, sin palabra de por medio, sacó su pistola y disparó a la cara de "El Rayo", que se derrumbó para convertirse en chispazo y luego, sólo en restos mortales.

Enojado, sin pedir ayuda a nadie, Ramón cargó el cadáver; lo encaramó en una camioneta; dos o tres pistoleros le acompañaron; se dirigió velozmente a la orilla opuesta de la ciudad y tiró el cuerpo atrás del Instituto Tecnológico de Tijuana. Zambada, que estaba en la fiesta, se enteró; no dijo nada. Al estilo de los grandes mafiosos, consideró y así lo dijo: "Ésa es una cuestión personal, no de negocios; a mí no me interesa". Alebrestado como era, Ramón inmediatamente ordenó a sus pistoleros viajar a Sinaloa esa misma noche. Al otro día estaban ejecutando a «El Tino", hermano de "El Rayo" López, para evitar una venganza. Por si fuera poco, mandó a los sicarios hasta Guadalajara y allí acabaron con el padre de los victimados.

Zambada no rompió allí con los Arellano; todavía estuvieron trabajando unidos. Se recuerda una de sus operaciones más sangrientas para evitar que se metieran al grupo otros ajenos a las indicaciones de Félix Gallardo: Rigoberto Campos, que ya estaba operando en San Luis Río Colorado, Mexicali, Tecate y Tijuana, no tomaba en cuenta a los "dueños de la plaza".

Por eso un día lo emboscaron en los campos trigueros del Valle de Mexicali. Rigoberto no supo ni quién lo capturó, lo llevaron hasta donde estaba una trilladora y le metieron los brazos; fue preciso amputárselos, quedó hospitalizado en Mexicali. Los pistoleros pretendieron rematarlo luego de las atenciones médicas, pero no pudieron. Un grupo de judiciales del estado que trabajaba para él, aparte de protegerlo, lo trasladó a Tijuana para su restablecimiento. Los médicos hicieron un excelente trabajo, le salvaron la vida.

Con las naturales molestias, en un revoltillo de paciencia y desesperación logró acomodarse a brazos, piernas y manos postizas. No podía agarrar, sostener ni operar una pistola; era imposible; por eso siempre andaba con tantos matones como podía: un chofer leal y siempre en Mercury Grand Marquis; un escolta en otro carro parecido adelante, uno más a la retaguardia. Se movía con tranquilidad en Tijuana, iba a Sinaloa cuantas veces quería, fiscalizaba el trajinar de la hierba, con otras manos operaba los billetes. Y a pesar de no poder abrazar, cuentan que no le faltaban los amores, tan falsos como sus aparatos ortopédicos.

"El Chapo", "El Güero" Palma y los Arellano se reunieron para decidir cómo matar a Rigoberto. Sabiendo que le gustaban las carreras de caballos, fueron a verlo el 1 de marzo de 1991 a un lugar donde se realizaban las competencias, en el ejido Matamoros, atrasito del Cerro Colorado, el mismo por donde pasan muy cerquita los *jets* comerciales antes de aterrizar en Tijuana. Lo invitaron a participar en una "parejera", apostándole un millón de dólares. Rigoberto aceptó y sus retadores se retiraron; sabían que Campos debía regresar a la ciudad y conocían la ruta. Escogieron el lugar para ejecutarlo: en la rampa CETYS y el boulevard Insurgentes; allí debía hacer alto forzosamente. Por lo menos veinte matones se colocaron a los extremos del pavimento en terreno de bajada; llegaron con mucha naturalidad por la tarde, escondieron sus armas atrás del cuerpo. Todo mundo pensaba que se trataba de policías; a última hora se sumó Baltazar Díaz Vega.

Como era su costumbre, Ramón Arellano Félix encabezó el tiroteo; no le dieron oportunidad a los guardaespaldas de Rigoberto ni para sacar sus pistolas; mataron a los siete que le acompañaban; fue terrible, cientos de impactos en los vehículos, los cadáveres amontonados, las portezuelas chorreaban sangre, pedazos de carne, lámina y vidrios. Nunca se disparó tanto como en aquella ocasión ni hubo tantos muertos; fue de las primeras ejecuciones horrorosas. Imagínese: veinte pistoleros, todos con ametralladora. Si cada uno hubiera traído cargador con treinta balas, entonces fueron 600 impactos.

El Mercury Grand Marquis en donde iba Rigoberto Campos dejó ver quince hoyancos de "cuerno de chivo" en la portezuela trasera, once en el guardafango inmediato, seguramente otros tantos en el cristal, dieciséis en el parabrisas, doce en el cofre, treinta y dos en la portezuela delantera, donde iba Campos, diecisiete al lado del chofer y veintidós más en la puerta trasera. Además, todos los incontables que destrozaron los cristales laterales y trasero; las cuatro llantas quedaron ponchadas y no precisamente por un tiro.

Rigoberto quedó inclinado hacia su lado izquierdo, con el brazo ortopédico pegado a la portezuela, agujereado; el derecho también terminó de ese lado y destrozado. Todo el costado izquierdo de su cuerpo, incluyendo cadera, pierna y tobillo, fue perforado; era un revoltijo de ropa, sangre y carne. Traía chaleco antibalas, pero solamente de pechera y no para detener balazos de ametralladora.

Su pantalón Levi's terminó tinto en sangre y desgarrado; traía un cinto "piteado" con hebilla de oro. Su chofer, con la mano derecha aprisionando la palanca de las velocidades; el pie derecho sobre el freno, las dos piernas perforadas; el pecho agujereado y el cráneo destrozado recargado sobre la ventanilla de la portezuela; los dentros chorreaban; casi todos los balazos del cofre le tocaron.

Otro Grand Marquis, donde iban los escoltas, fue tiroteado; sus armas quedaron en el piso. Cuando los cadáveres fueron sacados y colocados en el suelo, a un lado del vehículo, fue increíble que a uno le destrozaron los pantalones a punta de balazos y quedó sin ellos. Igual que su jefe, llevaban chalecos antibalas pero de pechera y de nada les sirvieron. Los pistoleros fueron más precisos apuntando a sus cabezas.

La matanza fue un claro mensaje para los seguidores de Rigoberto; unos se disciplinaron ante los verdaderos "dueños de la plaza" y decidieron emigrar a Sinaloa. Otros narcotraficantes supieron a lo que se arriesgaban si ponían un pie en Tijuana sin permiso de Palma, Guzmán y Arellano. Los policías cómplices de Rigoberto decidieron "alinearse". Ése fue el golpe definitivo: José Contreras Subías, el hombre de Caro Quintero, estaba en prisión; Rigoberto Campos, el único competidor, muerto con sus seguidores. "El Güero" Palma, Joaquín "Chapo" Guzmán y los Arellano Félix volvieron a dominar la región; sin competidor al frente, pintaron su raya.

"TE VAS PORQUE YO QUIERO QUE TE VAYAS..."

José Contreras Subías fue uno de los más importantes narcotraficantes de los ochenta. Un despistado sobrino lo denunció cuando la policía le andaba buscando: "a lo mejor está en un rancho de mi mamá, en Oklahoma"; y naturalmente, fue capturado. Estuvo prisionero 13 años en Estados Unidos desde 1985.

Para su infortunio, fue detenido a poco tiempo de fugarse en Tijuana; estaba bajo proceso por asesinato de un policía; lo internaron en la Cárcel Pública Municipal indebidamente; debieron refundirlo en la penitenciaría, pero sus abogados y la policía federal lo impidieron; así no quedaría revuelto entre procesados y sentenciados de todo calibre, tampoco en el apuro de ser liquidado por un viciosillo, capaz de hacerlo con tal de tener droga para satisfacerse.

Recuerdo cuando Contreras Subías fue llevado a Tijuana el 8 de abril de 1985; lo transportaron en un *jet* de la PGR desde la Ciudad de México; nunca vi tanto alboroto; pasaban de diez los vehículos repletos de agentes federales escoltándolo; enchamarrados, lentes oscuros, unos con y otros sin cachucha, la rigurosa cadenota o esclava de oro macizo; algunos trepados en la ventanilla del auto con un brazo bien pescados para sostenerse; y en el otro llevaban rifles automáticos o ametralladoras. Paraban el tráfico, sonaban las sirenas; la caravana iba tan veloz que parecía ir persiguiendo y no transportando a un narcotraficante. Todo un espectáculo, como si estuviéramos viendo una película de policías y ladrones en la televisión gringa.

José Contreras Subías, don José, viajaba así por quinta ocasión. Primero, cuando lo detuvieron en un chalet de Costa Rica el 4 de aquel abril de 1985; allí lo pescó la Interpol, dirigida entonces por el famoso y peliculesco detective Florentino Ventura. Luego, acarreado al Distrito Federal; de allí a prisión, otra vez de los separos judiciales al aeropuerto hasta la cárcel de Tijuana con breve escala en la terminal aérea.

Recuerdo cómo rodearon la antigua prisión de Tijuana numerosos agentes federales, ametralladora en alto. Nunca en la historia hubo tal espectáculo; era impresionante y hasta provocaba temor pasar por allí. Fueron pasando los días y aquello se convirtió en parte del escenario urbano, pero también disminuyó la guardia hasta cuando no hubo ningún federal en vigía. Contreras Subías dejó de ser noticia; el licenciado Rodolfo Carrillo Barragán se encargó de la defensa legal.

Pocos supimos lo que estaba sucediendo en la prisión; con sigilo y complicidad se acondicionó una especie de mezzanine, sin rejas, especialmente para don José; le instalaron una cama más grande que a cualquier otro tipo; tenía suficiente vestuario: pares de botas le sobraban; baño especial, un pequeño comedor, vajilla de lujo, tocadiscos, televisores y, naturalmente, una bien surtida cantina; no faltaban para tan distinguido prisionero teléfonos y visitas sin restricción. También tenía otra preferencia: los viernes por la tarde le permitían lo que a ningún prisionero, salir y pasar el fin de semana en su residencia del lujoso fraccionamiento Agua Caliente; cada lunes un auto particular lo regresaba a prisión. Hasta que llegó el viernes 25 de octubre de 1985; fueron por él a la cárcel; cuando llegó a su chalet, abrió las puertas. Me lo imaginé cual vaquero entrando a la cantina: camisa a cuadros, doblez en los puños, pantalón Levi's, cinto ancho y bota; alto, delgado pero correoso y pelo chino tan negro como sus ojos. Sus familiares se lanzaron a recibirlo, pero él gritó alegremente: "¡Vámonos a Disneylandia!"

De la palabra a los hechos; todo mundo empacó; una van último modelo esperaba a toda la parentela. Enfilaron llenos de alegría a la frontera; la cruzaron sin problema. Los oficiales de aduana y migración de Estados Unidos ni cuenta se dieron; o si sabían, la disfrazaron muy bien. Total, esa noche Contreras Subías durmió libre y plácidamente. Lo dramático fue cuando en la cárcel lo esperaban el siguiente lunes y no llegó; el corazón latió más rápido entre los custodios. Se corrió la voz, apareció la policía; el escándalo salió por entre los barrotes de la cárcel, pero ni siquiera se armo una persecución.

Lo curioso fue que me envió a una de sus sirvientas; llegó al periódico y se presentó "de parte de don José". Entonces me platicó, por encargo de su patrón, cómo fue la fuga. "Me dijo que viniera con usted para que escriba la verdad y no tanta mentira como andan diciendo." Naturalmente, lo publiqué; inmediatamente me cayó la Interpol. Querían saber, y no se los dije, el nombre de la sirvienta; sería traicionar la confianza y descubrir mi fuente de información. Platicamos en el restaurante de un hotel y no formalmente; Salvador Peralta fue el policía; me interrogó lo más que pudo, pero simplemente mi respuesta fue: "Allí está lo publicado y nada más". Iba con él el licenciado Cachú de la Cerda, su vocero; me acompañó mi asociado, Héctor Félix.

Cosas de la vida: en 1993 Peralta fue encarcelado en Guadalajara por sus sospechosos arreglos con el narcotráfico y supuesta conexión con el asesinato del cardenal Posadas Ocampo; quedó libre, pero ya no reingresó a la policía. Más tarde se convirtió en uno de los hombres clave para la información de los Arellano Félix. Cachú de la Cerda, su jefe de prensa, fue ejecutado cuando viajaba en automóvil por la noche rumbo al fraccionamiento Playas de Tijuana; nunca se supo quiénes fueron los autores. Y mi compañero Héctor Félix Miranda moriría después asesinado por tres guardaespaldas del ingeniero Jorge Hank Rhon.

“¡QUÉ COSAS TIENE LA VIDA...!”

Como pudo se trepó a la barda; casi se metía el sol aquel diciembre de 1993; enchamarrado con una tipo “Marlboro”, brincó fácilmente al patio de la casa inmediata; echó a funcionar un motorcito y la cortina de acero al filo de la banqueta empezó a levantarse lentamente. No esperé a que subiera toda y me agaché para entrar; lo primero que vi fue un patio de regular tamaño, al centro un velocípedo, signo de la niñez.

Fue a la puerta principal para abrir y estaba cerrada con llave; se encaramó nuevamente a la barda, llegó hasta una pequeña ventana; con un madero destrozó el vidrio; pecho a tierra, se metió con todo y la incomodidad de la estrechez. Dos, tres minutos y me abrió la puerta; entré y no había lujos ni extravagancia, la clásica residencia clasemediera; inmediatamente la sala; modestos sofás, mesas de centro nada del otro mundo; a un paso, la cocina comedor dominando el color verde pálido.

Una estrecha escalera alfombrada rumbo al segundo piso, recámaras en desorden, al fondo del pasillo una pequeña puerta a ras de suelo desembocaba en un cuartito casi cochambroso, litera con trazas de hechiza en el lugar y no de fábrica; más que mesa, sobre un cajón restos de hamburguesas, latas de chile vacías, cartones de leche abiertos y pestilentes, platos de cartón. Allí estaban los vigilantes, guardaespaldas, "guaruras"; de nada les sirvió la guarida, agentes de la Policía Judicial Federal los sorprendieron y se llevaron a su jefe: Francisco Arellano Félix.

Raúl Loza Parra era el comandante de la Policía Judicial Federal en Tijuana que descubrió la guarida de Francisco Arellano Félix. La casualidad lo llevó a comprar un lote vecino a la casa del mafioso; empezó a construir, todos los días iba a supervisar, hasta que en uno de ésos le dijeron quién era el dueño de al lado. Se disfrazó de albañil y estuvo verificando; lo comunicó a su jefe y delegado de la PGR, Arturo Ochoa, y éste al procurador General de la República, doctor Jorge Carpizo. Sin avisar a nadie enviaron un comando; cayeron y capturaron a Francisco; facilito. Por eso lo premiaron en el patio del búnker, en la PGR del Distrito Federal; distinción, discursos y dinero.

Antes de irse me llevó a la casa de Arellano; fue como una exhibición privada, me la grabé bien; no me imaginé cómo con tanto dinero Francisco vivía en un lugar tan modesto; nunca dijo ni nadie explicó qué hacía allí, teniendo sus grandes negocios en Sinaloa; tampoco tuve referencia ni se hizo público sobre el destino de los guardaespaldas. Loza Parra urgió a mi fotógrafo, César René Blanco; se le hacía tarde para llegar al aeropuerto y subirse al jet rumbo al Distrito Federal; terminamos por eso el recorrido; era diciembre de 1993. Supuse que en venganza matarían a Loza Parra, pero corrió la voz en el narcotráfico: si hubiera sido por traición, le habrían quitado la vida, pero la captura fue limpia y no merecía revancha.

Loza Parra resurgió tres meses después en forma sorprendente; él y nadie más ordenó videograbar el mitin en Lomas Taurinas y por eso captaron cuando Aburto disparó a la cabeza a Colosio. Meses después se retiró y otra vez pensé: "lo van a matar", pero no. Se dedicó al comercio de curiosidades para turistas; un día lo acusaron de malabarear en el asesinato de un jefe policiaco. Me fue a ver; "no tengo nada que ver", se sinceró, explicó cómo, en dónde y con quién andaba a la hora del crimen que le achacaban. Me convenció, no le vi arma al cinto y cuando lo acompañé a la puerta, nadie andaba cuidándole las espaldas.

Cinco años después, la policía estadounidense realizó la Operación Búho en San Diego, California; decenas de mexicanos fueron detenidos; uno me llamó la atención; se llamaba Raúl Loza. Creí que era mi conocido, pero no; tenía un alias: "El Ruli". Pregunté y la respuesta me sacudió: era el hijo del ex comandante. Qué cosas tiene la vida: el padre capturó a uno de los Arellano y el hijo servía a los hermanos.

"AHORA, CUESTA ABAJO ES MI RODADA..."

Exactamente: 28 de agosto de 1999. Como a las cuatro de la tarde sonó el teléfono y la operadora me dijo: "Le llama el general José Luis Chávez". Contesté de inmediato; siempre fue un caballero conmigo; era el delegado de la Procuraduría General de Justicia en Tijuana. Le oí decirme más o menos: "En unos momentos más vamos a internar en la penitenciaría a José Contreras Subías".

Como en las películas de ficción, sentí ver el pasado de pronto, de repente, recordando al hombre: su estruendoso arribo y su silenciosa fuga en 1985; ahora, esposado, con una escolta poderosa, regresó a Tijuana luego de trece años, exactamente el 28 de agosto de 1998. Terminó su condena en Estados Unidos por narcotráfico, pero lo entregaron a la PGR por delitos pendientes en México. Fue transportado desde la frontera a la penitenciaria sin alboroto; vi una foto cuando estaba por entrar en el penal: atlético pero más embarnecido, canoso, sin angustia en el rostro, tranquilo, reposado, ni gesto de maldito, caminando sin oponerse.

Duró unos siete meses preso. Todos supusimos que por sus antecedentes se convertiría en el rey del penal para controlar la droga, pero no; sorprendió; no le interesaba para nada el narcotráfico; estaba entregado a la religión. Mientras permaneció encarcelado en Estados Unidos, su comportamiento fue de tanto arrepentimiento que se dedicó a predicar; al llegar a Tijuana, era ministro. Para su fortuna, mientras estaba prisionero en Estados Unidos, otro mafioso confesó haber cometido el asesinato achacado a Contreras. Entonces me sorprendió enterarme quién era su abogado defensor: Gustavo Gálvez, joven y activo. Investigué por qué no lo representaba Carrillo Barragán; la única explicación fue que don José dijo que, como ya no estaba metido en el narcotráfico, no quería abogados especializados en eso; prefirió a su yerno. No tuvo problemas en los tribunales, fue cuestión de papeleo; demostrar que otra persona se declaró culpable por el crimen, tal vez unos meses de sentencia por la fuga o libertad bajo fianza. Salió libre.

Decidió residir en Tijuana; insistí en entrevistarlo y se negó varias veces. Una amiga supo el motivo: Contreras Subías supo al regresar que los Arellano Félix me odiaban, que quisieron matarme y por eso no quería problemas; quería y estaba logrando vivir en paz.

Cierta mañana salió de casa en su camioneta Cherokee último modelo; para ser más exactos el 30 de agosto de 1999, seis meses y once días luego del cautiverio; llevaba a su madre de compras a un supermercado. Cuando terminó y subió sus cosas al vehículo, en el estacionamiento vio a un par de pistoleros; seguramente, por su experiencia, supo que iban por él. Subió con su madre apresurado; salió del lugar; confirmó indudablemente que lo iban persiguiendo; llegó velozmente hasta su casa; apretó el botón del control para abrir el garaje, la puerta subió lentamente; quiso meter su auto con la cortina a medias, quedó atorado.

Como tiburones que huelen sangre, dos armados con ametralladoras AK-47 se pararon cerca de la portezuela; lo despedazaron a balazos. Su madre, quien iba al lado, no recibió ni el roce de un disparo; el motor de la Cherokee continuó funcionando; con la velocidad puesta, el vehículo terminó lentamente al fondo de la cochera. Cómplices, las policías estatal y federal no investigaron; indudablemente supieron quién y por qué ordenó ejecutarlo, pero el cártel Arellano Félix debió ordenarles: ni una sola palabra. Fue un secreto a voces que los hermanos, antes asociados de don José, le tuvieron temor. Primero, no quiso reunirse con ellos para nada; pero Ramón y Benjamín pensaron y lo comentaron hasta hacerlo público: Contreras Subías podría formar un grupo por su cuenta y hacerles la competencia; Ignoraban que platicaba con narcotraficantes para aconsejarles dejar el negocio y dedicarse a la bondad; pero los Arellano también supusieron que no les hablaba porque se aliaría con los sinaloenses; significaría un serio problema; por eso, sin mayor discusión, lo ejecutaron.

"LA PUERTA SE CERRÓ DETRÁS DE TI..."

Chabacano, treinta y tantos años de edad, moreno; pelo bien recortado y retinto; aseado, camisa clara, de cuerpo atlético, muy despierto, levantó su mano derecha; pretendió detener a la bandada de periodistas; quiso tapar la lente de las cámaras. Así quedó impresa su figura en rollo y foto; al fondo, una cochera abierta; topando con pared, la Cherokee blanca; adentro y en el asiento del chofer, José Contreras Subías, ejecutado. Cuando me mostraron las fotos y lo vi en actitud de evitar la toma de gráficas, pregunté: "¿Quién es este joven queriendo tapar la cámara?" Un reportero me contestó: "El licenciado Gustavo Gálvez, yerno de Contreras Subías". Entonces recordé: "El mismo que logró legalmente su libertad". Me asombró el vínculo.

Pasó tiempo sin saber dónde y qué hacía; de pronto saltó con extraordinaria naturaleza a la fama pública: defensor de Jesús Labra, "Don Chuy", legendario *consiglieri* del cártel Arellano Félix. Solamente supe que Gálvez se encargaba de los asuntos legales del capo cuando este hombre fue capturado el 11 de marzo de 2000.

Fue de película: los dos guardaespaldas de Jesús "El Chuy" Labra fueron a orinar; lo dejaron con su esposa, cuñada y sobrino en las tribunas de la cancha deportiva escolar preparatoriana en Tijuana. Cuando estaban meando, su jefe fue detenido; no lo pudieron impedir, ni cuenta se dieron; se supone que al salir del mingitorio vieron lo que no al entrar: vehículos del Ejército estacionados a la entrada. Eran militares vestidos de civil, miembros del Grupo Aeromóvil de Fuerzas Especiales (GAFE); todos corrieron con armas largas rumbo a las tribunas. Los "guaruras" ni siquiera sacaron sus pistolas, ya era demasiado tarde, simplemente mortal: mejor se fueron muy calladitos; desde entonces, nadie sabe dónde están.

Era sábado y el medio tiempo de un partido de futbol americano entre clubes juveniles. Labra, el poderoso "jefe de jefes" del cártel Arellano Félix, fue al estadio para ver a su sobrino jugar. El chamaco debutaba con el equipo "Leones", que iba perdiendo 8-6 frente a "Guerreros"; así llegaron al medio tiempo. El objetivo militar era esperarlo al salir, que arrancara su auto y el de sus escoltas, seguirlos, esperar la llegada a su casa, neutralizar a los guardias y capturarlo en el domicilio.

Pero la meada de estos hombres fue providencial, increíble; mientras descargaban la vejiga, se dio la orden: capturar inmediatamente a Labra. Así fueron cerrándose para nunca más abrirse las pinzas del operativo; la tarea de inteligencia militar para ubicar a Labra funcionó; ya venían pisando sobre sus huellas; por eso empezaron rodeando la Escuela Preparatoria Federal "Lázaro Cárdenas"; el siguiente paso: listos para el asalto en la cancha.

Seguramente cuando Labra entró en el estadio escolar, ni cuenta se dio de que estaba pisando, como los osos, una trampa de la que no podría zafarse; tal vez sus espías en las procuradurías General de la República y del estado reportaron un "sin novedad"; no estaban enterados ni el Ejército les reportó el movimiento. Por eso Labra llegó a la cancha despreocupado, con su esposa, cuñada y sobrino, para ver jugar al hijo de su hermano, con la misma tranquilidad que cualquier familiar de los jóvenes futbolistas. Indudablemente pudieron capturar a Labra antes o cuando llegó a las tribunas de la preparatoria, pero se supone que los encargados de aprehenderlo verificaron hasta el último momento que no lo protegía ningún convoy de sicarios para evitar así un enfrentamiento.

Labra era el hombre más protegido después de los Arellano; pero cuando se dieron cuenta de que el poderoso cerebro del cártel nada más iba custodiado por dos guardaespaldas, se aceleró la estrategia para su captura. Es posible que, de no haberse ido a orinar, alguno de los dos escoltas pudo haber sacado el arma y disparar a los perseguidores cuando se acercaban a su jefe; pero no tuvo tiempo. "El Chuy" sí vio aparecer a sus captores y se paro como de rayo para correr; empezó a pegar zancadas sobre la pista, desesperado. Indudablemente jamás tuvo la sensación de una persecución pisándole prácticamente los talones; pero los encargados de la operación, veinte, veinticinco años menos de sus cincuenta y tantos de edad, lo alcanzaron fácilmente.

Le ordenaron hincarse; rodilla en tierra, como implorando piedad, levantó las manos en señal de rendición. El joven militar que lo tenía en la mira de su ametralladora, apuntándole seguramente a la cabeza, no volteó a mirar a los familiares de Labra, que se acercaron corriendo, gritando que no lo fueran a matar. Otro GAFE con ametralladora gritó a las mujeres que no le pasaría nada a Labra, que se calmaran, que se retiraran; se quedaron quietas. Uno de los oficiales se acercó por atrás a Labra, levantó su chamarra y le desenfundó una Beretta 3.80; al mismo tiempo, un grupo sometió al sobrino, a su segundo de a bordo, al que se dice que estaba siendo preparado para, en caso necesario, suplir a "El Chuy"; también andaba armado. Los dos fueron sacados del estadio y subidos a un vehículo militar, que los transportó inmediatamente a la delegación de la PGR, pero se disfrazó el traslado al cuartel militar. Cuando fue llevado al famoso edificio verde de la fiscalía federal, hubo una gran sorpresa; un testigo dijo que los funcionarios estaban, algunos, hasta asustados, mientras Labra lucía abatido totalmente, inconsolable.

"Nadie lo molestó, tampoco se le golpeó", dijo el hombre que proporcionó el testimonio y explicó que inclusive un funcionario le preguntó si le llevaban de comer algo y Labra simplemente contestó que no tenía hambre. En tanto se cubrían los trámites normales, se realizaron diferentes movimientos a efecto de no mantener en un solo lugar al famoso "Chuy", a la vez que se multiplicó la vigilancia, temiendo que hubiera una reacción de los sicarios del cártel Arellano Félix.

Mientras algunos reporteros buscaban información sobre el paradero de Labra en el cuartel militar, otros lo hacían en la delegación de la PGR y hasta en la base militar aérea. Pero en ninguno de esos sitios estuvo fijo, aunque sí en todos un rato. Eso motivó que su abogado Gustavo Gálvez, yerno de Contreras Subías, no pudiera presentar a las autoridades el amparo contra el traslado a otra ciudad; igual que los reporteros, nunca logró coincidir con la ubicación de Labra. Antes y con vertiginosa habilidad, el abogado Gálvez tramitó juicio de amparo para cobijar a Labra; con la orden federal para liberar a su cliente, fue a reclamar su entrega al cuartel de la II Zona Militar; lo hizo, sabedor de que un grupo especial del Ejército le capturó. "Aquí no está. Ya fue consignado a la PGR." Gálvez fue para allá y se topó con una fría respuesta: "No lo han traído". Volvió al acantonamiento. "Ya le dijimos que no está aquí". Se fue rápidamente a la base aérea militar, suponiendo lo embarcarían desde allí a la Ciudad de México y podría presentar el amparo; tampoco lo encontró. Momentos después, yendo de un lado a otro, como los reporteros, seguramente se entumeció al enterarse que un convoy militar, que no participó en el operativo de la captura, trasladó a Jesús Labra a la base aérea militar; pero allí el vehículo que lo transportaba no se detuvo, entró, cruzó rápidamente las antiguas pistas y se dirigió a las paralelas del aeropuerto civil "Abelardo L. Rodríguez", donde lo esperaba un avión de la PGR. Ni las pistas militares se utilizaron, para destantear al abogado.

Un funcionario federal dijo: "No fue cierta la versión de que se lo llevaron en una nave con las siglas XT por una sencilla razón, no existen". Explicó que x es la letra asignada a México, a la aeronáutica mexicana en el mundo; que seguida de una A, significa que se trata de naves comerciales; B, particulares; C, oficiales; y los XTP son pocos y utilizados solamente para el transporte presidencial. Así, el TP-01 es el asignado al presidente de la República. "Definitivamente, el avión que vino y se llevó a Labra fue de la PGR; y agentes de esta fiscalía los encargados de transportarlo. Los militares no tuvieron a su cargo ese operativo", dijo un testigo.

Otro funcionario federal dijo que Estados Unidos reclamó inmediatamente que le entregaran a Jesús Labra. Al enterarse de su captura así lo hicieron saber miembros del escuadrón antidrogas (Drug Enforcement Administration: DEA). Se les hizo notar que la detención fue realizada en territorio mexicano y no podían entregarlo así; en todo caso deberían realizar las gestiones a través de los conductos oficiales.

Algunos periodistas publicaron que detectives de la DEA tomaron parte en la captura de Jesús Labra, pero no fue así. Se puede verificar en el video que grabó de pura casualidad uno de los asistentes al juego de futbol. Pude examinar el documento, impreciso pero valioso, y no vi a ningún agente estadounidense.

Entre tanto el abogado Gálvez se hundió en la angustia. Tan fácil que hubiera sido liberar a Labra; el único delito al ser detenido fue traer pistola sin permiso oficial. Si hubiera tenido la oportunidad de mostrar el amparo, era obligada su libertad bajo fianza, pero no; por eso Gálvez fue a México en el primer avión comercial que encontró; amparo en mano, quiso rescatar a su cliente en la PGR, en la Fiscalía Especial de Atención a Delitos contra la Salud (FEADS) y en la Unidad Especializada contra la Delincuencia Organizada (UEDO). No le hicieron caso; a tal punto llegó que ni las puertas le abrieron.

El abogado fue entrevistado por la televisión frente a la PGR; declaró el inconveniente y reclamó legalidad; pero a esas alturas, el Ministerio Público Federal estaba acumulando cargos contra Labra: delincuencia organizada, lavado de dinero, narcotráfico y otros. Con todos esos delitos encima, jamás volvería a salir del penal. Así ingresó en la prisión de alta seguridad La Palma.

Al tercer día, el 14 de marzo de 2000, el licenciado Gustavo Gálvez apareció muerto en una colonia del Distrito Federal; "encobijado", atado de pies y manos, torturado; su crimen no fue investigado. Las hipótesis varían: una, fueron los enemigos de Labra para neutralizar la defensa legal; dos, los hermanos Arellano Félix ordenaron la ejecución por fallar en el intento de liberarlo en Tijuana, cuando era más fácil.

La cadena de crímenes me sobresaltó: Contreras, Cachú, Carrillo Barragán; todos ligados a un motivo. Me vino a la mente Carlos Aguilar Garza, el joven tamaulipeco que fue agente del Ministerio Público Federal en Sinaloa; participó en la famosa Operación Cóndor. Lo conocí con el mismo encargo en Tijuana en 1977, años después quedó paralítico; cerca de Monterrey el avión en que iba se desplomó; transportaba cocaína; finalmente lo ejecutaron en su casa.

Recordé a mi amigo y abogado Jesús Jacobo Michel; sicarios le acabaron en Culiacán; mi compañero Odilón López Urías fue ejecutado por reclamar justicia en el asesinato de su hijo, también por obra y gracia del narcotráfico; a Manuel Burgueño, maestro, periodista y amigo en Mazatlán, muerto frente a su familia por pistoleros del narcotráfico; Víctor Manuel Oropeza de Chihuahua; Benjamín Flores, de San Luis Río Colorado; todos, víctimas del narcotráfico.

Semanas después, el 9 de julio de 2000, fue ejecutado en Toluca el licenciado Eugenio Zafra: era un domingo de mayo; regresaba de paseo con su familia; nada más estacionó el auto frente a su casa y dos hombres aparecieron de entre la oscuridad; uno le disparó a la cabeza. Su esposa, sentada al lado, no fue herida, igual que la señora madre de Contreras Subías. Casualmente, días antes el Ejército detuvo a Ismael Higuera "El Mayel"; lo enjaularon en La Palma. La versión popular es que el capturado, asociado del cártel Arellano Félix, pudo también ser liberado y Zafra no tuvo la oportunidad, por eso lo mataron.

Un año antes en Tijuana, otro abogado fue ejecutado. Joaquín Báez Lugo iba en su camioneta último modelo; salía del estacionamiento del bufete; tan profesional fue el sicario, que hasta tres proyectiles entraron por el mismo orificio en su pecho. Los disparos, más de cincuenta, no salieron de un espacio mayor de treinta centímetros. Lo hicieron entre cinco a diez metros. Lo más notable fue la precisión: a la hora de comer, cuando movimiento de peatones y vehículos es intenso, no hirieron a nadie

El ajusticiamiento coincidió con la incautación de la PGR al hotel Oasis; Báez llevaba el caso; pero la lujosa posada es propiedad disfrazada de los Arellano Félix. Fue obvio el motivo de todos los ajusticiamientos, pero en cada uno, las policías estatal y federal fingieron desinterés hasta caer en la demencia. Todo esto debió bullir en la mente de Labra, ya encerrado; nunca se imaginó terminar en La Palma. Vecinos que fueron de Jesús Labra me dijeron cómo llegó a Tijuana a principios de los años setenta: sin billete en la bolsa. Un conocido le tendió la mano y ofreció su modesta casa en el ejido Chilpancingo; entonces había pocos pobladores y todos se conocían. Al poco tiempo los vecinos comenzaron a notar cierto progreso por la forma de vivir y vestir en Labra; no sabían a qué se dedicaba, pero sí tenían la sospecha. Los carros último modelo en los que se paseaba no eran muy comunes en esa zona, ni siquiera los viejos residentes dedicados al cultivo de hortalizas los poseían.

Para finales de esa década, el amigo y Jesús Labra Avilés se convirtieron en propietarios de grandes extensiones de terreno en el ahora llamado fraccionamiento Murúa. Su afición por el beisbol lo llevó en esos años a patrocinar equipos de la Liga Municipal Infantil y sus jugadores comenzaron a llamarlo "Don Chuy". Acostumbraba a pagar cien dólares a quien "se volara bola" en cada juego al que asistía.

Para mediados de los ochenta, los vecinos fueron retirándole su amistad porque un grupo de personas, que siempre lo acompañaba, hacía gala de las armas que portaba. Algunos recuerdan que, en el traslado de Jesús Labra Avilés, lo escoltaba un convoy de por lo menos cinco vehículos; la polvareda avistada a lo lejos delataba la llegada o salida de Labra Avilés del Murúa. Después del cateo que la PGR ejecutó en su quinta de ese fraccionamiento en 1993, sus vecinos jamás lo volvieron a ver en esa zona. A partir de ese año, el nombre de Jesús Labra Avilés trascendió a la opinión pública al señalarlo la PGR como miembro del cártel de los hermanos Arellano Félix. Diversas publicaciones nacionales documentaron sus actividades ligadas al narcotráfico y la presunta liga familiar con los hermanos. A mediados de 1996 estuvo a punto de ser aprehendido en su residencia de Lomas de Agua Caliente, cuando la PGR y el Ejército mexicano efectuaron la Operación Alacrán. También le fueron cateadas una finca en el fraccionamiento Jardín Dorado, inmediaciones del Mariano Matamoros y una residencia en el exclusivo fraccionamiento Cumbres de Juárez. Cuando se supo sobre su captura, un viejo y humilde vecino de Labra simplemente me comentó: "¿Ya ves?... todo lo que sube, baja".

"SENTIR QUE ES UN SOPLO LA VIDA..."

Anochecía; 3 de marzo de 1994; a los separos de la policía judicial del estado llegó detenido un personaje: Francisco Javier Arellano Félix; y atrasito Ismael Higuera "El Mayel". No pasaron quince minutos cuando se apareció Francisco Fiol Santana, jefe del Grupo de Homicidios; los vio; sin saludarlos se dirigió a tres o cuatro agentes vigilantes: "Déjenlos libres". Se vieron sorprendidos entre sí los policías. "¿No entienden?, ¡déjenlos libres!" Los acompañó hasta la puerta, llamó a uno de sus agentes. "A ver, lleva aquí a los señores a donde te indiquen". No hubo un "gracias" ni un "que les vaya bien"; nada.

Fiol regresó a las oficinas, pidió el acta, la dobló y la echó a su bolsa; y así, como quien utiliza "quitamanchas", no quedó rastro del paso circunstancial de Francisco Javier y "El Mayel" en la policía judicial del estado; ni parte, ni reporte, ni acta para iniciar averiguación; nada. Sólo hay una prueba impresa en el periódico *El Heraldo*, propiedad de Jorge Hank Rhon, cuando Francisco Javier es llevado esposado a los separos. Estoy seguro de que la publicaron sin saber de quién se trataba.

La fotografía fue tomada cerca de las ocho de la noche, tras una tupida balacera. Seguramente a Francisco

Javier y a "El Mayel" les pasaron muy cerquita los tiros; "El Árabe", que así le decían a un gatillero de los Arellano, cubrió con su cuerpo a Francisco Javier; y así fue, increíble, como se salvó primero de la muerte y luego de la prisión.

El resto del episodio es dramático: recién había cumplido cuatro años el primer gobierno panista en Baja California; y a esas alturas la PGR ya era un chapoteadero de corrupción; cuando se afianzó el cártel Arellano Félix. Sembraron soborno y cosecharon impunidad, invirtieron dólares y obtuvieron complicidad como utilidad. A su generosidad, la procuraduría panista correspondió con protección encubriendo sus crímenes; despistó y "congeló" investigaciones, tanto como que aquella noche dejó libre a Francisco Javier y a "El Mayel".

Los dos iban en una Suburban nuevecita, un guardaespaldas de "El Mayel" y su chofer de confianza; atrás, en una patrulla, varios agentes judiciales estatales los custodiaban. Hicieron alto frente a "El Mercado de Todos", en La Mesa de Tijuana; iban tras "El Güero" Palma, que, se enteraron, estaba protegido por agentes federales. Allí se toparon con el convoy contrario: una Suburban azul, nuevecita, repleta de hombres de la PGR; adentro, Palma. Sintiéndose con más autoridad, se bajó el comandante de la policía judicial, Alejandro Castañeda; encaró a los contrarios; el diálogo debió ir subiendo de tono; seguramente el policía reconoció a Francisco Javier y "El Mayel"; ni siquiera se dio cuenta; desde dentro del vehículo le dispararon a la cabeza y el pecho quién sabe cuántas veces; no tuvo agonía, murió a media calle.

Respingaron sus camaradas, desenfundaron y apretaron gatillos; metros separaban a los dos grupos, unidos por la desesperación, cobijados por la muerte. Los retaguardias protectores también debieron apearse y tirotear a los atacantes de Francisco Javier; fue increíble el revoltijo de policías federales y estatales matándose por culpa del maldito narcotráfico. Nunca hubo un disparadero así; el obispo de Tijuana Berlié Belaunzarán iba camino a su casa; escuchó el tiroteo y llegó al sitio; bendijo a los muertos y agónicos.

Se aparecieron los patrulleros municipales, luego los policías estatales y también los federales. Pudo haber seguido y por fortuna no siguió la balacera; paramédicos auxiliaron a los heridos, las paredes cercanas quedaron descarapeladas; ahora sí que corrió la sangre, los vehículos nuevos todos perforados a balazos, destrozados sus cristales, armas en el pavimento todavía humeantes, cientos de casquillos; mezcla de sangre, pólvora, odio, corrupción y muerte.

El licenciado Sergio Ortiz Lara, subprocurador de Justicia del Estado se dio cuenta de cómo fueron liberados Francisco Javier y "El Mayel"; indudablemente hubiera acusado a los policías, pero no pudo. Los Arellano actuaron más rápido y detuvieron al funcionario; le endilgaron el delito de permitir la fuga de los mafiosos, precisamente la que él iba a denunciar; lo consignaron, fue procesado; el gobierno estatal de Ruffo pagó la fianza para liberarlo. Sucedió entonces lo dramático: toda la prensa condenó ese pago; hasta a las planas de los diarios llegó la influencia de los Arellano.

Con el tiempo Francisco Santana Fiol dejó la policía; navegó un rato en la Judicial Federal; luego fue detenido por posesión de droga y portación de arma prohibida. Salió libre meses después, regresó a Tijuana, vivía solo en un departamento. Los vecinos dijeron que a nadie molestaba, pero una madrugada lo encontraron muerto.

"YO ADIVINO EL PARPADEO..."

Con fecha 17 de marzo de 1994, 14 días luego de la balacera fatal, recibí una carta desde París y firmada por el embajador de México en Francia, Ignacio Morales Lechuga. La transcribo:

> Ante los hechos violentos ocurridos recientemente en la ciudad de Tijuana, en la que estuvieron involucrados funcionarios estatales y policías judiciales de la entidad, me permito compartir con usted algunas reflexiones que sin ánimo de polemizar pretenden poner en claro acontecimientos de importancia para la sociedad bajacaliforniana.
>
> Recuerdo a usted que en julio del año pasado el semanario que dignamente dirige y la revista *Proceso* hicieron públicas declaraciones del gobernador Ernesto Ruffo Appel sobre la violencia, la inseguridad y el narcotráfico. Cabe recordar que en aquella ocasión me abstuve, por prudencia, y para no entorpecer las investigaciones, de refutar las declaraciones irresponsables del mandatario estatal sobre mi persona y actuación al frente de la PGR.
>
> Sin embargo, los acontecimientos ocurridos en la ciudad capital de Baja California me dan la oportunidad de retomar el tema y plantear a la opinión pública la verdade-

ra postura del mandatario estatal y cómo el tiempo me ha dado la razón.

Ante la incapacidad del Ejecutivo local y de sus colaboradores para contener a la ola de crímenes e inseguridad que desbordaba y afectaba a la sociedad de Baja California, el Ejecutivo federal me instruyó, como Procurador General, para que acudiera a Baja California en apoyo y auxilio del mandatario local en el fortalecimiento de la seguridad pública y en la investigación de ilicitos del fuero local, responsabilidad, cabe remarcar, del Gobierno del Estado.

Ernesto Ruffo Appel minimizó o menospreció el grave problema de inseguridad estatal y pretendió explicar el complejo fenómeno local, a través del narcotráfico como una responsabilidad federal.

El argumento utilizado por el gobernador de que el crimen organizado era tarea exclusiva de la PGR es absolutamente falso y contradice lo previsto en el Artículo 120 de la Constitución que establece la obligación de los gobernadores de los estados de hacer cumplir las leyes federales. En consecuencia, la propia Constitución no solamente faculta, sino obliga al Sr. Ruffo Appel a hacer a un lado su disimulo para combatir y actuar en contra del narcotráfico.

Lo que omitió el gobernador Ernesto Ruffo mencionar en las entrevistas de referencia, fue que en noviembre, después de los hechos ocurridos en la discoteca Christine de Puerto Vallarta, se le turnaron a la Procuraduría de Baja California, para su investigación e intervención competente, las credenciales que portaban los sujetos que escoltaban a los hermanos Arellano Félix y que los acreditaban como policías judiciales del Estado de Baja California. Hasta donde recuerdo, la firma del Procurador Juan Franco Ríos parecía auténtica.

Hoy sabemos que los Arellano Félix establecieron sus "reales" en el territorio de Baja California, hoy vemos cómo se incrementaron los ilícitos y la violencia a partir del gobierno de Ernesto Ruffo Appel.

El gobernador ya no tendrá ninguna duda sobre el origen y los alcances de la "infiltración", puesto que habrá tomado conciencia de la enorme fuerza corruptiva y corrosiva que el crimen organizado dedicado a la droga posee y que desde luego ya se apoderó de Baja California y a él como primer autoridad le corresponde brindar seguridad a la población.

Es evidente que desde noviembre de 1992 las autoridades de Baja California protegían a los Arellano Félix.

Por último es absolutamente falso que el gobernador Ruffo me haya entregado evidencias o pruebas de homicidios relacionados con el narcotráfico. Estuviera satisfecho si tan sólo me hubiese explicado, antes de que abandonara yo el cargo en la Procuraduría, el origen y la forma en que los narcotraficantes obtuvieron credenciales de su policía judicial que aparecieron en la discoteca de Puerto Vallarta.

Los hechos en Tijuana son contundentes. Ni la Procuraduría General de la República ni la sociedad bajacaliforniana tienen duda ya de que su aparato de procuración de justicia estatal es responsable de la protección de narcotraficantes y de la ola de violencia que este fenómeno conlleva.

Confío en que estas ideas aclaren a la opinión pública los hechos que pudieron haber puesto en entredicho mi nombre y actuación. Baja California merece paz y tranquilidad social.

Atentamente,
Ignacio Morales Lechuga.
Embajador de México en Francia.
París, Francia.

La carta fue publicada. Sobre ella, el gobernador expresó lo siguiente:

18 de abril de 2002

J. Jesús Blancornelas
Co-Director del Semanario *Zeta*.

Jesús, me da gusto tener la oportunidad de estar en contacto y más ahora que tienes un nuevo libro en puerta; aunque imagino que tu obra será relacionada con el tema del narcotráfico y toda su problemática que generó en Baja California y en el resto del país, me haces pensar en retrospectiva y con ello recitar pasajes no gratos para todos los que habitamos en este estado.

Entre otros asuntos, recuerdo los comentarios de la carta que te enviara el ex procurador Ignacio Morales Lechuga; en fin son tantas memorias que voy a remitirme a describir el ambiente general que me tocó vivir como gobernador del Estado, en el que mi gestión inició buscando la coordinación por la vía institucional, como debe ser, mediante la cual se facilitó toda la información al gobierno federal conforme a lineamientos jurídicos, mi gobierno colaboró; pero a la vez y con el tiempo me fui percatando de qué tan involucrados estaban los investigadores federales, principalmente en torno a la PGR de aquel entonces y su relación con los narcotraficantes.

Si recordamos y ahora vemos la lista de las personas que bajo circunstancias violentas han perecido, nos daremos cuenta de la forma en que esa institución lamentablemente ha estado presente en tan negro y triste historial para todos nosotros.

En el caso de Baja California, a inicios de mi gestión, un jefe policiaco federal de apellido Larrazolo, hoy extinto y acribillado en algún lugar de México, se desempeñó en forma retadora y agresiva ante los ciudadanos y la autoridad estatal, nosotros siempre procuramos la tranquilidad y la coordinación, pero así como ese caso se dieron otros más con distintos funcionarios federales y delegados de la Procuraduría General de la República en la entidad, la mayoría hoy también desaparecidos en semejantes condiciones.

Con esto, no trato de buscar la polémica o el enfrentamiento, sólo deseo declarar que lamentablemente nuestro gobierno federal estaba muy involucrado en ese terrible problema del narcotráfico y sus consecuencias. Por ello no puedo exonerar a sus procuradores, excepto al doctor Jorge Carpizo. Tengo muchos recuerdos que creo no es conveniente para nadie hacerlos públicos, baste decir que fue muy desconcertante percibir la forma en que nuestro gobierno federal estuvo a punto de perderse en manos de los narcotraficantes.

Atentamente,
Lic. Ernesto Ruffo Appel

"MADRID, MADRID, MADRID..."

Hasta me siento como si estuviera viendo una película de James Bond, pero con Sean Connery cuando todavía tenía cabello y vestía aquellos trajes tan ajustaditos, casimir fresco, rasurado finamente; corbata negra, angosta, resaltando sobre su camisa blanca. Me lo imagino en la sala de espera en el Aeropuerto Internacional de México; lentes negros y sombrerito de ala corta, una maleta de cuero colgando al hombro, tomado de la mano con una morena guapérrima, imán de todas las miradas masculinas; o disfrazado con overol manejando el carrito del equipaje, a lo mejor simulando al esposo que espera a su pareja de regreso vacacional.

Me imagino el aeropuerto capitalino; los taxistas llegando con el pasajero y peleándose para acercarse lo más posible al tramo para descender; los maleteros apareciendo como reporteros sobre don Fidel Velázquez; el corredor atiborrado, todos caminando para todos lados; algún gringo conchudo durmiendo recargado en uno de tantos pilares; aeromozas como para concurso de Miss Universo; paisanos regresando del "otro lado" con enormes cajas a punto de abortar "fayuca"; el pasajero cometiendo el pecado de pararse para ver las pantallas de arribo y despegue, llevando en su pecado los aventones de penitencia; la hilera de sureños caminando como patitos tras la madre para convertirse horas más tarde en indocumentados.

En esa imagen veo la realidad y me baso en declaraciones desconocidas de un narcotraficante y hechas a la PGR. No vacío el contenido tal cual; permítame dramatizarlo: un hombre joven, de traje negro, encorbatado, lentes oscuros, fumaba, y dos cosas le distinguían: español y con una mascada visiblemente roja en la bolsa cercana a la solapa. Eso fue en agosto de 1995; para más señas un miércoles. Llegó un *jet* de Iberia; tras él, un maletero con cinco velices, cada uno con el asa forrada de plástico rojo. "Hasta parece artista de cine", diría alguien al verlo caminar tieso y sin parpadear. Curioso: los agentes de migración no le pidieron papeles; en aduanas ni las maletas revisaron.

Lo único que hizo el espigado caballero español: entregar sus contraseñas al comandante Salvador Peralta, de la Policía Judicial Federal; lo hizo sin dramatismo, ni siquiera lo miró. El policía tomó suavemente los papelillos como si un ladrón le pasara gorda cartera recién robada, cada boleto era como un cheque al portador para el policía, cinco mil dólares por cada uno.

El viajero se encaminó a la salida; no necesitó y rechazó guía. Una Suburban lo esperó en el estacionamiento de la Policía Federal de Caminos. El maletero, seguramente sudando, descargó su "diablito", las trepó al vehículo. Él también. "¡Hola!", dijo, y el chofer respondió "¡quihubo!" No volvieron a decir nada; se metieron al tráfico defeño. Nada de acelerarse, respetando todas las indicaciones oficiales. Así llegaron hasta la calle Rochester en la colonia Nápoles, se detuvieron al ver el número 73, en el departamento número tres.

Las maletas fueron subidas cuidadosamente por el chofer. Hubo un saludo, ni siquiera apretón de manos. Casi enseguida se anunció que ya estaba listo abajo el taxi; el español callado se quitó la mascada roja del saco, no se despidió de los huéspedes, subió al carro de alquiler. No sé si regresó al aeropuerto para volver a España o fue a un hotel. Sin abrir, las maletas fueron llevadas nuevamente al aeropuerto; otra vez las recibió el comandante Peralta. De nueva cuenta, cinco mil dólares por cada una; depositadas sin problemas en un *jet* de Mexicana de Aviación con destino a Mexicali y escala en Guadalajara. La única diferencia fue el viajero, ya no era el español, sino Emilio Valdés Mainero, mexicano; no estaba trajeado, vestía informalmente; subió a primera clase, tomó un par de tragos y se fue dormido.

Tres horas y 45 minutos después llegó a Mexicali. Jaime Eduardo Sosa y Arturo "El Chacho" Limón lo estaban esperando. Uno y otro, ayudantes personales del licenciado Jesús Romero Magaña, agente del Ministerio Público Federal en Tijuana. Las maletas, todavía con el plástico rojo en el asa, fueron subidas a una Suburban de la PGR, escudo tricolor en el parabrisas. Los de la bienvenida y el viajero se treparon y velozmente llegaron a la carretera rumbo a Tijuana, ni siquiera los pararon en algún retén. En este episodio merece crédito Jorge Aski Ortiz Corona, cuñado de Benjamín Arellano Félix; fue el contacto con el español.

En Tijuana Arturo Cubillas, empleado de la PGR, fue el encargado de transportar las maletas a Estados Unidos. No vestía de negro ni traía mascada roja, pero de todos modos trabajó tan eficazmente como James Bond. ¡Ah! Las maletas estaban llenas de efedrina pura.

"EL TIEMPO QUE TE QUEDE LIBRE..."

Conocí en los años setenta a un jefe de prensa; le decíamos "El Lechero"; tenía gran afición por "ordeñar" los sobres del gobierno para los periodistas. Cien pesos a uno, doscientos o trescientos a otro. Al hacerlo estaba seguro; ningún reportero se atrevería a preguntar al gobernador por qué fue recortada su cuota Y si reclamaban a "El Lechero", simplemente decía: "Son instrucciones del gobernador. Pregúntale a él. Yo solamente recibo órdenes". Y aparentando inocencia y ayuda al beneficiario, sugería "si quieres te llevo con él. Vamos a verlo y tú le preguntas". Naturalmente allí terminaba la queja del reportero.

Lo recordé cuando supe de los manipuleos de dos agentes del Ministerio Público Federal: Roberto Carrillo García y Armando Moreno García; despachaban en Tapachula allá por 1995. Empezaba, para más señas, septiembre; entonces la Policía Judicial Federal confiscó 500 kilos de cocaína, pero estos señores le dieron un "pellizquito" al cargamento; se quedaron con veinte kilos. Como ellos no la podían vender, llamaron a quien sí lo haría: Emilio Valdés Mainero en Tijuana. Dicho y hecho; este hombre mandó a Juan Carlos Sánchez Díaz y Alejandro Hodoyán Palacios para cerrar el trato.

Lo malo fue cuando éstos viajaron hasta Tapachula, los fiscales los recibieron con un "¿y ahora ustedes qué traen?" La respuesta fue "¿cómo que qué?", explicándole: "Emilio nos mandó". El licenciado Carrillo, campechano y rayando en la prepotencia, contestó: "Ah qué Emilio. Hace una semana le dije y apenas vienen"; y en pocas palabras aclaró: la mercancía fue vendida. "Díganle a Emilio que cuando tenga buenos asuntos nos llame. Y cuando nosotros los tengamos, vengan pronto o manden los billetes por adelante, para que no vuelva a suceder lo de hoy."

De todas formas los agentes del Ministerio Público hospedaron cortésmente a los norteños; pagaron sus gastos y les brindaron una muy buena noche. Moreno García comentó: "Les acompañaré mañana de regreso, pero sólo hasta México. De allí siguen ustedes para Tijuana. Yo voy a Nuevo Laredo". Así fue; cuando llegaron al Distrito Federal el licenciado Moreno García invitó a sus acompañantes: "Vamos a la comida china al Fiesta Americana, aquí nada más cruzando el puente". Entre platillo y bebida les comentó: "Ojalá y volvieran los buenos tiempos con ustedes"; recordó cuando estuvo Carrillo como agente del Ministerio Público Federal en Tijuana; entonces era comandante Guillermo Salazar Ramos; "y nos iba muy bien a todos"; no había semana sin regalos, autos, joyas y, naturalmente, muchos billetes.

Hodoyán conoció a Carrillo cuando estudiaba en la Universidad Autónoma de Baja California, campus Tijuana; era de los "porros" más populares; luego Emilio Valdés ingresó a esa escuela y se hicieron amigos. Entonces el director de la Escuela de Derecho era el licenciado José Luis Anaya Bautista. La vida los uniría más tarde:

Emilio asociado al cártel Arellano Félix; Anaya, procurador de Justicia del Estado. Hay una referencia en actas oficiales federales: cuando lo nombraron en 1995, Valdés Mainero dijo a Ramón y Benjamín: "No habrá problema con él. Lo conozco", afirmando que "jalaría" con ellos. Hay referencia a reuniones con la respuesta del nuevo procurador: "Está bien. Nada más no 'calienten' la plaza". El candado fue cerrado cuando Carrillo ocupó la Agencia del Ministerio Público, trabajando de acuerdo con el cártel Arellano Félix.

En la comida china recordaron cuando Carrillo fue líder de la Federación Estudiantil Universitaria; y al graduarse nombraron como padrino de generación al comandante de la Policía Judicial Federal Guillermo Salazar Ramos, para variar, otro colaborador de los Arellano. Y luego cuando la investigación del cardenal Juan Jesús Posadas Ocampo, Carrillo informaba a Valdés sobre todos los movimientos al interior de la PGR. A punto de terminar la comida china, el licenciado Moreno García les dijo: "ya volverán los buenos tiempos"; metió la mano al bolsillo de su saco, puso en la mesa un envase de plástico, de los utilizados para película fotográfica; y a manera de consuelo les dijo: "órale... a'i les dejo esta 'coca' para el viaje". Pagó el consumo en el restaurante, se paró despidiéndose y los arellanistas tomaron el envase. Fue obvio: el agente del Ministerio Público Federal le pegó un pellizco al otro pellizco de los kilos.

"AMOR CON AMOR SE PAGA..."

Jaime Eduardo Sosa García trabajó en la delegación Tijuana de la PGR; era secretario particular del agente del Ministerio Público; igual que otros funcionarios, aceptó los favores del cártel Arellano Félix. Empezó por filtrar información oficial a los mafiosos, cambios de persona, operativos contra la banda; puso trabas a la consignación de asociados para liberarlos de inmediato y, por si fuera poco, los ponía en contacto con los agentes del Instituto Nacional del Combate a las Drogas, cuando llegaban "nuevos" a Tijuana.

En 1995 trabajó horas extra; viajaba a Mexicali dos o tres veces por semana; cada vez se ganaba tres mil dólares. Su tarea era ir al aeropuerto, recibir una maleta con efedrina, evitar la revisión de aduana, recibiéndola antes de que el veliz pasara a la banda de entrega a pasajeros; luego ir a la delegación PGR-Mexicali y entregar un sobre repleto de dólares. A cambio, una escolta de agentes federales le acompañaba en la carretera para pasar los retenes antes de Tijuana y Tecate. El sueldo que recibía Jaime en la PGR era para sus chicles.

“ENTONCES YO DARÉ LA MEDIA VUELTA...”

Traía un Cougar negro del año y convertible; lo compró billete tras billete; se lo vendieron hasta con las placas. Entonces, 1987, nadie le molestaba; andaba por donde se le antojaba. La discoteca ¡Oh!, famosa en todo el mundo, funcionaba en Tijuana. Una noche como muchas otras estuvo allí Ramón Arellano para divertirse; cuando salió, vio y oyó discutir con un joven a los hijos de José Contreras Subías, el famoso narco segundo de Rafael Caro Quintero; siguió su andar; trepó a su auto; esperó a que terminaran de hablar; se bajó del flamante vehículo; llamó al joven que se encaró a los Contreras. Al acercarse el chavalo, Ramón sacó su pistola y le disparó a la cara, matándolo; tranquilamente diō la media vuelta y se fue. Erick Rothenhausler, hijo de pudiente familia, quedó tirado muerto a la entrada de la discoteca.

Ese mismo año, Ramón fue a la casa de su amigo Valdés Mainero; el motivo: ver y oír desde allí el Mex-Fest, un multiconcierto escenificado en el estacionamiento del hipódromo Agua Caliente; para eso, ordenó tragos, cerveza, botanas, coca y mariguana; cómodamente se sentaron y empezaron a gozar del espectáculo. A los organizadores les cayó mal que lo disfrutaran gratis; ordenaron colocar una enorme manta negra sobre la alambrada. Eso molestó a Ramón; ordenó a sus "chalanes" quitarla. Ya entrada la noche, varios policías reinstalaron la tela. Otra vez Arellano se enojó; personalmente bajó, cruzó la calle y desgarró la manta. Un policía municipal le reclamó sin saber quién era. La respuesta retumbó; le disparó, hiriéndolo. Llegaron patrulleros al por mayor; se retiraron al saber de quién se trataba. Solamente pidieron permiso para llevarse al compañero herido.

Meses después estaba en el Tijuana Tilly's; vio a un amigo salir al balcón; iba a reunirse, a platicar con él. Llevaba una cerveza en la mano; iba a cruzar la puerta y lo atajó un policía de Sección Comercial. "Señor, no está permitido salir al balcón con botellas". Ramón se le quedó viendo, lo midió de arriba abajo, vio que no traía arma. "¿Sabes quién soy?"; y el uniformado respondió "no, señor. Por favor vaya por un vaso de plástico y entonces sí puede salir. Son reglas". Arellano vio a su amigo que estaba en el balcón y sí llevaba una botella; entonces preguntó al policía: "¿Por qué el sí y yo no?". El guardián, acostumbrado a tratar con ebrios trató de poner fin a la insistencia, diciéndole: "Él sí, pero tú no". Tranquilamente Ramón pasó su botella cervecera de la mano derecha a la izquierda, sacó su pistola y disparó en cara y pecho al policía, lo mató.

Retacado como estaba el lugar, Ramón pensó rápido; le habló a Pedro, uno de sus ayudantes. "Saca tu pistola, que te vea todo mundo con ella. Vete en tu moto. Sal 'quemando' llanta." Le dio otra instrucción: "Si te persiguen, tira la pistola donde la encuentren y dejas que te agarren". Dicho y hecho; cuando lo detuvieron, los patrulleros simplemente dijeron "éste no fue". Se lo llevaron de todos modos a los separos policiacos. Le hicieron la prueba de radizonato. "No tiene huellas de pólvora".

En ésas estaban cuando, previa llamada de Ramón, Benjamín llamó a sus contactos en la judicial del estado. "Déjenlo libre". Y donde manda Arellano, no gobierna policía.

Ramón vivía en un departamento del fraccionamiento Las Palmas de Tijuana. Cierta noche de 1989, ya en cama, oyó ruidos en el estacionamiento; un raterillo estaba llevándose el estéreo de su auto. Pistola en mano le sorprendió y pegó, llamó a la Policía Judicial; les ordenó matar al pobre tipo y tirar su cadáver "a'i atrasito de las maquiladoras".

“ME CAÍ DE LA NUBE QUE ANDABA...”

Me impresionó mucho; lo conocí de niño; tendría unos ocho a diez años; robusto, chapeteado, pelo rebelde para ningún lado; lo vestían bien, pero descomponía la facha. Recuerdo su vocecilla ronca; estaba en la misma escuela con mis hijos, y de vez en cuando hacía escala en nuestro apartamento a finales de los setenta; era como muchos de los niños: travieso, indomable, maloso, pero muy aplomado. Si hubiera estado en un escenario no necesitaría luces.

Federico se llama y Sánchez se apellida; jamás pensé que se enredaría con la mafia. Cuando le vi pequeño creí que al crecer dejaría la travesura como hay muchos casos, que sería alguien importante de grande; pero como dicen: “El que nace pa’ tamal del cielo le caen las hojas”. Me estremecí cuando vi su nombre en un reporte; era 1991.

Un domingo estaba en la calle Zitácuaro de la colonia Hipódromo tomando cerveza con amigos; tenían el radio del auto con el volumen elevado. Una mujer enojada salió de su casa para reclamarles; les pidió no hacer tanto ruido. La respuesta fue grosera, se burlaron de ella. Dolida, regresó a su residencia indudablemente le contó a su esposo, un hombre maduro, agente de Migración; por la naturaleza de su cargo, enérgico. Encorajinado se acercó al grupo: "¡Bájenle a esa fregadera!"; nada de petición, fue una orden. La sangre le hirvió a Ramón Arellano al oírlo y lo encaró: "¿Tú y quién más?", dijo al agente. Más tardó en pronunciarlo, que el hombre en atizarle una bofetada; fue tan fulminante como un derechazo de Julio César Chávez en sus mejores tiempos. Lo mandó al suelo.

El agente de Migración posiblemente pensó "con esto basta", pero falló. Federico sacó su pistola y disparó a la cabeza del funcionario. Sonó como cohete adentro de un pozo seco, explosión de sorpresa, terror, sangre y muerte. El radio siguió a todo volumen. Emilio Valdés y Arturo "El Kitty" Páez levantaron a Ramón. Al tiroteado ni caso le hicieron; tal vez ni cuenta se dieron cuando debió aflojar el cuerpo y soltar su último suspiro. Se subieron todos al auto. Allí quedó el cadáver; cerca, los botes de cerveza vacíos, medio llenos y llenos. Mientras la policía investigaba, los pandilleros empezaron a presumir entre camaradas y conocidos. "¿Ya sabes lo que hizo el Fede?... mató a un 'ruco' que golpeó a Ramón". Así, la referencia fue de boca en boca. Cuando los detectives supieron, un buen fajo de dólares los envolvió en el disimulo.

De simple acompañante, Fede se convirtió desde ese día en el hombre de confianza de Ramón; su hazaña fue premiada; le regalaron una casa nueva por los rumbos de la universidad. El jefe mafioso presumió: "Regalos al estilo Pablo Escobar".

"EL QUE A DOS AMOS SIRVE..."

El cártel Arellano Félix se sirvió del Instituto Nacional del Combate a las Drogas. En mayo de 1996, Rodolfo Malagón era el "secretario" de Jorge García Vargas, comandante adscrito al instituto; se arrimó al tijuanense Alejandro Hodoyán Palacios, uno de los narcojuniors del cártel; le ofreció vía libre para contrabandear cocaína y mariguana desde México a Tijuana; ofreció, naturalmente, protección oficial. El hombre clave en el aeropuerto defeño sería Juan Granajados Martínez, conocido entre los policías como "El Tuercas".

Otros dos comandantes colaborarían: Ascensión Marín Alcalá y Antonio Vega de la Garza. Naturalmente todos los agentes que capitaneaban colaborarían; no había el riesgo de algún policía solitario negociando. En Tijuana estaría supervisando todo otro comandante del mismo instituto: Mario Alberto Valderrama Armendáriz. Apalabrado, Hodoyán se reunió en el restaurante Guadalajara Grill con Valderrama. Nada más para formalizar el trato los policías recibieron veinte mil dólares en efectivo; ese trato incluyó lo más importante: presentarles a Ismael Higuera "El Mayel", con quien se entenderían desde ese momento en adelante.

Si el primer paso de acercamiento fue de policías, el segundo también. Malagón les explicó: "Tengo un compadre en Oaxaca"; es comandante de la Policía Federal de Caminos; se llama Arturo Eduardo Motolinia Reyna; opera en Huatulco y Puerto Escondido. Se "apalabraron" para futuros negocios.

Vivieron felices, pero no por mucho tiempo. El 5 de septiembre Malagón "metió la pata" hasta la ingle; por puritita casualidad se encontró en el aeropuerto del Distrito Federal con EmilioValdés Mainero; le presumió diciéndole: "¿qué pasó? Se están durmiendo. Mañana voy a bajar aquí 200 kilos de coca. Me los mandan de Colombia". Emilio no necesitó romperse la cabeza: estaban sirviendo a otro cártel; tal vez al de "El Chapo", a lo mejor al de "El Mayo".

La desgracia apareció el 26 de septiembre de ese 1996 en la colonia Polanco del Distrito Federal. Torturados y ejecutados en el interior de una patrulla, el comandante Jorge García Vargas y otros de sus ayudantes. La tragedia confirmó la antigua sentencia: "El que a dos amos sirve..."

"VUELA PALOMA TORCAZA..."

Calle Rochester casi llegando al viaducto Miguel Alemán, colonia Nápoles, Ciudad de México. Allí está una pensión; René Vélez Vargas la administraba; su esposa Dolores Hernández era su fiel ayudante; gustosamente trabajaban para "El Tío". Este señor no estaba allí todos los días, ni siquiera vivía en el Distrito Federal; iba dos o tres veces por mes, siempre le acompañaban sus camaradas; no utilizaba la pensión para negocio, solamente como lugar para divertirse a gusto con sus amigos y tomarse la copa, a veces unas chavas; estar lejos de las miradas. Además, el portón casi todos los días estaba cerrado, ni trazas de movimiento.

"El Tío" era un hombre importante en su quehacer. Los vecinos seguramente nunca lo vieron ni se imaginaron quién sería, tampoco se daba a ver; no hay referencias de escándalos. Según eso hablaban de "asuntos delicados". Cuando asistían damas, inmediatamente las mandaban a varias casas para esperar la faena sexual.

Cierto día de septiembre en 1996 se apareció la policía; todos eran de la Procuraduría General de Justicia del Distrito Federal. Alguien les dijo o supieron que allí metían vehículos robados. "Remarcaban" los números del motor y desaparecía el rastro principal para recuperarlos. Cuando "El Tío" supo se encabritó. No le pidieron permiso ni autorizó el famoso "remarcado"; era muy cuidadoso en sus actos; por eso le pidió a su socio y amigo Emilio Valdés Mainero "encárgate tú de la renta". Naturalmente este hombre taimado con calificación de diez dio otro nombre al firmar el contrato de arrendamiento; le sirvió para tener un domicilio más y otra identificación para una tarjeta de crédito.

Para empezar la utilizó en la gestión de una tarjeta Premier de Aeroméxico. Inmediatamente llamó a la pensión para alertarlos si la compañía preguntaba por su nombre para verificar. En eso la señora le salió con la calamidad: "Vino la policía. Se llevaron los autos y también a mi esposo". Emilio Valdés no tuvo más palabras que "El Tío los va a mandar a todos cuando se entere".

"El Tío" no era otro que Ramón Arellano Félix. Él sí ordenó guardar allí sus autos para cuando se movilizaba en el Distrito Federal. Por fortuna la policía no se los llevó porque estaban "derechitos"; eran tres Spirit nuevecitos, uno gris perla y dos blancos. Lo primero, a venderlos para tener dinero y liberar a René Vélez Vargas. Los licenciados Humberto Zúñiga Delgadillo e Ismael Ortega se encargaron del trámite. Cuando Ramón utilizaba la pensión para divertirse, terminaba descansando en el condominio Las Palmas, de Polanco, normalmente Emilio Valdés ocupaba este sitio. Y si no, se iban a una casona más al sur de la ciudad. Su hermano Sigfrido la rentó; luego la compró pagando por ella lo que pidieron. Allí descansaba Ramón con más tranquilidad.

Supe de hombres importantes allegados a Ramón, pero pocos como Francisco Cabrera Castro "El Piedra". Tenía etiqueta confiable y efectivo. Imagínese: consiguió credenciales del Estado Mayor Presidencial a nombre de

Fabián Reyes Partida. Estoy seguro: nunca tuvo tal documento un hombre más criminal en México. "El Piedra" también consiguió licencias para conducir, pasaportes mexicanos y actas de nacimiento; todas con rasgos legales. Unas con el nombre verdadero de los favorecidos, otras con alias. Los Arellano tuvieron mucha influencia, dinero y poder en el Distrito Federal; la mayoría pensó que su santuario es Tijuana, pero hicieron su catedral en el Distrito Federal; por eso vivió allí Benjamín y no le hicieron nada.

"Y AUNQUE NO QUIERAS TÚ..."

Fue un aviso, también una demostración de poder; y probar que por protección oficial podían escapar fácilmente. Así, en febrero de 1996 pusieron una trampa y el comandante de la Policía Judicial Federal cayó. Armando Silva Moreno entró en el estacionamiento en las calles de Jaime Nunó cerca del Paseo de la Reforma y lo mataron, cerquita de las oficinas policiacas.

Nadie persiguió ni buscó a los asesinos; viendo el cadáver y la forma de ejecución lo sabían muy bien: fueron los Arellano. Silva Moreno no quiso servirles cuando estuvo comisionado por la PGR en Tijuana. No le hicieron nada, pero en silencio lo sentenciaron y cumplieron; dispararon los hermanos Merardo y Luis León Hinojosa, "El Abulón" y "El Pelón".

Jorge Rodríguez Bazaldúa también era comandante; vivía en la colonia Guerrero del Distrito Federal. Policía al fin, andaba con cuidado; por eso vio a los pistoleros cuando aparecieron; corrió para entrar en casa de su madre y no alcanzó. Fabián Martínez "El Tiburón", pistolero estrella del cártel, le alcanzó con ametralladora. Subió a un Cutlass amarillo y huyó; en el auto iban Miguel Hodoyán, Francisco Merardo Hinojosa y Ricardo "El Pancho Villa". Nadie los siguió; el crimen no se investigó. Sergio Moreno

Pérez fue delegado de la PGR en Tijuana; bajito, moreno, michoacano, ojos negros, pelo azabache. Fue retirado del cargo y meses después supe de su muerte. Se "les pasó la mano", mataron también a su hijo. Lo malo fue que vio al asesino: Fabián Martínez "El Tiburón". Ese mismo año, pero en agosto, el agente del Ministerio Público Federal en Tijuana Jesús Romero Magaña oyó sonar el timbre de su casa; fue hasta la reja; conocía a la persona que llamó. Antes de poder saludarlo, recibió varios balazos y murió. El crimen corrió a cargo de Fabián Reyes Partida.

La nómina de ataques se alargó. Era agosto de 1995, dos asociados del cártel Arellano Félix llegaron en un *jet* de Aeroméxico en vuelo directo Tijuana-Acapulco; ocuparon dos cuartos en un hotel en el paseo costero, del lado contrario a la playa, en el cuarto piso para más señas. Alguien les llevó rifles de alto poder y mira telescópica. Fabián Reyes "El Domingo" y Fabián Martínez "El Tiburón" seguramente sonrieron al recibirlos.

Ya sabían la hora y en qué vehículo pasaría por la costera el comandante federal Sánchez Nevares. Se pusieron guantes de licra para no dejar huellas, afinaron la puntería, dispararon; dejaron las armas en el balcón y huyeron. Es posible que solamente cambiaran de hotel al tener contratadas habitaciones en uno cercano. El comandante solamente fue herido. Ha sido de las pocas ocasiones en que le falló a "El Tiburón". Todavía no me explico por qué dispararle desde lejos; nunca lo hicieron, siempre de cerca con pistola o ametralladora.

En las prisas se les cayó un celular; estaba a nombre de Juan Carlos Sánchez, que ni en el lugar estuvo, pero era asociado del cártel. Alguien de la PGR-Acapulco avisó a los Arellano, poniéndole precio al telefonito: veinte mil dólares. Benjamín fue magnánime: envió 50 mil y se esfumó la investigación.

"ME EQUIVOQUÉ CONTIGO..."

Equivocarse entre narcotraficantes es más fatal que un mal paso de astronauta en la luna. Recuerdo cómo, a principios de 1994, Ramón Arellano Félix ordenó colocar una poderosa bomba en un auto; fue en Culiacán. Lo estacionaron frente a una casa, estaba identificada como continuamente visitada por su enemigo Ismael "El Mayo" Zambada. Precisamente en venganza porque no pagó los veinte millones de dólares que se escamoteó en Tijuana.

"El Árabe" le decían y nadie le conocía por su nombre; era libanés, muy hábil para eso de las armas. Cada semana enseñaba a los jóvenes pistoleros del cártel: "Así se dispara", "fíjense cómo se carga", "nunca le hagan así" y, lo más importante, "cómo apretar el gatillo". Las "clases" eran en el rancho Las Bardas en el Valle Las Palmas, cerca de Tijuana, propiedad de Ramón. Allí tenía su zoológico particular; por eso hasta los niños sabían de esta finca y la policía no.

Precisamente por su experiencia y seguridad, "El Árabe" recibió una solicitud de Ramón: armar una bomba, pegársela "al auto aquel" y estallarla frente a donde vivía o iba muy seguido "El Mayo". Naturalmente, "El Árabe" obedeció pero no del todo, le pidió a su ayudante encargarse del asunto. Llegó día y hora para la explosión, pero no tuvo éxito. Apenas por afuerita del domicilio y solamente hirió a un velador del narco sinaloense. Eso encorajinó a Ramón; en cuanto supo de la falla, "El Árabe" se apersonó y sinceró con Ramón: "Confié en mi ayudante". No hubo discusión ni reproche.

A los pocos días, el infortunado auxiliar estaba amarrado a una silla; le preguntaron si estaba trabajando para "El Mayo" Zambada. A pesar de asegurar mil veces "no", un hombre le pegó tres tiros en la nuca; ésa fue la orden de Ramón, el libanés no dijo nada. Dos meses después "El Árabe" murió a balazos; cubrió con su cuerpo a Benjamín en una balacera; lo mataron pistoleros de "El Mayo", el mismo a quien debió acabar días antes de un bombazo. Pero por confiárselo a su ayudante... Vueltas de la vida: si el explosivo no hubiera fallado, "El Árabe" todavía viviría.

"ACUÉRDATE DE ACAPULCO, MARÍA BONITA..."

Estaba en Acapulco el 23 de noviembre de 1994; fui a platicar con los alumnos de la Facultad de Comunicación de la Universidad Americana, creada por José Francisco Ruiz Massieu cuando fue gobernador de Guerrero. Entonces, tan inesperado como un terremoto, llegó el mensaje: su hermano Mario renunció a la PGR.

Como remezones, hubo varias noticias y nos obligaban a interrumpir la plática. Luego la universidad empezó a llenarse y no precisamente de estudiantes: hombres y mujeres de edad, la mayoría humildes, desganados unos, acelerados otros, estampa misma del "acarreo" político. A todos les indicaron subir hasta el auditorio en el último piso, aunque la mayoría lo hizo a paso lento, titubeante; boca abierta, mirando de un lado para otro, impresionados con la magnífica construcción, los relucientes y enmarmolados pasillos, el fabuloso chorro de la fuente en el patio central que se elevaba algunos pisos; huarache, zapato normal, sandalias, tacón alto, descalzos, de todo; y para rematar, los notables de la política guerrerense.

Iban a un mitin en el auditorio, que de universitario no le quedó ni el nombre. Pa' pronto lo tapizaron con pancartas, de todos tamaños, colores y siglas, apoyando a Mario Ruiz Massieu. La versión corrió: el acto se hizo en la universidad porque en algún lugar público podrían boicotearlo. A la licenciada y tijuanense Leticia Arroyo, que era directora de la Facultad de Comunicación, no la dejaban entrar en el auditorio cuando le pedí acompañarme, pero le echó ganas y pudimos zambutirnos. Ya sentados llegó un ajeno a la universidad; nos preguntó quiénes éramos y qué hacíamos allí; nada más faltó darnos una torta o pasar lista. Fue increíble: la política, la grilla, se apoderó de la universidad con todos sus olores y humores.

Luego, como en sus buenos tiempos lo hizo Raúl Velasco, alguien anunció la presencia de Mario Ruiz Massieu. Apareció altivo, zapatos negros, pantalón oscuro, camisa blanca muy arrugada, sudada, segurito se había quitado la corbata. Se subió las mangas antes del codo; dio un paso en el escenario y aplaudieron tanto como si hubiera entrado Luis Miguel en un concierto.

Había una mesa en el tablado y ensillados varios personajes. Mario caminó frente a ellos, les dio la espalda; frente a los acarreados, alzó los brazos a la altura de su cuello, las palmas de las manos hacia arriba, mientras bajaba un poco su cabeza dirigiendo la mirada al auditorio; estremeció varias veces los brazos correspondiendo a los aplausos. Parecía un candidato en campaña, un torero en el centro del ruedo después de una gran faena; me impresionó.

No era el mismo hombre que conocí meses antes como oficial mayor del procurador Jorge Carpizo; la primera impresión al verlo tan atildado, fue de reservado y medio tímido. Varias veces estuvo en el comedor en la PGR cuando el doctor me invitó a desayunar o comer. Casi nunca hablaba, solamente cuando se lo pedían.

Conocí antes a su hermano José Francisco; primero en su casa de la colonia Las Águilas en la Ciudad de México. Siempre me recibió en su impresionante biblioteca, elegante cafetera de por medio en una mesa de centro bien labrada, exquisitas galletas servidas por su amable esposa. Tenía libros por todos lados y no precisamente organizados, resaltaban las pinturas antiguas en las altas paredes; había en aquel recinto un toque de solemnidad. Informalmente, su vestimenta no cambiaba, sobre todo sus suéteres tipo inglés; descorbatado, pantalón de casimir seguramente inglés, mocasines; caballeroso, atento y siempre tan informado de la política como lúcido en sus opiniones.

En una de esas tertulias y contra sus órdenes, lo interrumpieron. Se incomodó, pero le dijeron: "Le llama por teléfono su hermano Mario". Cortésmente ofreció disculpas y tomó el aparato. Un "sí", un "no", un "ajá", rematados por un "no te preocupes, yo lo veo". Reanudamos la plática con una ligera explicación, palabras más, palabras menos: "Este Mario, mi hermano, hágame favor, preocupado porque el procurador anda muy serio con él". Y luego a manera de explicación me explicó como natural que el señor fiscal andaba preocupado: "No es para menos en ese puesto" y "hágame favor, mi hermano se imagina que la traía con él".

Hubo otro episodio: el licenciado Arturo Ochoa Palacios era director de Bienes de la PGR, pero bajacaliforniano, me acompañó en el Distrito Federal a platicar con Manuel Camacho Solís cuando era regente y despachaba en las calles de Observatorio. Se alargó la reunión; al salir, el chofer dijo a mi amigo que había recibido varias llamadas de su jefe Mario Ruiz Massieu, entonces oficial mayor. Subimos al auto, Arturo tomó su celular y se comunicó. "Es que ando atendiendo al señor Blancornelas y venimos a ver al licenciado Camacho, pero se alargó la plática." Quién sabe qué le contestaría, pero mientras escuchaba, Ochoa se quedó mirando los dos hermosos libros que cortésmente me obsequió el regente, hermosa historia defeña. Sin advertirme nada le dijo: "Por cierto, aquí te llevo un libro que Camacho me pidió entregarte"; al cortar la comunicación me dijo: "Ni modo... ya se fregó usted". Tomó uno de los ejemplares y, por si fuera poco, me pidió acompañarlo para ver a Mario.

Llegamos a su oficina, le entregó el libro, ya no estaba enojado; nos ofreció café. Me preguntó por su hermano, la universidad en Acapulco, Carpizo y el narcotráfico en Baja California. El malhumor transmitido por teléfono desapareció.

Por eso cuando lo vi entrar aquel 23 de noviembre de 1994 al auditorio universitario acapulqueño, pensé para mis adentros: "No puede ser. Este hombre no es el mismo que conocí". Se me ocurrió, a lo mejor y ante tanta concurrencia sintió heredar la posición de su hermano recién asesinado. Leyó entonces, no improvisó, un discurso tronante contra el presidente Zedillo, contra el PRI y coqueteó con el PRD. Terminado el acto, la cargada se descargó; Mario fue llevado al Aula Magna donde, otra vez, se convirtió en la figura estelar de una conferencia de prensa. Ya no era el acostumbrado espectador; estaba, ni más ni menos, ocupando el lugar donde su hermano siempre fue el estelar.

Esperé pacientemente hasta que quedó solo y logré hablar con él. Se portó harto amable, me presentó a su guapa esposa. Aproveché para pedirle una entrevista a fondo y la acordamos para unos días después en la Ciudad de México; hasta me dio su número telefónico y sugirió vernos en su casa para estar más tranquilos. El día y la hora convenidos llamé; no sé quién contestó; hizo muchas preguntas, insistentes, nada más faltó que me hubiera mandado por el cable un chorro de agua mineral; me interrogó como si fuera sospechoso de un crimen o estuviera solicitando un crédito. Al final simplemente dijo: "Nosotros le llamaremos". Me quedé esperando horas, días, meses, años.

En octubre de 1998 fui a Nueva York, pero por razones de seguridad llegué primero a Nueva Jersey y de allí a la gran ciudad. Promoví una entrevista con Mario y no me la concedieron, ni siquiera por teléfono. Jamás lo volví a ver.

"TE LO DIGO, JUAN, ENTIÉNDELO PEDRO..."

No por lo sucedido en ese momento, sino por lo que pasó después, ahora que lo escribo no me la creo. Fue allá por 1993, sentado en el comedor en la PGR en la Ciudad de México y en un desayuno; frente a mí, el fiscal nacional Jorge Carpizo McGregor; el hombre antidrogas, Jorge Carrillo Olea, y el licenciado Alfonso Navarrete Prida completaban el espacio. De este lado de la mesa, el licenciado Mario Ruiz Massieu, oficial mayor de la PGR, y el delegado en Baja California, licenciado Arturo Ochoa Palacios. El tema: una denuncia penal contra los Hank Rhon por fincar el hipódromo Agua Caliente de Tijuana, sobre terrenos considerados, hasta ese momento, patrimonio nacional. Carpizo quería oír más del tema antes de seguir adelante el caso. Le hablé detalladamente; no sabía que tenía la opinión técnica de Ruiz Massieu, favorable a los Hank, pero se le derrumbó durante esa plática. El doctor le ordenó revisar el asunto. Quedé bien con el procurador, pero mal con Ruiz Massieu, aunque nunca me lo echó en cara.

Por coincidencia, ese día el licenciado Luis Donaldo Colosio me citó para tratar el mismo tema. Como secretario de Desarrollo Social, también le interesaba y estaba muy enojado con los Hank; nunca lo vi tan colérico; esa vez fue la única que lo escuché maldecir apretando los dientes, roja la piel de su cara y pegando con el puño sobre la mesa. Sentí su actitud como una forma de mostrarme que no estaba en la nómina de favorecidos política o económicamente por el profesor.

Pero regresemos al comedor de la PGR; en algún momento se llegó a tocar un tema peliagudo: si peligraba o no la vida de don Jorge Carpizo. Y la pregunta surgió a propósito de que el doctor le había "pegado" muy fuerte a los narcotraficantes; encarceló a Joaquín "El Chapo" Guzmán, a un hermano de los Arellano; destituyó a cientos de federales corruptos; cateó muchas y elegantes residencias, las decomisó; y hasta confiscó valiosas joyas y armas encontradas en los domicilios.

Ochoa Palacios preguntó mi opinión. Al doctor Carpizo no le pasará nada, les dije; su vida no peligra. Eso aseguré y provocó una pregunta de Carrillo Olea sin soltar un vaso chaparro y ancho con whisky derecho; jugaba con el recipiente entre las palmas de sus manos como si estuviera batiendo chocolate: "¿por qué?". Le respondí: "Porque hasta donde sé, el doctor no ha tomado un solo centavo de los narcotraficantes ni ha hecho un trato con ellos"; les aclaré: "mientras el procurador no declare nada a los diarios que sea falso o diga por allí algo indebido, que a fuerzas los mafiosos sabrán, no le pasará nada", pero advertí: "quien reciba billetes o hable de más, entonces sí, escriba su testamento y viva mejor los pocos días de existencia".

No se me olvida: Carpizo pidió repetir la opinión con una actitud que me pareció socarrona; no dijo el motivo, pero lo interpreté especialmente: una persona ajena a la PGR, advirtiendo a sus inmediatos colaboradores la diferencia entre seguir viviendo o morir. Mientras los comensales se hundieron en la seriedad, Carpizo soltó una de sus muy sonoras carcajadas. Hasta donde supe, nunca los mafiosos pensaron o quisieron asesinar, al doctor; y hasta donde sé, el hombre vive tranquilo. Algunas veces nos reunimos con amigos comunes o comentamos asuntos notables; sobre todo le interesó mucho el caso Posadas. Lo creo un hombre con la conciencia en paz; de él podrán decir misa otros compañeros periodistas, pero qué le vamos a hacer; cada quien tiene su opinión.

Pero recuerdo, después de años, cómo la vida nos trató a los protagonistas de aquel desayuno en la PGR: Carpizo vive tranquilo. Navarrete tuvo sus problemas, salió de la PGR y se fue al Estado de México a procurar justicia. Carrillo Olea fue retirado del gobierno en su estado, Morelos, y acusado por *The New York Times* de relacionarse con la mafia. Mario Ruiz Massieu fue detenido en Estados Unidos por no declarar legalmente llevar consigo tantos dólares, se suicidó; aparte, ejecutaron a su hermano. Arturo Ochoa fue ejecutado en Tijuana por pistoleros de los Arellano Félix. Y a mí, estos señores mandaron matarme y terminé herido, aunque asesinaron a mi escolta Luis Valero; no les gustó lo que publiqué; los humilló. Son vueltas que da la vida... Y la muerte.

"NACIÓ DE TI, NACIÓ DE MÍ..."

Juan José se llama y Sánchez se apellida; llegó a mayor del Ejército y comisionado a la zona militar de El Ciprés, Ensenada, Baja California; allá por 1986, sus superiores lo mandaban muy seguido a los actos oficiales para representarlos. Me dio la impresión de que los superiores no querían sentarse con los nuevos gobernantes panistas; guardaban la distancia. Así fue como el mayor conoció al entonces presidente municipal, licenciado Ernesto Ruffo Appel.

En una de ésas y platicando se dieron cuenta de que cojeaban del mismo pie: les gustaba mucho jugar tenis; así le dieron juego a la pelota y uso a la raqueta. Cuando en 1989 las circunstancias políticas convirtieron al presidente municipal en gobernador, llamó a su amigo militar y lo puso al frente de la oficina de Protección Civil, una dependencia para atender a los ciudadanos en caso de terremotos o inundaciones.

Vino otra vez lo inesperado: los agentes judiciales, acostumbrados al priismo, renegaron del panismo; renunciaron y con ellos su jefe. El gobernador se quedó azorado; y volteando para todos lados encontró al hombre de confianza: el mayor Sánchez; necesario para la policía judicial del estado; lo nombró director en Baja California... Allí lo tentó el diablo.

Sin darse cuenta el gobernador ni el Ejército, al joven mayor se le acercaron los mafiosos, como Eva a Adán con la manzana, y se la comió. Así, cayó en los vericuetos del narcotráfico; le llegaron al precio y como la "Aventurera", de Agustín Lara, hizo buena su recomendación "que paguen con brillantes tu pecado".

Como si fuera portador del sida, lo transmitió convocando y corrompiendo a varios agentes y de paso a funcionarios de la PGR; Cuando las primeras sospechas se hicieron públicas, el mayor fue a verme y a negar las versiones; no tenía pinta de mafioso, ni parecía policía. Me dio la impresión de ser un entrenador de atletismo o de levantamiento de pesas, fuerte; y en su trato había más sencillez, ausencia de malicia. El hecho de negármelo cara a cara, siendo funcionario, hablaba bien de su persona.

Pero el Ejército también sospechó: agentes de la Policía Judicial Federal Militar llegaron para investigarlo; le siguieron la huella verificando su obediencia a los narcotraficantes y no al gobernador; entonces recibía cincuenta mil dólares por mes. La mafia supo; y antes de que el mayor hablara, lo pusieron fuera del juego; robaron su departamento, se llevaron toda la dolariza contante y sonante atesorada y dejaron sembradas evidencias. Cualquiera al verlas pensaría: el militar estaba con las manos metidas hasta el codo en el narcotráfico.

Para el gobierno de Ruffo el escándalo fue un golpe al hígado parecido a los ejecutados por Julio César Chávez en sus buenos tiempos, por eso lo despidió. No le dio chance ni de un jueguito más de tenis para aclarar las cosas. El mayor se fue a la Ciudad de México y estando en un hotel lo detuvo la federal militar. Pero pasados los años me sorprendió: apareció al lado del señor general brigadier Jesús Gutiérrez Rebollo en el cuartel militar de Guadalajara.

"EL DINERO NO ES LA VIDA..."

Quién sabe cuántos policías reciban dinero del narcotráfico en estos momentos; pero en 1993 por lo menos cien comandantes agentes de la PGR sí lo aceptaban. Recibí un informe confidencial con nombres, cargos y lugares donde estaban comisionados esos policías; el documento fue elaborado por expertos de la Oficina Federal de Investigación (FBI) y resalta que todos tenían relación con los afamados hermanos Arellano Félix.

Es una nómina muy interesante que vale la pena conocer:

Aguascalientes:
Jorge Alberto Cortés Correa, agente
Baja California:
César Rafael Medina López, agente en Mexicali
Eduardo Osorno Lara, comandante en Tijuana
Alejandro Punaro Esquivel, agente en Tijuana
Chihuahua:
Rubén Darío Carrillo Ayala, subcomandante en Chihuahua
Mario Cruz Cárdenas, subcomandante en Ciudad Juárez

José Ramírez Macías, subcomandante en Nuevas Casas

Chiapas:

Carlos Ibarra Palacios, agente en Tapachula
Gilberto Rocha Carrasco, agente en Tapachula
Santiago Barrionuevo, radioperador en Tapachula

Colima:

Gilberto Murillo Villanueva, agente

Distrito Federal:

Pedro Araiza Ávila, subcomandante
José Aspeitia García, sin cargo especificado
José Martín Barbosa Anaya, subcomandante
José Luis Beltrán Covarrubias, comandante
Alberto de Ávila Hernández, agente
Fernando Graciano García, agente
Luis Manuel Mendoza Romero, comandante
Francisco Javier Ortiz Dávalos, subcomandante
Joel Rafael Pizarro Chávez, comandante
Luis Rodríguez Caballero, comandante
Ángel Rodríguez Martínez, agente
Isaac Sánchez Pérez, comandante
Miguel Silva Caballero, comandante
Mario Luis Silva Martínez, subcomandante
Luis Soto Silva, comandante
Leticia Vega Medina, subcomandante
José Villalón Alanís, agente

Durango:

Adolfo Castellanos de la Torre, agente del Ministerio Público

Guanajuato:

David Enríquez del Valle, agente en León
Eduardo Piñeiro Solana, comandante en Guanajuato
Hugo Tinoco Cauzor, subcomandante en León

Guerrero:
Pablo Ernesto Ávila Triana, subcomandante en Iguala
Arturo Venegas Mendoza, agente en Zihuatanejo

Hidalgo:
Rafael Contreras Ortiz, comandante

Jalisco:
Gustavo L. Tijerina, agente en Guadalajara
Arturo Pérez Morales, agente en Guadalajara
José Luis Quevedo Vera, agente en Guadalajara
Mario Velázquez Valdivia, agente en Autlán

Nayarit:
Víctor Payán Anaya, comandante en Tepic
Ariel Rodríguez Bazaldúa, agente en Tepic

Nuevo León:
Raúl Madrid Gómez, agente en San Nicolás de Los Garza
Gerardo Sánchez González, subcomandante en Monterrey

Oaxaca:
José Luis Arriaga Sierra, comandante en Oaxaca
Manuel Osnaya Velázquez, subcomandante en Oaxaca

Puebla:
Guadalupe Gutiérrez López, subcomandante en Puebla

Quintana Roo:
Guillermo Hernández Robledo, comandante en Cancún

San Luis Potosí:
Alberto Gómez López, comandante en San Luis Potosí

Sinaloa:
Ernesto Allende Valencia, agente en Mazatlán
José Javier Chávez León, agente en Los Mochis

Juan Alberto Larrazolo Rubio, comandante en Culiacán
Raúl Quevedo Torrentera, agente en Mazatlán
Jesús Solano Vázquez, agente en Los Mochis
Carlos Torres Ruiz, agente en Culiacán

Sonora:
Francisco Almanzar Salinas, subcomandante en Hermosillo
Lugindo Carrillo Ruiz, agente en Agua Prieta
Juan José Larios González, agente en Nogales
Óscar Ramírez Baeza, agente en Ciudad Obregón

Tamaulipas:
Héctor Armando García Montes, agente en Reynosa
Fernando Uresti Mejía, agente en Reynosa

Tabasco:
Artemio Aguilera Armendáriz, agente

Veracruz:
Mario Cruz Olivera, agente

Zacatecas:
Juan Mateos Castañeda, agente en Zacatecas

Sin ubicación ni cargo:
Francisco Acevedo Guzmán
Jorge Navegante Álvarez Acosta
José Navegante Carrillo López

Todos estos señores y la única dama que integran la nómina, según el documento del FBl, fueron despedidos de la PGR el 15 de junio de 1993. El motivo fue curioso: Juan Jesús Posadas Ocampo, cardenal de Guadalajara, fue asesinado el 24 de mayo de 1993. Las investigaciones se iniciaron de inmediato, dirigidas por el doctor Jorge Carpizo, entonces procurador General de la República, quien jamás cambió sus tesis: pistoleros de los Arellano Félix recibieron órdenes para matar a Joaquín "El Chapo" Guzmán, su competidor en la mafia; pero cuando el cardenal llegó al aeropuerto de Guadalajara, lo confundieron.

Independientemente de tratar esto del crimen, resultó que en aquella ocasión y tomando como base a los sospechosos principales, la PGR circunstancialmente descubrió las sucias relaciones de comandantes y agentes con los Arellano Félix. Lo más grave es que los funcionarios enlistados, a su vez, repartían anualmente millones de dólares entre un número indeterminado y difícil de ubicar en casi todos los estados de la república.

Por eso el doctor Carpizo decidió despedirlos a todos nueve días antes de cumplirse un mes de asesinado el cardenal. Posiblemente en Guadalajara sí se enteraron de los motivos del cese, pero en el resto del país no hubo conocimiento público; es preciso recalcar que todos eran civiles. En la Presidencia de la República estaba el licenciado Carlos Salinas de Gortari y los militares todavía no llegaban a la PGR. No me explico por qué el doctor Carpizo no los consignó a todos para procesarlos y sentenciarlos como cómplices de la mafia, simplemente los dejó en libertad dándolos de baja. Todos habían cometido delito; el mismo endilgado al general Jesús Gutiérrez Rebollo y por el que está en Almoloya. Pero ligados a los Arellano Félix, seguramente cuando los dieron de baja de la PGR no ingresaron a ningún convento.

"OYE, TE DIGO EN SECRETO..."

Recuerdo aquel abril de 1988 cuando por la mañana, lluviosa, asesinaron en Tijuana a mi compañero y socio Héctor Félix Miranda. Fueron guardaespaldas del ingeniero Jorge Hank Rhon; estaba claro. El Consejo Editorial de *Zeta* convocó por la noche a los compañeros periodistas para informarles hasta dónde sabíamos del caso y cuál era nuestra posición. Uno de los muchos reporteros que acudieron llegó a sentarse en el suelo para estar "en primera fila"; puso su grabadora muy cerca de nosotros sin quitarle la mirada; no preguntó, se preocupó porque su aparatito captara fielmente todo lo allí dicho.

Terminada nuestra declaración se fue directa y rápidamente al hipódromo Agua Caliente; allí lo esperaba para oír la grabación el ingeniero Jorge Hank Rhon, hijo del famoso político y poderoso profesor Carlos Hank González. Nos enteramos de la alcahuetería gracias al informe telefónico de otro periodista ajeno a nuestro semanario, y confirmamos su presencia: lo vio un agente de la Policía Judicial del Estado, comisionado para ver quién entraba y salía de ese lugar. Jamás reclamamos al reportero.

Este episodio es una muestra de algo común desde hace muchos años entre algunos periodistas. Informan a ciertos funcionarios o particulares antes de escribir en su periódico, televisora o radiodifusora; graban o videofilman no con el afán de enseguida interrogar y escuchar a la contraparte para publicar así los dos puntos de vista. No, actúan expresamente por encargo del interesado, traicionando a su director o jefe de información o de redacción. Normalmente, el solicitante es muy espléndido gratificando al reportero. A veces hasta le sugiere el enfoque, la deformación o hasta la censura de la nota.

Hace unos 15 años supe de otro reportero; era algo así como el correo entre los narcotraficantes presos en Tijuana y los periodistas. Periódicamente los de adentro mandaban con él cierta cantidad en dólares a los de afuera. Les interesaba mucho no aparecer en los diarios, que no se publicara ni una sola línea sobre su detención o su proceso penal. El agente del Ministerio Público Federal era la máxima autoridad en esos casos. Había un reportero con entrada libre a las celdas; negociaba con los detenidos su aparición o no en los periódicos. Parecía como mesero llevando menú y preguntando: "¿Quiere usted aparecer en los periódicos?" Naturalmente, el desventurado tras las rejas decía no, pero en cambio encontraba una retahila caballerosa: "Debe usted pagar tanto a este periódico, tanto al otro, tanto a mí y tanto a todos". El encarcelado podía autorizar al Ministerio Público a entregar los billetes si los tenía en la cartera decomisada antes de aprisionarlo; o si no, llamar a un familiar para llevar la cantidad. Si no había acuerdo: gran foto en primera plana con titular enorme.

Pues bien, hace años nos puso en alerta Albino Quintero Meza. De ser un "narquillo" en San Luis Río Colorado, se fue para arriba, bien se arrimó al árbol del ex gobernador de Quintana Roo Mario Villanueva y buena sombra lo cobijó. El periodista Jesús Barraza le reconoció e identificó en su modesto periódico sanluisino; Albino lo amenazó de muerte.

Pero me sorprendió cuando el mismo periodista recordó a otro reportero, Luis Mario García. Barraza asistió en 1992 a una quema de droga en el campo de tiro Lencho Camacho de San Luis Río Colorado. Se le acercó un tipo entre gordo y robusto, cara grande y de espeso bigote casi ordenándole más que invitándole: "Soy periodista, quiero platicar contigo, vamos a mi carro". Sentados en la parte trasera, el reportero aquel con mucha autoridad mandó llamar al comandante de la Policía Judicial Federal Antonio Luna Paz, advirtiéndole "te quiero de testigo". Luego se presentó como Luis Mario García y fue directo con Barraza: "Me encargaron que te preguntara cuánto quieres para que ya no saques a Albino". El periodista no aceptó y se retiró del auto; Barraza recordó; no hubo más mensajes de Luis Mario García. Se presentaba como corresponsal de *Ovaciones*.

Mi compañero Barraza acudió a la ley: fue a ver y le comento con detalle todo a Rolando René Tavárez, en aquel tiempo comandante de la policía judicial del estado. La respuesta fue sorprendente: el funcionario prefería atender muy bien a Luis Mario, porque de lo contrario se arriesgaba "a ser víctima de su pluma con todos los periodistas del Distrito Federal".

Mensajero fracasado el periodista fue un día a despedirse de mi amigo Barraza más o menos con estas palabras: "Mira, en esta vida cada quien toma su camino y éste es el mío. Así me gusta vivir, ¿entiendes? No tomes mi insistencia como cosa personal. Tu camino es otro y te lo respeto. Tengo que irme a México, pero si algún día se te ofrece algo no dudes en buscarme". Barraza recordó como tiempo después leyó en la revista *Proceso* el nombre de Luis Mario García como uno de los narcoperiodistas que fueron acusados, consignados y encarcelados.

Lo dramático de este episodio vino luego: el 12 de febrero de 1998, Luis Mario García salió de la PGR, en la Ciudad de México. Pistoleros indudablemente de la mafia lo estaban esperando para matarlo; le dispararon a corta distancia y allí quedó sangrante e inanimado, toda la etiqueta de venganza.

A lo mejor fue a la procuraduría como informante; o tal vez obtenerlo para dárselo a los narcos, quién sabe si a las dos cosas; pero lo sorprendente fue la osadía de los asesinos para actuar, nada de temor frente a la procuraduría, huir sin que nadie pudiera verlos y por ello seguirlos. Hasta la fecha no se sabe quiénes fueron los autores ni quién los mandó.

La forma como actuaron me recordó la de noviembre de 1997, utilizada por los pistoleros de los hermanos Arellano Félix. Mataron a un par de agentes federales; estaban en el interior de una Suburban, estacionada y esperando a sus jefes frente al edificio de los juzgados de distrito en Tijuana. Llegaron los mafiosos en una Van, abrieron la puerta lateral y desde adentro dispararon sus ametralladoras y se fugaron; enseguida apareció otro vehículo, se bajaron dos pistoleros y los remataron a escopetazos. Nadie los siguió, pero alguien los vio y me lo dijo: llevaban chalecos antibalas, tenis, guantes negros seguramente para no dejar huellas, lentes oscuros y camisa de algodón gruesa.

Después de asesinado Luis Mario, organismos internacionales de protección a los periodistas solicitaron al gobierno mexicano investigar el caso y jamás hubo respuesta. Solamente se supo: estaba trabajando para el periódico *La Tarde* en el Distrito Federal. Hasta hace poco su nombre figuraba en la lista de crímenes impunes tratándose de periodistas; ahora seguramente desaparecerá. Lo inexplicable es el silencio de las autoridades, seguro que sabían muy bien quiénes fueron los victimarios, pero se quedaron callados.

Esto me recuerda algo muy al estilo de la mafia italiana; casi casi de película. La noche en que fue asesinado en la avenida Insurgentes de la Ciudad de México el subdelegado de la PGR, doctor Ernesto Ibarra Santés. Al terminar hubo gran festejo en un restaurante: pavo, filetes mignon, ensalada César... Y allí estaba un periodista.

"TÚ ME ACOSTUMBRASTE, A TODAS ESAS COSAS..."

Vivía en California mejor que sus jefes de Washington; su casa era fabulosa; le costó 200 mil dólares al contado; compró el lote vecino y construyó una alberca olímpica. Apasionado de los autos, usaba cinco último modelo; por eso ordenó construir amplia cochera donde además cabía una lujosa Van. Y como vivía pegadito al mar, se hizo de dos excelentes botes; en el pequeño salía de pesca; el otro, palabras mayores, solamente lo usaba para navegar con su familia. En donde trabajaba era obligatorio andar empistolado; a lo mejor eso le despertó amor por las armas y decidió coleccionarlas; tenía unas cien envitrinadas para presumir; nunca las disparaba; eso sí, era rigurosa su continua limpieza. Para completar el feliz escenario, en algún banco abrió cuenta de cheques a su nombre: 45 mil dólares. Solamente los tocaría en caso de emergencia.

De pronto compañeros y jefes de trabajo se extrañaron, admirados, con la campechana vida que llevaba este joven agente de la Patrulla Fronteriza de Estados Unidos —la mentada Border Patrol— comisionado para evitar el paso ilegal de extranjeros. Los atajaba a como diera lugar en la línea fronteriza con México, por eso ganaba entre 15 mil y 20 mil dólares al año. Con tal salario, ni trabajando tiempo extra todos los días le alcanzaba para darse esa gran vida. Lo "agarraron en la maroma" y terminó encarcelado.

Alfredo Corchado, mi compañero del periódico *The Dallas Morning News*, dio cuenta de tal caso como un ejemplo de la increíble corrupción en la frontera estadounidense. Agentes de Aduanas e Inmigración —la temible migra— están prácticamente al servicio de los cárteles mexicanos y las bien organizadas mafias estadounidenses. Hay un clásico ejemplo: en la frontera de El Paso, Texas, un veterano agente de inmigración acomodaba en su horario y posición en la garita el cruce de los narcotraficantes que salían de Ciudad Juárez, Chihuahua; sus muchos años le permitieron actuar como si nada. Aparte, en horas fuera de trabajo se las arregló para desactivar los censores antidroga de la garita y puntos cercanos; así no podían ser descubiertos los vehículos que transportaban droga entre su carga. Este caballero permitió pasar por lo menos unos 500 kilos de mariguana cada semana durante quién sabe cuánto tiempo.

Nada más en la mitad de 2000 fueron descubiertos 28 agentes de Aduanas e Inmigración de Estados Unidos ligados a mafias de su país y el nuestro. Por su ubicación, les untaban las manos los cárteles de Arellano Félix en Tijuana y de Amado Carrillo en Ciudad Juárez. Los superiores de cada dependencia descubrieron algo desalentador: algunos agentes hasta se trepaban a los camiones con droga, ayudaban a choferes a pasar retenes en territorio estadounidense más adentro; llegaron a vender cocaína y mariguana personalmente; y lo más desalentador: transmitieron información privilegiada a los cárteles sobre las estrategias oficiales antinarco.

Hay otro punto sorprendente: todo aspirante a servir en el Servicio Secreto, FBI (Agencia Federal de Investigación) o DEA (agencia antidrogas) debe someterse a pruebas de integridad y empeño avanzado; también es requisito informar continuamente sobre sus finanzas personales; todo lo contrario pasa con el personal de Aduanas e Inmigración. Originalmente se pensó que no debían tener tanta preparación, dadas las características de su trabajo: permanecer vigilantes en despoblado, manejar Vans y camionetas para perseguir indocumentados, tripular patrullas en la ciudad y realizar detenciones en la calle o lugares de trabajo. El señor Silvestre Reyes, miembro del Partido Demócrata en El Paso, Texas, dijo sentirse "muy frustrado por la continua falta de voluntad en Inmigración". Pero la senadora Diane Feinsten residente en Washington, opinó enérgicamente: "La corrupción es el problema de seguridad nacional más grande en este país".

Me llamó mucho la atención todo esto; por ejemplo, descubiertos los agentes estadounidenses, estoy seguro de que por lo menos uno debió confesar al detalle sus relaciones con los capos mexicanos y corporaciones controladoras de droga en Estados Unidos. Sinceramente no me explico cómo, teniendo la punta del hilo de la madeja, no la desenredaron. Curiosamente lo mismo pasa en México: cuatro agentes federales comisionados en Tijuana fueron acusados de asesinar a tres de sus compañeros; los torturaron y lanzaron a una barranca en la zona serrana La Rumorosa. Están prisioneros y bajo proceso, pero no hemos sabido quiénes eran sus contactos con la mafia, ni la referencia obligada sobre el alto mando del cártel Arellano Félix. Esa situación es tan irracional como la captura de choferes que transportan droga; siempre declaran lo mismo: "Me contrató un señor. No lo conozco. Me dio instrucciones para entregar la carga a otro. Tampoco sé quién es"; y de allí no salen. No siguen la huella del vehículo decomisado; forzosamente debe tener propietario, matrícula y elementos necesarios para saber quién, cómo, cuándo y dónde lo compraron; pero no sucede.

Logré una fotocopia del reporte presentado en marzo de 1999 por Thomas A. Constantine cuando era jefe de la DEA; cito textualmente un párrafo:

> Aproximadamente dos tercios de la cocaína que se encuentra en Estados Unidos viene de la frontera con México. Típicamente grandes embarques de cocaína son transportados desde Colombia por vía de navegación comercial y por lanchas rápidas (*go fast boats*) y descargados en puertos mexicanos. La cocaína es transportada usualmente en camiones y guardada en ciudades como Guadalajara y Ciudad Juárez. Los cargamentos de cocaína son después llevados a la frontera con Estados Unidos y de allí a los centros de mayor distribución como Los Ángeles, Phoenix y Chicago.

Sinceramente este párrafo es una burla, un pitorreo. Si los agentes de la DEA saben todo ese movimiento, debían capturar a los mafiosos. Lo de señalar rutas es una vacilada; me imagino a los narcos al verlas en los periódicos. Por la risa, llorarán más que cuando eran niños y los nalgueaban. Hay otra situación más grave: los estadounidenses y también nosotros llevamos un conteo casi exacto de las ejecuciones ordenadas por mafiosos o relacionadas con el narcotráfico en México. En Tijuana y en Sinaloa llegaron a casi o más de 500 en 1999. Nos sorprende cada asesinato, a veces por la forma, otras por la víctima y en algunas ocasiones por las circunstancias. La prensa estadounidense lo maneja con notables titulares. Pero fíjese lo que sucedió en Estados Unidos; me remito a un documento oficial: el 14 de marzo de este año, Barry Mc-

Caffrey, director de la Oficina de Política Nacional del Control de Drogas de Estados Unidos, escribió esto, que apareció en "The World and I" (El mundo y yo), una publicación de *The Washington Times*:

> Aunque la lucha para reducir el consumo de drogas no es una guerra, las drogas ilegales contribuyen cada año a matar más de 50 mil norteamericanos, cifra que se aproxima a la de bajas estadounidenses durante toda la guerra de Vietnam. La gente que dice que el consumo de droga es un crimen sin víctimas pasa por alto los hechos. El consumo de drogas impone a otros un riesgo inaceptable de sufrir daños. La prueba que apoya esta opinión es escalofriante.

Entonces no hay duda: mueren más consumidores en Estados Unidos que narcotraficantes en México y no menciona eso con grandes titulares la prensa de aquel país. Todo esto lleva a un punto: en Estados Unidos, la corrupción por el narcotráfico es tan o más grande que en México.

"FALLASTE CORAZÓN..."

Su padre era coronel retirado del Ejército y pariente del ex presidente de la república, licenciado Miguel Alemán. El lazo familiar le favoreció con la concesión de un restaurante en el viejo aeropuerto de Tijuana. Era un hombre agradable, chaparrito, ventrudo, muy educado; vigilaba y manejaba la caja; no quitaba la mirada a sus meseras y, de buena forma, urgía a su esposa para prestar mejor servicio a la clientela. Era muy gentil con los reporteros y siempre estaba pendiente de informarnos sobre la llegada o salida de algún personaje. Lo conocí allá por los años sesenta y pocas veces le vi uniformado; lucía bien.

Tenía una residencia muy bonita en la colonia Hipódromo y era harto respetado; le encantaba participar en política; fue un miembro leal del Partido Revolucionario Institucional. Me sorprendió y por eso medí su gran rectitud: siendo secretario de la Defensa Nacional el general Hermenegildo Cuenca Díaz, se opuso abiertamente a su candidatura para gobernador del estado y no se escondió para decirlo; todo mundo esperaba que lo llamaran militarmente a cuentas, pero no.

Creo que desde entonces el coronel Emilio Valdés Flores quedó desilusionado del PRI; por eso el día menos pensado me visitó al periódico "ya me pasé al Auténtico de la Revolución Mexicana. Con los míos", le oí sorprendido. Quiso ser y no pudo senador de la república, de paso perdió la concesión del aeropuerto y fue a menos en la inactividad. Los años se le vinieron encima y los achaques lo jeringaron.

Cuando ya casi no se dejaba ver y el olvido citadino lo envolvió, un estallido escandaloso retumbó en su vida: Emilio, su hijo, sorprendió a la parentela y a muchos tijuanenses, se convirtió en uno de los hombres clave del cártel Arellano Félix; le decían "El CP" por aquello de la profesión, pero otros acomodaron las siglas a "Cabeza de Perro". Ni siquiera disimuló su actividad; al contrario, fue presumido; se volvió prepotente y cayó en lo desalmado; mató una vez y mató muchas hasta lo sanguinario. Me imagino cómo debió sufrir el coronel al saber sobre qué rieles rodaba la vida de su hijo.

"El CP" gozó el poder del narcotráfico con el acelerador metido hasta el fondo. Eran tiempos cuando; comprados por el cártel casi todos los policías, se podía hacer todo. A eso sumó autos, guapas damas y excelentes residencias. Se sentía eso, superior a cualquiera, así como para bajar un puño de estrellas.

Dos o tres veces llegaron comandos de la PGR a Tijuana y aterrizaron en su casa metralleta entre los brazos y por montón. En una de ésas el coronel sufrió un infarto; lo atendieron con eficacia, pero su corazón ya no carburó al ritmo acostumbrado. Tal vez por eso el hijo prefirió actuar con la mafia en territorio mexicano, pero residir en Estados Unidos; cruzaba la frontera sin problemas; no hacía falta preguntar para saber cómo recibía protección de los oficiales migratorios mexicanos y estadounidenses.

Vivía en un lujoso departamento en la exclusiva zona de Coronado, California, sólo para familias adineradas, vista al mar y todas las comodidades. Luego fue obligado a mudarse a otro edificio de casi veinte pisos en el centro de San Diego. Quien lo vea por vez primera se imaginará que allí existen oficinas, pero en realidad es la prisión federal. La agencia antidrogas de Estados Unidos lo descubrió; tenía armas y poca droga, pero ya interno cometió una torpeza: se puso a traficar en el penal, por eso lo sentenciaron a treinta años. Su padre, el honesto coronel, descansa en paz.

“DI QUE VIENES DE ALLÁ, DE UN MUNDO RARO…”

Entre 1997 y casi para terminar 1999 se hizo pasar por mafioso. Así, un detective norteamericano nadó sobre las aguas del cártel de Tijuana y logró zambullirse hasta el fondo. Creyeron que era un capo colombiano, le tomaron tanta confianza y él correspondió a los narcotraficantes. Pero en el momento crítico hizo a un lado los sentimientos, reunió las pruebas para que una multifuerza policiaca detuviera a unos y ordenara la aprehensión de otros. En total, 34 comprobados colaboradores de los hermanos Arellano Félix: dos mujeres, cuatro extranjeros y el resto mexicanos, incluidos ex agentes de la policía judicial del estado de Baja California, entre ellos, Sergio Sandoval Íñiguez, quien fuera jefe de escolta del licenciado Juan Francisco Franco cuando despachó como Procurador de Justicia en Baja California, de 1991 a 1994.

El inicio de la infiltración e investigación estadounidense se dio poco antes de dos hechos que no fueron simultáneos pero sí decisivos: el retiro de Alan Bernstein, fiscal federal antidrogas en San Diego, y del general brigadier José Luis Chávez, delegado en Baja California de la PGR. El añejo secreto a voces, sobre nuestras policías amafiadas con el narcotráfico, mantuvo siempre la desconfianza de los investigadores norteamericanos; pero en el caso Bernstein-Chávez se dio una relación sorprendente, clara, directa y de resultados.

Era un asombro, desde el primero hasta el último piso de la PGR en Tijuana, cuando el fiscal estadounidense visitaba al delegado mexicano. Se reunían constantemente y no hacía falta preguntarles para qué; intercambiaban información sobre las mafias o coordinaban la captura de mafiosos. Desde el arranque de 1997 y hasta fines de 1998 esa relación tuvo exitosos resultados. Después no hubo tantos narcotraficantes y tan importantes miembros del cártel de Tijuana detenidos en territorio mexicano. Hasta la fecha es insuperado el número de casas cateadas y el volumen de droga confiscada. En suelo estadounidense, importantes socios de los Arellano cayeron en prisión; fueron interceptados grandes cargamentos y descubrieron a oficiales cómplices de la mafia.

Sin previo acuerdo ni al mismo tiempo, los presidentes Ernesto Zedillo Ponce de León y Bill Clinton retiraron a Bernstein y a Chávez de sus puestos; comprobadamente incorruptibles, los dos penetraron el terreno de las mafias hasta pisar el peligro mortal. En el caso del mexicano, algo tuvo que ver la torpe solicitud del gobierno del estado, acusando al general de que no se coordinaba con la policía bajacaliforniana; y también, en una clara muestra de ignorancia legal, reclamaban que el mandatario estatal tuviera bajo su mando a la Judicial Federal. Con el paso del tiempo no es descartable la posibilidad de que la mano arellanesca haya estado detrás.

Bernstein fue comisionado a tareas de educación en San Diego y Chávez a los asuntos de justicia militar en la Secretaría de la Defensa Nacional; ya no tienen nada que ver con la investigación y captura de mafiosos. En términos policiacos, los "enfriaron"; su posición estaba muy "caliente". Charles G. LaBella suplió a Bernstein y el teniente coronel Lorenzo Salas Medina, a Chávez. Coincidencia o no, cuando se dio ese relevo, Estados Unidos decidió infiltrar a un detective encubierto en el cártel de Tijuana, respaldado por una fuerza multipoliciaca.

Contrarios al protagonismo mexicano, los policías estadounidenses decidieron no divulgar el nombre de su agente, al que solamente identificaron con las iniciales J.B. Lejos de pretender descubrir su identidad, obviamente el agente encubierto es descendiente de latinos; de otra manera no hubiera sido tan fácil su entrada en el grupo que integraban mexicanos de nacimiento; la mayoría de ellos, residentes de Tijuana, Mexicali y Ensenada en Baja California; también de San Luis Río Colorado en Sonora y de Mazatlán en Sinaloa; la excepción fue el piloto de helicópteros estadounidense.

La exitosa captura de esos mafiosos fue como un abanico que dejó ver varios escenarios:

1. Si los narcotraficantes descubiertos por el policía encubierto operaban desde hace dos años en Baja California, Sonora y Sinaloa, y nuestras autoridades no se dieron cuenta.

2. Si no se enteraron, los motivos serían:
   a) Incapacidad
   b) Falta de información
   c) Desconfianza de los policías estadounidenses
   d) Complicidad con el cártel de Tijuana

3. Si fue un secreto a voces la relación de los Arellano con el jefe de escoltas del procurador de Baja California, es obvio que entre 1991 y 1994 agentes federales y estatales lo sabían.

4. Si así fue, al iniciarse los gobiernos de los licenciados Héctor Terán y Alejandro González Alcocer, es pro-

bable una enorme complicidad que incluso sirvió para desorientar a la PGR durante la época de Chávez, tachándola de indiferente a cooperar.

Podría ampliarse más ese abanico de escenarios, pero en realidad sólo hay una: los narcotraficantes estaban operando en los últimos dos años, según lo comprueba el agente encubierto estadounidense.

En medio de todo esto hubo un punto importante: no fueron detenidos los que en territorio mexicano trabajaban con el grupo capturado en Estados Unidos. La policía bajacaliforniana no comentó nada, pero hubo una fatal coincidencia: luego de que el policía estadounidense encubierto descubrió a los 34 colaboradores de los hermanos Arellano Félix, sucedió la desaparición de siete personas en el Valle de Mexicali y la ejecución de Héctor Meza Buelna, jefe de escoltas del que fue procurador general de justicia en el estado, licenciado Marco Antonio de la Fuente Villarreal.

"CLAVE PRIVADA..."

Existe una simpática declaración ministerial en los archivos de la PGR: Ramón Arellano Félix regaló un autobús bien pintadito, acondicionado, llantas en perfecto estado; excelente motor y "derechito", nada de "chocolate". Superalegre, sin peros, lo recibió cada músico de La Banda de El Chante: jamás supusieron tal dicha; estaban muy bien en Sinaloa; y seguramente, como muchos de sus colegas, fantaseando con grandes actuaciones y billete verde.

Cuando los llamaron primero para actuar en Tijuana, debieron ponerse tan alegres como recién casados en luna de miel y con los gastos pagados. Viajarían a Tijuana, se treparon con todo y sus voluminosos instrumentos al democrático autobús comercial, se sintieron seguramente como Colón a punto de pisar tierra americana. Supusieron que "darían dos o tres tocadas" y regresarían, pero les dieron la grandiosa noticia del autobus nuevo y se quedaron un mes. Los trataron de maravilla y no les hizo falta nada; eso sí, tocaron hasta el cansancio del oyente: puritito corrido sinaloense, tamborazo alegre, platillazo como chispazo de alegría. Sabían que a los Arellano les gustaban otras bandas que siempre cantaban sus hazañas, pero se sintieron los reyes del mundo con la preferencia.

En la declaración ministerial quedó escrito: Ramón pedía mucho "Clave Privada" y "La Cheyenne".

"ES MENTIRA QUE HOY PUEDA OLVIDARSE..."

El presidente de la República debió alzar los brazos para saludar a su campeón. Estaba en el balcón principal de Palacio Nacional, trajeado, sonriente. Me lo imagino emocionado. Ya tenía buen rato viendo el desfile del 20 de noviembre; era 1989. Abajo, rodando en un hermoso convertible, sentado atrás y en medio el monarca Julio César Chávez. Seguramente saludó con mucho entusiasmo a su presidente, a su amigo, a su apoyo.

Aquel 20 de noviembre de 1989, Julio César estaba alegre, contrario a como siempre aparecía en su esquina entre asalto y asalto: como una pantera, silencioso, mirada fija, mandíbulas apretadas, atento a todo movimiento, tan determinante como certero y por eso efectivo. Cuando peleaba me daba la impresión de estar "pelando" una naranja; quitaba la cáscara; luego se iba comiendo gajo por gajo hasta la satisfacción del nocaut. O como un leñador: manejando fuertemente el hacha, dejando caer el acero sobre el madero hasta que el árbol, herido en su tronco, se caía solo.

El presidente Salinas de Gortari estaba encantado con las victorias de Julio César; por eso el monarca era recibido en Los Pinos tantas veces y como nunca antes deportista alguno. Julio César debió alzar su mano derecha para saludar al presidente con el mismo regocijo con que la levantaba en el centro del cuadrilátero en señal de victoria. Casi nadie se fijó quién acompañaba al campeón; me imagino que a pocos debió interesarle; todos tenían la mirada puesta en la figura recia del monarca; no había mucha oportunidad de verlo en persona; siempre en la televisión peleando, o en las entrevistas con Jacobo Zabludovsky.

Pero uno de sus acompañantes era de los más buscados por la policía en el país y el extranjero: Francisco Rafael Arellano Félix, dueño de discotecas en Mazatlán, dinero de sobra por obra y gracia del narcotráfico, hermano de los hombres más crueles de los últimos años. De sus bocas salieron órdenes para asesinar a cientos y cientos de cristianos.

El otro acompañante de Chávez era muy conocido en Tijuana: Ángel Gutiérrez, excelente karateca, apuesto, con tipo de artista. Aparecía oficialmente como representante del monarca; es más, varias veces estuvo atendiéndolo en la esquina del cuadrilátero. No era de adorno; sabía bien qué y cómo hacer. Pero era de los hombres fuertes también del cártel Arellano Félix. Allí estaba al lado de Julio César, tan tranquilo; quién lo viera. Agentes federales le capturaron tratando de cruzar a Estados Unidos con varios kilos de cocaína. Y en ese noviembre de 1989, apenas meses atrás se escurrió de la chirona gringa. Se regresó a territorio mexicano. Allí estaba, al lado del campeón.

Gozaron el momento. Imagínese, lo máximo, ni siquiera se lo esperaban; son momentos que jamás volverán. Julio César perdió fuerza y fama, Francisco está prisionero y Ángel fue ejecutado en Cancún.

(Con datos tomados de la declaración de Alejandro Hodoyán Palacios ante el Ministerio Público Federal en 1997).

“¿DÓNDE? ¿DÓNDE ESTÁS?...”

El narcotráfico une sangre y extiende relaciones familiares, a veces con toda intención, otras deliberadamente y en ocasiones, sin darse cuenta. Sé de una curiosa cadena: Miguel Ángel Félix Gallardo traspasó su poder a Rafael Caro Quintero, que a su vez nombró segundo a José Contreras Subías. Su hija se matrimonió con el licenciado Gustavo Gálvez, que fue abogado de Jesús Labra, padrino del cártel Arellano Félix. Pero hay un eslabón; curiosamente desconocido: Ulises Bon Subías, sobrino de don José, se casó con Adriana, hermana de Alejandro Hodoyán Palacios, prisionero en La Palma y uno de los jóvenes más notables ligados a los Arellano.

Bon Subías no pudo alejarse del narcotráfico; estuvo dos veces en prisión. La primera en Estados Unidos; quiso contrabandear 40 kilos de mariguana y lo sorprendieron. Luego pretendió comerciar por su cuenta en Tijuana y terminó en prisión. Acostumbraba guardar la droga en el *mezzanine* de su departamento, cuarto piso, pent-house del número 539 de la avenida G en Tijuana. Los Arellano jamás le ayudaron; por eso en prisión compraba y consumía droga, pero no la pagaba; pedía a sus proveedores cobrar a su esposa. La señora no tenía tanto dinero y hasta la amenazaron con secuestrar a sus hijos si no se ponía a mano; se divorció de Bon Subías; así se rompió esta curiosa cadena con protagonistas del narcotráfico.

"DE MI PASADO, PREGUNTAS TODO..."

Tenían en la mira a los ex presidentes de la República: a Luis Echeverría, encarcelarlo; a José López Portillo y Miguel de la Madrid, acusarlos de narcotráfico. En gran parte fue una maniobra del ex presidente Carlos Salinas de Gortari para fortalecer su influencia moral o poder político. Escrito de su mano, así me lo confesó el señor Rubén Zuno Arce, sentenciado a prisión perpetua en Beaumont, Texas. Desde su celda me contestó 19 preguntas que le hice llegar a través de sus familiares y que regresó por correo legal, vía despachos de abogados. La entrevista surgió a raíz de que, en junio de 1998, publiqué una nota revelando que el entonces cónsul de México en Los Ángeles, profesor José Ángel Pescador Osuna, dirigió una carta al presidente de la República, afirmando que el juicio contra Camarena estaba plagado de irregularidades y más que un proceso contra el ciudadano, era contra México.

Consulté al maestro Pescador años más tarde, cuando era funcionario de la Secretaría de Gobernación y confirmó que escribió la carta. En la Secretaría de Relaciones Exteriores me aseguraron tener el documento, informándome que estaban tratando el caso por la vía diplomática. Al publicar todo eso, familiares de Zuno se comunicaron conmigo para agradecer, debido a que el caso fue retomado notablemente. Entonces fue cuando se iniciaron los pasos para una entrevista. Las autoridades del penal estadounidense no aceptaron recibirme como reportero, pero sí entrevistarlo mediante un cuestionario. Inmediatamente se lo remití. Zuno lo contestó con sorprendentes revelaciones.

Cuñado del ex presidente de la República, licenciado Luis Echeverría Álvarez, fue acusado de conspirar en el asesinato del agente Enrique Camarena Salazar de la DEA, agencia antinarcóticos de Estados Unidos. El 9 de agosto de 1989, al viajar desde la Ciudad de México, fue detenido en San Antonio, Texas; lo acusaron de problemas migratorios y fue trasladado a Los Ángeles a petición de un juez federal, porque Zuno, según el juzgador, fue testigo en el secuestro, tortura y asesinato del agente antidrogas estadounidense Enrique Camarena Salazar.

"El juez formuló aproximadamente cien preguntas relacionadas fundamentalmente con altos personajes del Gobierno Mexicano, y solamente tres o cuatro preguntas relacionadas directamente con el secuestro, tortura y asesinato de Camarena", me escribió Zuno. El juez decidió que no tenía carácter de testigo y ordenó su libertad, pero las autoridades migratorias lo detuvieron enseguida y lo trasladaron a San Antonio. Allí se inició la organización de un juicio que involucró a los famosos narcotraficantes de la época: Rafael Caro Quintero, Ernesto Fonseca y Miguel Ángel Félix Gallardo, relacionados con el asesinato de Camarena. Zuno terminó con un cargo: perjurio.

El cuñado del ex presidente Echeverría fue considerado sospechoso porque vendió a una persona la casa donde se afirma que fue torturado y asesinado Camarena, pero el ahora encarcelado negó haber estado allí. El juez le fijó una fianza de 200 mil dólares. Debía entregar 20 mil en efectivo y el resto garantizarlo con bienes en California. Las autoridades migratorias le quitaron su pasaporte luego de tres meses de estar detenido y lo dejaron libre.

Para el 30 de octubre de 1989 debió presentarse a la corte en Los Ángeles y responder al cargo de perjurio; lo hizo. Al terminar la audiencia regresó a Guadalajara, siendo citado para otra más el 9 de diciembre de ese 1989. Tal día, al llegar al aeropuerto de Los Ángeles, fue detenido y enviado a una prisión de alta seguridad, acusado ya por delitos de conspiración en el secuestro, tortura y asesinato de Camarena. El juicio duró tres meses la sentencia fue de culpable.

Esta decisión contra Zuno se basó en declaraciones de Héctor Cervantes Santos. Zuno escribió de este hombre: "Tiene negros antecedentes en la República Mexicana", pero aceptó declarar porque fue trasladado junto con su familia a Estados Unidos y recibió beneficios muy importantes en su calidad migratoria, así como de carácter económico. Cervantes declaró que en la tortura y asesinato estuvieron presentes Rafael Caro Quintero, Ernesto Fonseca, Marcelino y Javier García Paniagua, Manuel Ibarra, Miguel Aldana Herrera y Zuno Arce (aunque el prisionero mexicano no lo menciona, también Cervantes acusó a Bartlett). El juez Edward Rafeedie ordenó la nulidad del juicio al anotar que se basaba en la declaración de una persona que engañó al jurado. También dispuso un nuevo proceso con pruebas más sólidas.

Éste se inició en 1991 y con las mismas pruebas lo sentenciaron finalmente a cadena perpetua. Las cosas cambiaron: Cervantes estuvo dispuesto a declarar que fue obligado a señalar a Zuno Arce, aun a riesgo de que lo encarcelaran, pero la situación misteriosamente se estancó hasta hundirse. Entre tanto, ha quedado atrás una madeja de maniobras políticas, jurídicas y carcelarias notables. Según las declaraciones que por escrito me hizo el señor Rubén Zuno Arce, las siguientes personas estuvieron de alguna forma relacionadas en torno a su caso.

Luis Echeverría Álvarez. Presidente de la República (1970-1976).

José López Portillo. Presidente de la República (1976-1982).

Miguel de la Madrid Hurtado. Presidente de la República (1982-1988).

Carlos Salinas de Gortari. Presidente de la República (1988-1994).

Ignacio Morales Lechuga. Procurador General de la República con De la Madrid.

Jorge Carpizo McGregor. Procurador General de la República con Salinas.

Diego Valadés. Procurador General de la República con Salinas.

Antonio Lozano Gracia. Procurador General de la República con Zedillo.

Jorge Madrazo Cuéllar. Procurador General de la República con Zedillo.

José Ángel Pescador Osuna. Cónsul de México en Los Ángeles con Zedillo hasta mayo de 1999.

Fausto Zapata Loredo. Cónsul de México en Los Ángeles con Salinas.

Manuel Pérez Cárdenas. Cónsul en Houston, Texas.

Rodolfo Figueroa. Cónsul en Houston, Texas.

González de Cosío. Subsecretario de Relaciones Exteriores.

Manuel Bartlett. Secretario de Gobernación con Miguel de la Madrid.
Jesús Arévalo Gardoqui. Secretario de la Defensa Nacional con Miguel de la Madrid.
Enrique Álvarez del Castillo. Gobernador del Estado de Jalisco 1985.
Eugenio Ruiz Orozco. Secretario General de Gobierno del Estado de Jalisco en 1985.
Beatriz Pagés Rebollar. Directora de la revista *Siempre!*
Abel Reynoso. Agente de la DEA en Guadalajara en 1985.
Jesús Anaya Labra. Delegado de la Dirección de Investigaciones de Jalisco en 1985.
Héctor Cervantes. Testigo que presentó la DEA contra Zuno.
René López Romero. Testigo que presentó la DEA contra Zuno.
Jorge Godoy López. Testigo que presentó la DEA contra Zuno.
Manuel Medrano. Fiscal federal de Estados Unidos.
Señor Carlton. Fiscal federal de Estados Unidos.
Kenneth M. Miller. Defensor de oficio de Zuno.
Enrique Camarena Salazar. Agente de la DEA asesinado en Guadalajara en 1985.
Jaime Kykendall. Jefe de Camarena.
Arturo Rodríguez. Amigo de Camarena.
Humberto Álvarez Macháin. Acusado de matar a Camarena, detenido, procesado y puesto en libertad.
Antonio Gárate. Ex agente de la DEA.
Ernesto Fonseca. Actualmente preso por el asesinato de Camarena.
Miguel Ángel Félix Gallardo. Actualmente preso por narcotráfico y la muerte de Camarena.
Señor Takasuki. Juez federal estadounidense.

Javier García Paniagua. Subsecretario de Gobernación con De la Madrid.
Marcelino García Paniagua. Hermano del subsecretario.
Antonio Cuéllar. Portador de mensajes de Zuno a Echeverría.
Frederick Tulski. Reportero de Los Angeles Times.
Señor Coss. Custodio del Centro de Detención de Los Ángeles.
Señor Cuevas. Custodio del Centro de Detención de Los Ángeles.
Rubén Sánchez Barba. Comprador de la casa propiedad de Zuno en Guadalajara.
Héctor Berrellos. Jefe del Grupo Leyenda.

Son muy interesantes las respuestas de Zuno Arce a mis preguntas. Fíjese.

1. Usted dijo el 11 de marzo de 1997 al reportero de Reforma *César Romero Jacobo que el culpable de su encarcelamiento fue el ex presidente licenciado Carlos Salinas de Gortari; y que lo hizo para perjudicar a su cuñado, el ex presidente Luis Echeverría. Dígame, por favor, ¿qué razones tuvo Salinas y de qué forma influyó en las autoridades estadounidenses?*

Es cierto que yo se lo dije a César Romero Jacobo y poco después el señor licenciado Ignacio Morales Lechuga (ex procurador general de la República) corroboró mi dicho y para demostrarlo aquí le mando una copia de un artículo de la revista *Siempre!* de 1997, en donde vienen declaraciones tanto del licenciado Morales Lechuga como del licenciado Miguel de la Madrid.

Carlos Salinas envió a la prensa en el año 1995 o 96 una declaración en la que acusa a Luis Echeverría de ser el director de los ataques en su contra. Si usted revisa esas declaraciones verá que pone mucho énfasis en mi caso e incluso miente al decir que yo estoy sentenciado como narcotraficante.

Las razones de Salinas son muy fáciles de entender. Un presidente de la república tendrá toda su fuerza cuando no exista ningún ex presidente, o que éstos sean desprestigiados, o que los que existan estén totalmente de acuerdo con el que en ese momento ejerza el poder.

¿Qué interés del gobierno de Estados Unidos de querer involucrar a los tres ex presidentes vivos en tiempo de Salinas? Eso lo verá usted en el punto número nueve.

Cuando el licenciado José Ángel Pescador Osuna se había ido como subsecretario de Educación a México, en varias ocasiones fue a verme a la cárcel un joven vicecónsul de Los Ángeles, quien se decía que iba en nombre del subsecretario González de Cosío, para decirme que Salinas, cuando fue a la firma de la carta de intención del Tratado de Libre Comercio, había hablado con el presidente Bush para pedirle que ya no atacara al licenciado Bartlett, al general Arévalo y a Álvarez del Castillo, pero que me tuvieran a mí aquí en Estados Unidos para detener a Luis Echeverría y que no estuviera molestando a Salinas por el mal que le estaba haciendo al pueblo de México.

Al responsabilizar a Salinas, no es cuestión de que yo me vaya a la cargada y a echarle la culpa de todo, como está de moda a partir de que dejó la presidencia de México. No. Desde el año de 1992 y 1993, cuando Salinas aún era presidente, yo le escribí dos cartas a la señora Beatriz Pagés Rebollar y sólo una fue publicada, si mal no recuerdo en el ejemplar de la revista *Siempre!* del día 21 de abril de 1993, en cuya portada viene "El Pato" Ortiz Arana volando con otros patos, en donde el artículo decía: "Estoy preso por razones políticas", y le adjunté uno de los editoriales de *La Opinión* de Los Ángeles y fue publicado en dos páginas.

De la segunda carta, ignoro por qué fatal circunstancia no fue publicada. Pero usted verá, en la que sí fue publicada, por lo que dice *Siempre!*, la responsabilidad desde aquel tiempo recaía en Carlos Salinas y después fue corroborado por el señor licenciado Ignacio Morales Lechuga.

2. *Explique, por favor, la relación de Abel Reynoso de la* DEA *en Guadalajara en 1985, del entonces secretario general de Gobierno, licenciado Eugenio Ruiz Orozco, y del gobernador del estado, licenciado Enrique Álvarez del Castillo.*

Usted debe saber que en el estado de Jalisco los secretarios generales de gobierno son los encargados de la seguridad pública a través de las diferentes policías y llevan, entre muchas cosas, operaciones coordinadas con la DEA; y como a mí me informó el señor Jesús Anaya Labra, en aquel entonces delegado de la Dirección de Investigaciones Políticas y Sociales de la Secretaría de Gobernación, en el estado de Jalisco, que el licenciado Eugenio Ruiz Orozco tenía una gran amistad con el señor Abel Reynoso, de la DEA, habían propuesto un plan para detenerme en alguno de mis viajes a Estados Unidos y lo lograron ya estando Ruiz Orozco como oficial mayor de la PGR en tiempos de Álvarez del Castillo como procurador general.

Existe una serie de coincidencias en las que los testigos que presentaron en mi contra, Héctor Cervantes, Jorge Godoy y René López Romero, el que los contrató, Gárate Bustamante y otros testigos potenciales, como Lira, Plascencia, etcétera, todos ellos trabajaban en las agencias policiacas en tiempos de Enrique Álvarez del Castillo y Eugenio Ruiz Orozco.

3. Hay información oficial mexicana en el sentido de que el juicio contra usted fue más contra México o más de carácter político. Por favor, deme su opinión.

Le puedo asegurar que así ha sido, porque en los tres juicios a los que fui sometido, en infinidad de veces, los fiscales Gurule Medrano y Carlton despotricaron en contra de "las autoridades corruptas, del gobierno corrupto, de los funcionarios corruptos y cómplices", involucrando indiscriminadamente en actividades criminales a todos los del gobierno mexicano, como si ésa fuera la norma.

Desgraciadamente no tengo los transcritos de los tres juicios, porque llenarían totalmente la celda donde vivo y sólo se podrían obtener con el licenciado Jaime Blancarte y a un costo sumamente elevado, ya que son varias decenas de miles de hojas. Lo que puedo agregar es que hasta el periódico *La Opinión* de Los Ángeles señaló en varios de sus editoriales que mi juicio era político y que el que estaba quedando mal parado era el gobierno de Estados Unidos de Norteamérica.

4. El jueves 17 de junio entrevisté al señor José Ángel Pescador Osuna, ex cónsul de México en Los Ángeles, que conoce mucho sobre su caso, y me dijo que el proceso en su contra está plagado de irregularidades, informes falsos y testigos falsos. Por favor, haga referencia a cada uno de esos señalamientos con datos y nombres concretos.

Le estoy enviando una copia de la apelación que mi nuevo abogado, el señor Kenneth M. Miller, defensor de oficio, presentó a la Corte de Apelaciones del Noveno Circuito el día 27 de julio pasado, en la que usted verá con sus propios ojos la cantidad de irregularidades, informes falsos, testigos falsos y maniobras asquerosas que llevaron tanto los fiscales como los agentes de la DEA.

Sepa usted que en los dos juicios de Camarena que tuve, se presentaron unos 22 o 23 agentes del U.S. Department of Justice como testigos. Sólo ocho me mencionaron para decir que, mientras ellos estuvieron investigando el secuestro y muerte de Camarena, nunca tuvieron la menor evidencia de que Rubén Zuno fuera narcotraficante o estuviera involucrado en la muerte de Camarena; entre ellos el señor Jaime Kuykendall, ex jefe de Camarena y Arturo Rodríguez, uno de los más amigos de Camarena. El resto de los agentes ni siquiera me mencionó.

Ese grupo estaba integrado por agentes del FBI, DEA, CIA y forenses, lo que quiere decir que estaba integrado por los mejores policías del mundo, y ninguno dijo nada en mi contra, y el jurado le creyó a tres ex policías de Jalisco asustados, corruptos y criminales mentirosos que declararon en contra mía.

5. Dígame, según su saber y entender ¿por qué a usted lo sentenciaron y al doctor Humberto Álvarez Macháin lo dejaron libre?

Al doctor Humberto Álvarez Macháin lo acusaron de ser responsable directo de la muerte de Camarena y, por lo tanto, la fiscalía debería haber presentado evidencias directas en su contra.

Lo único que presentaron fueron evidencias circunstanciales, tales como que lo habían visto lavando una jeringa, y unas huellas dactilares que se encontraron impresas en unos guarda trajes de plástico.

A mí me acusaron de conspiración, que es un cargo muy fácil de aplicar a alguien y el más difícil de defender, porque basta con una o dos personas que digan que lo vieron hacer algo, o decir algo, sin señalar fechas, ni horas, ni detalles importantes y por lo tanto uno no puede demostrar que es falso lo que dicen los testigos.

6. *Explique cómo fue su detención y detalle, por favor, el papel que jugó la* DEA *y el agente Antonio Gárate.*

La primera vez fui detenido en San Antonio, Texas, el día 9 de agosto de 1989 y dos meses después salí bajo fianza el día 13 de octubre del mismo año, habiendo ido a Guadalajara. Regresé a Los Ángeles el día 9 de noviembre a una audiencia con el juez Takasuki y volví a irme a Guadalajara. El día 9 de diciembre volé a Los Ángeles a pesar de que mis abogados me informaron que me iban a volver a arrestar, sin precisarme el porqué. Al llegar al aeropuerto de Los Ángeles me volvieron a arrestar; esta vez con cargos de conspiración.

Para ese entonces, la DEA, a través del Grupo Leyenda y de Antonio Gárate Bustamante, ya estaba comprando testigos falsos y preparándolos para declarar en mi contra. Le adjunto las declaraciones que Héctor Cervantes le hizo a mi investigador y a mis abogados y que usted podrá leer y asquearse.

7. *¿Usted conoció a Enrique Camarena?*

No. Jamás lo conocí ni supe que existiera el señor Enrique Camarena Salazar. Hasta que fue secuestrado, a través de la prensa, el radio y la televisión, supe de su existencia. ¿Cómo iba yo a saber si nunca me dediqué, me dedico, ni me dedicaré a la actividad criminal del narcotráfico?

8. *¿Conoció o tuvo tratos directos o indirectos con Rafael Caro Quintero?*

No. Tampoco conocí o tuve tratos directos o indirectos con el señor Rafael Caro Quintero, como él también lo ha declarado en varias ocasiones a medios de comunicación como la revista *Proceso* y otros. De la misma manera, no conocí ni tuve tratos con el señor Ernesto Fonseca o con Miguel Ángel Félix Gallardo.

Los fiscales Gurule, Medrano y Carlton en mis dos presentaciones ante el Gran Jurado y posteriormente en el juicio por perjurio que se me hizo, dijeron que tenían evidencias de que yo sí conocía a Caro y a Fonseca y que iban a presentar videos, grabaciones y fotografías en que demostraban que yo estaba ocultando que sí conocía a esas personas. El resultado fue que nunca, pero nunca, presentaron esas evidencias y el juez Takasuki sobreseyó el caso de perjurio por falta de evidencias.

9. ¿Es cierto que en su juicio se involucró o quisieron involucrar al ex presidente Miguel de la Madrid y al extinto señor Javier García Paniagua? Diga en qué forma y con qué fin.

Fui detenido en San Antonio, Texas, el día 9 de agosto de 1989. A partir de esa noche fui cambiado a diferentes cárceles cada noche, como la de Hondo, New Brownsfell y Wackenhock. Al segundo día, estando en la cárcel del condado de New Brownsfell, el guardia me indicó que lo acompañara porque tenía "visita legal".

Para mi sorpresa eran dos agentes de la DEA quienes me mostraron sus credenciales y me dijeron: "Que yo podría salir de la situación en que me encontraba si colaboraba con ellos, haciendo declaraciones acusatorias en contra de tres personas a quienes yo conocía muy bien: Luis Echeverría, José López Portillo y Miguel de la Madrid". Indignado les dije que se fueran a ch... y pedí que me llevaran a mi celda.

Lo hice del conocimiento de mi esposa y del licenciado Jaime Blancarte y, posteriormente, en la Ciudad de

México, al licenciado Antonio Cuéllar y le pedí que le dijera al licenciado Luis Echeverría que quería hablar con él y me dijo que no quería recibirme. Ante esa situación yo concluí que no creían en lo que les había dicho y opté por no volver a mencionar ese hecho, ya que podrían pensar que lo había inventado para obligarlos a que me ayudaran.

Pero después de más o menos ocho años, el reportero de *Los Angeles Times*, el señor Fredrick Tulsky investigando, se encontró un reporte de la DEA, parte del cual había sido entregado a mis abogados incompleto faltándole tres párrafos y el señor Tulsky lo encontró completo, en él usted verá lo estúpido, lo absurdo y lo increíble que hacen estas personas de la DEA para desprestigiar a México.

Yo le suplico revisar las hojas números 27, 28 y 29 de la apelación que le adjunto, en donde compruebo mi dicho. Además, también trataron de involucrar a don Javier García Paniagua y a su hermano Marcelino, como consta en las acusaciones de mis juicios y a otros muchos mexicanos.

10. Dígame exactamente desde cuándo está encarcelado; si lo han tratado bien; qué restricciones tiene y si, a pesar de la sentencia, cree que será liberado algún día.

Estoy encarcelado desde el día 9 de agosto de 1989, salvo dos meses que estuve libre bajo fianza de octubre 13 a diciembre 9 de 1989. Ya llevo diez años aguantando esta injusticia. Sólo en Los Ángeles, en el Metropolitan Detention Center, hubo dos guardias que me amenazaron, uno, el señor Coss, portorriqueño y el otro, el señor Cuevas, de origen español. Al primero lo consignaron porque se robaba las propiedades de los detenidos y al segundo le cambiaron las amenazas que me hizo y porque el consulado intervino enérgicamente.

De ahí en adelante, tanto en Leavenworth como aquí en Beaumont, todos los oficiales me han tratado con respeto y amabililad, porque así me dirijo a todo el mundo. Claro que sé que van a liberarme porque cada día que pasa se está demostrando que mi caso fue fabricado dolosamente y la verdad está saliendo a flote.

11. *¿Sabe usted, aparte de la defensa que se hizo pública en* Zeta, *sobre la defensa del ex cónsul Pescador Osuna en su favor si la Secretaría de Relaciones Exteriores u otra oficina mexicana lo han defendido o están defendiéndolo?*

Desde que fui detenido en San Antonio, el cónsul Hernández Hadad y Carrillo estuvieron atentos a mi caso. Después, en Los Ángeles, el cónsul Flores Caballero también estuvo pendiente de cómo se desarrollaba mi caso y recibí de él muchísimas atenciones. Al poco tiempo llegó en sustitución de Flores Caballero el profesor José Ángel Pescador, quien de inmediato se dio cuenta de que yo no era el principal objetivo de este penoso asunto, sino que todas las baterías estaban enfocadas al licenciado Luis Echeverría, a través de mí, porque en los tres juicios a que me sometieron se hablaba más de él que de mi persona. Además, con el cónsul Pescador fueron varios de los potenciales testigos para informarle cómo la DEA los tenía amenazados si no declaraban en mi contra.

Después llegó Fausto Zapata, de infausto recuerdo, a quien yo conocía de mucho tiempo y eso me alegró, pensando que mi gobierno lo enviaba para ayudarme más, pero cuál fue mi sorpresa que mi conocido Fausto Zapata ha sido el único que no se preocupó por mi caso y a pesar de muchas promesas de ir a verme y platicar conmigo, jamás, jamás se paró en el Metropolitan Detention Center y me causó gran desilusión.

La verdad es que si no fuera por Pescador, que desde 1990 hasta la fecha se ha preocupado, porque sabe cómo me han tratado y le constan como a nadie las irregularidades, los testigos falsos, mi gobierno nunca se hubiera preocupado por mi caso, como desde hace unos diez meses lo viene haciendo.

También quiero hacer mención de Manuel Pérez Cárdenas y de Rodolfo Figueroa, cónsules de Houston, Texas. La PGR sólo se preocupó cuando estaba el licenciado Ignacio Morales Lechuga, pero a partir de él, ni Valadés, ni Carpizo, ni Lozano Gracia, ni Madrazo Cuéllar han hecho algo por mí, aunque en sus archivos no exista ningún antecedente criminal mío.

12. *Protagonista de este caso tan sonado, usted debe saber si, como se dice, el licenciado Manual Bartlett estuvo presente en la casa de Guadalajara, donde se presume torturaron y mataron a Enrique Camarena. Por favor, puntualice este asunto.*

Yo no puedo saber si el señor licenciado Manuel Bartlett estuvo presente en la casa en donde se presume que torturaron y mataron a Camarena, ya que se supone que a Camarena lo secuestraron el 7 de febrero de 1985 y yo vendí la casa al señor doctor Rubén Sánchez Barba el día 22 de diciembre de 1984 y firmé las escrituras y recibí el pago el día 9 de enero de 1985. Yo jamás volví a pisar la casa después del día 23 de diciembre de 1984, por lo tanto no puedo, porque no me consta, contestar su pregunta.

Por otra parte quiero informarle que al señor licenciado Manuel Bartlett no lo conozco personalmente, ni nunca tuve ningún trato directo o indirecto con él. Al igual, le informo que al señor general Arévalo Gardoqui no lo conozco ni en persona ni he tenido ningún trato con él, por lo que puedo asegurarle que todas las declaraciones en el sentido de que nos veían juntos son dolosas y falsas.

13. He sabido que Héctor Cervantes, el testigo presentado en la Corte Federal para acusarlo, fue comprado por la fiscalía estadounidense, que incluso le dieron un plano indicándole dónde estaría usted sentado durante las audiencias para que lo señalara. Explique, por favor, si es cierto y cómo fue que lo supo. También dígame si es correcto que esta persona está dispuesta a rectificar su declaración aun a costa de ir a prisión por haber declarado bajo juramento.

En las declaraciones que el señor Cervantes hizo a mi investigador y a mis abogados, podrá ver que fue comprado para declarar puras mentiras ya que él no me conocía. Lo del plano de dónde estaría yo sentado me lo dijeron tanto el señor Pescador como el licenciado Jaime Blancarte. Le puedo asegurar que en la Corte yo me quise sentar en diferentes sillas y los marshalls me indicaban siempre la misma silla. Por favor saque usted sus conclusiones.

Yo sé, por José Ángel Pescador y mi hermano el licenciado Álvaro Zuno Arce, que Cervantes está dispuesto a declarar bajo juramento, aun a costa de ser acusado de perjurio y metido a la cárcel, y yo espero que sea así, ya que supongo que una persona que ha actuado de esa manera no podrá vivir con su conciencia tranquila. Yo jamás he hablado en mi vida con Cervantes, ni antes, ni ahora.

14. ¿Qué papel jugaron como testigos Jorge Godoy López y René López Romero en el juicio contra usted y cómo fue que llegaron ellos al proceso?

El papel que jugaron Godoy y López fue de marionetas además de mentirosos y comprados, porque los asustaron de meterlos en la cárcel de por vida, ya que la DEA sabía que ellos sí habían intervenido en el secuestro de Camarena y en el asesinato de otros estadounidenses en México, como lo declararon en la Corte y los tienen como héroes. En la copia de apelación podrá usted ver cómo llegaron al juicio en mi contra y cómo los consiguieron.

15. ¿Qué opinión tiene de los fiscales Jorge Godoy y John Carlton? ¿Es cierto que fueron asesorados por la DEA para acusarlo?

Su pregunta tiene nombre equivocado porque Jorge Godoy fue testigo y no es fiscal, probablemente usted se refiere al señor Manuel Medrano. No; la DEA fue asesorada legalmente y en forma dolosa por los fiscales Medrano y Carlton. Usted podrá verlos en los dos documentos que le envío, la declaración de Cervantes y la última apelación.

16. Después de todo el tiempo que ha vivido encarcelado, ¿quién cree que asesinó y por qué a Camarena Salazar?

Como he vivido encarcelado, he estado limitado de información y comunicación como usted debe comprender, pero aquí le adjunto unas declaraciones del mismísimo jefe del Grupo Leyenda, Héctor Berrellos, que hizo a la revista *Briarpatch* de Canadá, que por sí solas se explican. Yo jamás he tenido tratos con la CIA (a confesión de parte, relevo de pruebas).

17. Si tuviera frente a usted al presidente Bill Clinton de Estados Unidos, ¿qué le diría?

Yo le diría al señor presidente Bill Clinton: no le pido clemencia, le pido que ordene una investigación profunda de mi persona y de las gentes que han intervenido en mi caso, tanto fiscales, como agentes de la DEA y de los ex policías del estado de Jalisco y también le diría, como dijo don Benito Juárez: justicia a secas, señor presidente Clinton.

18. ¿Y al presidente Zedillo?

Al presidente Ernesto Zedillo le diría: en las agencias policiacas del gobierno de mi patria consta que yo no intervine en el asunto Camarena y ya es tiempo de que se me defienda como a un simple mexicano, como lo han hecho para defender a criminales sentenciados a muerte y que recuerde que mi sentencia es también a muerte, pero lenta, muy lenta, y que yo no soy ni he sido un criminal.

19. ¿Cree usted que la DEA *sabe quién mató a Camarena y por qué? Si es así, detállemelo por favor.*

Yo no tengo contacto con la DEA, pero el recorte que le envío señala quién fue el responsable. Desgraciadamente no puedo detallar porque carezco de la información, yo creo que usted tiene mucho acceso a esa agencia por sus investigaciones y desenmascaramiento de los cárteles mexicanos del narcotráfico.

“HOY MI PLAYA SE VISTE DE AMARGURA...”

Me imagino por qué mataron a Paco Stanley y de una cosa estoy seguro: los asesinos fueron profesionales y definitivamente actuaron por órdenes de alguien. Acostumbrados como estamos en Tijuana a esta clase de ejecuciones, el método seguido con Stanley tiene mucho parecido en la forma, no en el fondo. Paco fue seguido seguramente durante varios días, conocieron sus movimientos diarios, su rutina de trabajo y los lugares que visitaba; de tal forma, consideraron más conveniente el asesinato precisamente donde lo realizaron; nadie los pudo ver de inmediato y menos detener. Los pistoleros tuvieron la oportunidad para interceptar primero su vehículo, bajarse rápidamente como lo acostumbran los sicarios y dispararle con efectividad a poca distancia precisamente para no fallar; luego, pudieron escapar sin mayores problemas por una sencilla razón: ya tenían estudiado que en el lugar del crimen no los seguiría nadie sabiendo que iban armados y menos perseguirlos en un puente.

Con la tragedia de Stanley se confirma la regla en esta clase de agresiones: las víctimas jamás saben cuándo, cómo y dónde serán atacados; en cambio los pistoleros tienen la gran ventaja de actuar en el momento que consideran preciso. Así sucedió con José Francisco Ruiz Massieu; lo tirotearon precisamente en el lugar donde su posición era más vulnerable, y en el momento más cercano de lo preciso. Si el victimario del político hubiera tenido de inmediato un auto en el cual subirse y escapar, seguramente a estas alturas no estaría en prisión. Lo capturaron en lo que fue una mezcla de torpeza por su parte y de audacia y decisión ejercida sin titubeos por un policía; y también porque lo dejaron solo.

Es indudable que en la operación para asesinar a Stanley no actuó uno ni dos hombres, como se pudiera pensar. Un chofer y un armado, no; fueron más. Los que le vieron salir desde su casa y lo siguieron, los que se dieron cuenta cuando abandonó la televisora y los vigilantes con toda seguridad a los extremos de la calle donde se cometió el crimen luego que salió del restaurante. Lo inexplicable es la ausencia de vigilancia en esa zona. Se supone que en un área cercana a la empresa televisora como la Azteca, debe existir la custodia por dos razones elementales: una; cualquier figura pública genera controversias, intencionalmente o no tiene admiradores como enemigos; y dos; siendo la televisora un medio de comunicación tan importante, tan sensible, es precisa la vigilancia.

En el trágico cuadro de una cosa hay seguridad: Stanley no temía un ataque de tales dimensiones, desde el momento mismo en que se estaba moviendo con absoluta naturalidad; y también pone muy en claro que la escolta para protegerlo no sirvió de nada. Normalmente estos custodios al servicio de un personaje se convierten más en servidores, canchanchanes, que en verdaderos guardaespaldas, en auténticos custodios. Se remiten por la celebridad del personaje, abrir puertas, estacionar el auto o llevar recados. En tales condiciones no se puede aceptar bajo ningún motivo que una escolta de dos, tres o cuatro se quedó pasmada ante la actuación de los asesinos.

Esto confirma que los pistoleros estudiaron con detenimiento todos los movimientos hasta considerar que los custodios de Stanley no presentarían peligro alguno. Si no pudieron evitar la intercepción del vehículo y los disparos, por lo menos debieron de haberles seguido a como diera lugar, sabiendo que otras personas estarían pendientes de atender a las víctimas. No lo hicieron; eso se puede interpretar solamente de dos formas: miedo o incapacidad.

Pero de lo que no hay duda es del objetivo perseguido por los sicarios: ejecutar única y exclusivamente a Stanley; falta saber los motivos. Para empezar, el del robo quedó descartado; no se llevaron el vehículo en que lo transportaban, ni le robaron lo que llevaba, tampoco fue un intento de secuestro porque precisamente ésa no es la mecánica. Se descartó igualmente que el asesinato tuviera como punto de referencia su actividad estrictamente profesional proyectada en las pantallas. Nunca tocó temas delicados porque el suyo era un programa de entretenimiento y no de crítica o investigación. Es insospechable el motivo.

Y en esa ausencia de vigilancia resalta igualmente que jamás se dieron cuenta ni Paco ni sus colaboradores, ni sus permanentes o casuales acompañantes, de las ocasiones en que Stanley fue vigilado por sus asesinos durante los días anteriores a su ejecución. Vi y escuché Televisión Azteca y Televisa luego del asesinato y muchas personas se quejaron de la inseguridad que existe en el Distrito Federal, pero la lógica anota en este caso que no se trata precisamente de un acto producto de esa gran falta que sufre la sociedad. No; los asesinos fueron directamente a la ejecución. Además, la etiqueta profesional de los ejecutores contrastó notablemente con la confianza de la víctima.

En Sinaloa y en Baja California, en Ciudad Juárez y en Tamaulipas, en Guadalajara y Nuevo León, el número de ejecutados ha sido muy alto. Aunque en estas acciones criminales tienen el común denominador del narcotráfico, el de Stanley también encuadra por una razón que los hechos y el tiempo lo confirman: nunca se detiene a los culpables.

La experiencia que se ha vivido en esta clase de ejecuciones es clara en dos puntos: 1) Los investigadores no siguen a fondo el asunto porque son los primeros enterados de quiénes fueron los autores materiales e intelectual o intelectuales. No me equivoco en afirmar que desde el momento mismo en que sucedió el asesinato, hubo policías que ya sabían quiénes fueron. Podría suceder que algunos ex agentes hayan tomado parte. 2) En algunas ocasiones la policía, con tal de zafarse de la presión pública, detiene a cualquier persona y le achaca el asesinato. El circo con Bezares, Paola y demás lo confirma; se gastó más tiempo de investigación en minucias frívolas y tinta en referencia de escándalos.

El caso de Stanley obliga a un esclarecimiento, no puede caer en el olvido como otros asesinatos. Y me viene al recuerdo una ejecución con tanta facilidad como la que tuvieron, en la Zona Rosa del Distrito Federal, los asesinos de Manuel Buendía: en el lugar preciso y en el momento preciso.

Gustavo Gálvez, ejecutado en México. Defensor de Jesús Labra (foto *Cuartoscuro*).

Cuerpo del licenciado Gustavo Gálvez tirado en una colonia del Distrito Federal. Era defensor de Jesús Labra (foto *Cuartoscuro*).

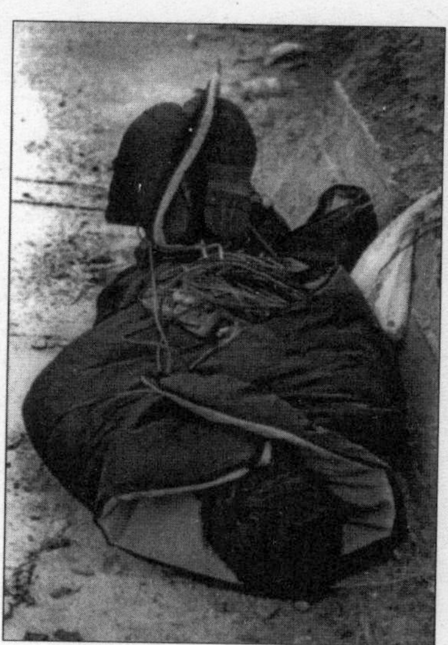

Los famosos
encobijados
(foto Alex Cossío).

Guarida de los guardaespaldas en la casa que ocupaba
Francisco Arellano Félix en Tijuana en 1993
(foto César René Blanco Villalón).

La recámara principal de Ramón Arellano Félix en Tijuana (foto Archivo *Zeta*).

Caja fuerte en la casa de Ramón Arellano Félix en 1993 (foto Archivo *Zeta*).

Desordenada recámara tras la captura de Francisco Arellano Félix en Tijuana (foto César René Blanco Villalón).

Jesús Labra al ser capturado en Tijuana (foto *Frontera*).

José Contreras Subías al regresar a Tijuana en 1998 (foto César René Blanco Villalón).

La ejecución de Contreras Subías. Su camioneta blanca al fondo (foto César René Blanco Villalón).

La casa de Ismael Higuera "El Mayel", donde fue capturado en marzo de 2000, en Ensenada (foto Enrique Botello).

Desde las suburbans se tirotearon el 3 de mayo de 1994. Se salvó Francisco Javier Arellano (foto Ramón T. Blanco Villalón).

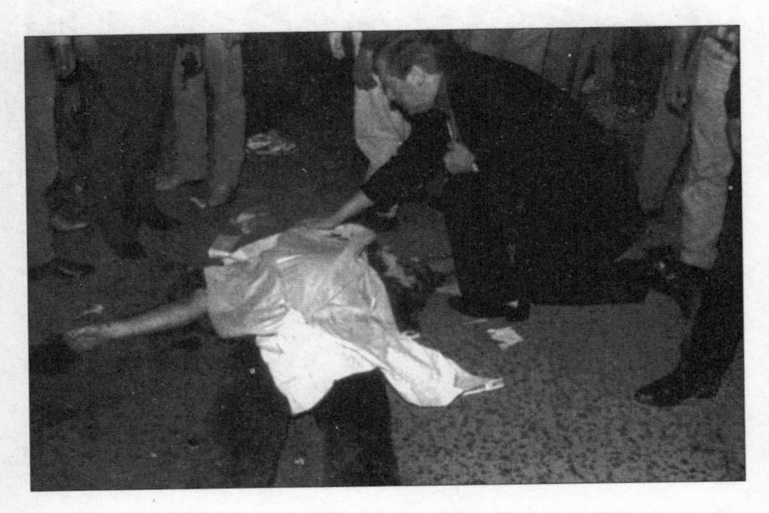

El obispo Berlié Belaunzarán bendiciendo un cadáver tras el tiroteo del 3 marzo de 1994 (foto Ramón T. Blanco Villalón).

Yate que usaban asociados del cártel Arellano Félix decomisado en San Diego, California (foto cortesía del FBI).

Casa donde vivían asociados del cártel Arellano Félix en Bonita, California (foto cortesía del FBI).

Uno de los negocios del suegro de Benjamín Arellano en Tijuana, ya desaparecido (foto César René Blanco Villalón).

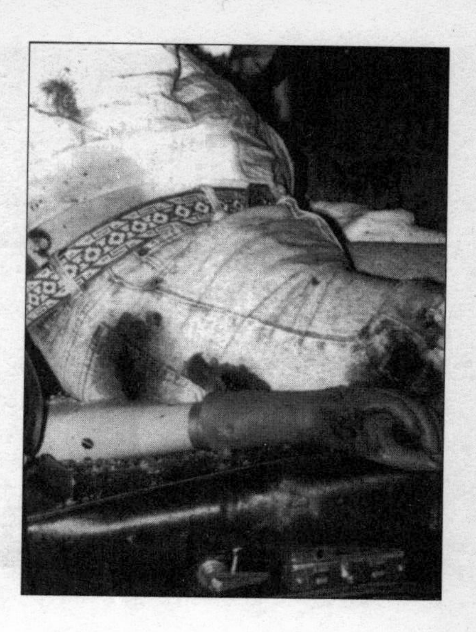

Esta foto y las tres siguientes corresponden a la ejecución de siete personas realizada por Ramón Arellano y pistoleros de "Mayo" Zambada y "El Güero" Palma en Tijuana (fotos César René Blanco Villalón).

AHR 280

Rubén Zuno Arce.

Fincas recién remodeladas y habitadas. Avenida Faro 2378 y 2383, Bosques de la Victoria, Guadalajara.

Finca en remodelación sin habitar. Calle Islote 2687, Bosques de la Victoria, Guadalajara.

A espaldas de la finca se observa una gran antena de comunicaciones. Se ignora a quién pertenece, pues sólo son residencias.

Avenida Faro 2496, Bosques de la Victoria, Guadalajara. Ahí vivieron en su juventud los hermanos Arellano Félix y su madre.

Calle Coral 2688, Residencial Victoria, Zapopan. Ahí vivieron las hermanas Arellano Félix. Recordada como la Casa Rosa.

Finca Lechuga 1333, esquina con avenida Faro, Bosques de la Victoria, Guadalajara.

Residencia con jardines y alberca, 2 276 m^2.

Actualmente ocupada por el centro de rehabilitación para adictos a las drogas Alcance Victoria, A.C.

"EN LA VIDA HAY AMORES..."

A veces había muchos ejecutados al mismo tiempo en Tijuana, tantos como para no poder ser atendidos por los forenses; prácticamente se les amontonaban. En 2001, los médicos mandaron a la fosa común casi a cuarenta cuerpos, todos sin identificar. La mayoría hombres, treintañales y normalmente con un tiro en la nuca, o muchos de ametralladora. Me imagino que fueron sinaloenses, michoacanos, sonorenses, posiblemente de Jalisco. Pero casi todos fueron soñadores, creyeron volverse adinerados. Como que los oigo platicando: "Con esta 'mota' nos vamos a Tijuana. La vendemos a los gringos o a los 'polleros' y la vamos a hacer". Pero nunca pensaron que morirían por tal atrevimiento.

Los Arellano Félix tuvieron y tienen sus reglas, muy sencillas, para tratar a los improvisados narcotraficantes. Deben solicitar permiso para llegar a San Luis Río Colorado, Mexicali, Tecate, Ensenada, Rosarito o Tijuana. Si traen poca droga es necesario pagar comisión, llamada también "derecho de piso", tal como si fueran vendedores ambulantes; pero si transportan 10 kilos de cocaína o 500 de mariguana, entonces ni pidiendo permiso les vale: los matan.

Hasta marzo de 2000 el encargado de ejecutar a esos atrevidos y novatos narcos fue Ismael "El Mayel" Higuera. No existe ni tengo una cifra exacta de cuántos asesinatos ordenó y las veces que apretó el gatillo; tenía completa protección y complicidad policiacas, por eso los ajusticiamientos nunca fueron investigados. En general, las ejecuciones llegaron a más de 400 en 1999 y 2000, nada más en Tijuana. Conservadoramente se acreditarían unas 100 ó 200 por año a Ismael Higuera.

"El Mayel" fue capturado el 3 de marzo de 2000. Estaba en un hermoso chalet a las afueras de Ensenada; tenía varios días sin salir, tomando, comiendo y gozando bien acompañado de una atractiva colombiana; le acompañaban pistoleros e hijo, también con una damita.

Cuando los miembros del Ejército asaltaron la residencia, los encontraron a todos ebrios y desnudos. "El Mayel" tuvo tiempo de alcanzar su pistola; hizo varios disparos, pero estaba muy pasado de copas y por fortuna no hirió a nadie. El servicio de inteligencia militar primero lo ubicó y luego con prudencia detuvo a todos sin violencia.

"El Mayel" fue capturado como nunca se lo imaginó. Ordenó y pagó para traer a su novia colombiana; ésta invitó a una amiga. Cuando llegaron a México sus pasaportes no estaban en regla, pero los hombres de inteligencia militar en lugar de permitir su captura las dejaron seguir. Vigilándolas de cerca, las damas sin querer llevaron a los miembros del Ejército hasta el escondite de "El Mayel". No recuerdo de otro mafioso detenido ebrio, desnudo y con una colombiana en la cama.

"NO ME PLATIQUES MÁS..."

El doctor Humberto Álvarez Macháin fue hombre-noticia; avecindado en Guadalajara, con engaños, la policía estadounidense lo capturó y se lo llevó para encarcelarlo; fue relacionado con el asesinato del agente antidrogas Enrique "Kiki" Camarena. Estuvo varios años encarcelado; pero así como fue sorpresiva su detención, también la libertad.

Ya de regreso en Guadalajara recibió una visita: su sobrino Alfredo Brambila Álvarez, apodado "El Boiler", residente en Tijuana y afamado por ser un narcojunior del cártel Arellano Félix; negociaba con cocaína; Everardo "Kitty" Páez lo surtía, pero según eso no le fue muy bien; le llegó a deber mucho dinero a su abastecedor. Normalmente eso no se permitía, todo endrogado era ejecutado. Para su fortuna, "El Boiler" era camarada de Páez; le dio oportunidad de seguir traficando y pagar poco a poco lo atrasado.

Se recuperó, pero no cumplió con su compromiso; al contrario, construyó una residencia en terreno regalado por su padre. "Kitty" Páez se enteró sintiéndose lastimado, debió decirse para sus adentros: "Fue una traición".

Fue con Ramón a quejarse, hubo reunión del "Consejo de Jefes"; decidieron "congelarlo", no matarlo.

El cártel estableció sus reglas: una, nadie puede viajar sin autorización superior. "El Boiler" se fue a Guadalajara, se sirvió de su amigo Emilio Valdés para pedir permiso, visitó a su tío. A los Arellano les llegó información grave: trató de traficar por su cuenta desde Guadalajara.

En septiembre de 1994 "El Boiler" salía de su casa, se le acercó una Suburban blanca; "El Kitty" y Valdés Mainero lo invitaron a subir; al hacerlo, otros mafiosos en el interior lo atacaron; uno a batazos, otro casi ahorcándolo. Lo torturaron, murió; le arrancaron la piel de la cara; tiraron su cuerpo muy cercano a un *racquet* de la colonia Cacho en Tijuana.

Soltaron la versión: fue una ejecución ordenada por "El Mayo" Zambada, fortaleciendo su rumor por la forma de ejecución. La policía detuvo a ocho sospechosos, los liberaron, no pudieron probarles nada. Fue una maniobra de la Judicial para "desafanar" a los Arellano. La procuraduría terminó anunciando lo deseado por el cártel: "fue la gente de Zambada". En realidad, otro crimen sin castigo.

"YO TE LO JURO QUE YO NO FUI..."

No. Definitivamente nunca creí ni creo al narco culpable. La forma en que fue baleado el gobernador de Chihuahua no es su estilo; por eso don Patricio Martínez debe dar gracias a Dios. Si hubiera sido orden de la mafia ya estaría muerto; los capos nunca utilizan a personas desequilibradas para ejecutar, jamás a mujeres; las quieren mucho para enseñarlas a matar y arriesgarlas. Se sirven de hombres, entre los veintitantos y treintañeros, nunca cincuentones; todos con efectividad de 99.9%. Se fugan fácilmente luego de disparar, matar y rematar; sorpresa y rapidez los distinguen. Cuando funcionan solitarios, dos hechos los marcan: pocas veces utilizan revólver; es una torpeza eso de jalar el gatillo por cada disparo; prefieren las pistolas automáticas, calibres .38 o 9 milímetros; así pueden disparar desde ocho hasta doce balas con un solo apretón al percutor. El sicario debe tener la destreza para acercarse demasiado; sabe muy bien si con un balazo bastó, o es preciso hacerlo también al pecho para asegurarse: el segundo hecho.

Además, siempre son apoyados; de entrada, un auto preferentemente robado para huir, chofer y pistolero expertos para cubrir la retirada; huyen todos, normalmente dejan el vehículo a pocas cuadras o en alguna colonia cercana. Suben a otro no visto en el sitio del crimen; por ejemplo, una ejecución típica del narco, la de Paco Stanley.

Hay otro sistema; se utiliza más en Tijuana, Culiacán, Mazatlán, Los Mochis, Nuevo Laredo, Ciudad Juárez, Guadalajara y ahora el Distrito Federal: emboscar a la víctima a la salida o entrada en su casa u oficina, también en el trayecto, atravesando un carro que obliga al victimario a frenar y así queda fácil de blanco. En pareja o grupo descargan entre ochenta y doscientos disparos; utilizan el rifle automático AK-47, el famoso "cuerno de chivo"; en todos los casos, los matarifes normalmente desaparecen para siempre. Por eso escribo: afortunado el señor Martínez.

Contrariamente es la situación de Cruz Victoria Loya Montejano; actuó en el lugar menos indicado; no tenía oportunidad para escapar; cayó en el riesgo de ser muerta por reacción de la escolta; no utilizó pistola automática, traía un revólver viejo, a veces se encasquillan; por eso no lo usan profesionales. Además, nadie apoyó a Victoria, no había auto esperándola; capturada inmediatamente no habló; como dicen por a'i, parecía ida. Es más o menos el caso de Mario Aburto: pistola casi igual, condiciones imposibles para huir, instinto solitario; dispuestos ambos tanto a matar como a morir. Lo de Aburto está en suspenso, no se sabe ni ha dicho si fue inducido, pero Loya declaró "me ordenaron hacerlo"; y hasta refirió que si no, la matarían. Suponiendo sin conceder que esto fuera cierto, me inclinaría a un complot, pero hasta el momento a Victoria y a Aburto los une la coincidencia: tiradores solitarios en el lugar de los hechos.

Con todo eso me pregunto y no tengo respuesta: ¿por qué supuestamente querían matar los mafiosos a don Patricio? Mi hipótesis es que haciéndolo no ganaban nada;

al contrario, resentirían una obstinada persecución, y eso no ha sucedido; la policía de Chihuahua ha fracasado. Aparte, no es válido el móvil de que don Patricio "les puso el dedo" en la procuraduría durante el sexenio zedillista. Varios gobernadores lo hicieron: el de Querétaro, don Ignacio Loyola, utilizó un tono más fuerte; Enrique Martínez, de Coahuila; Fernando Canales Clariond, de Nuevo León y Tomás Yarrington, de Tamaulipas, fueron más allá: declararon la guerra a los mafiosos; eso sí es comprometedor. Y tratándose del señor Martínez, dijo que el procurador Madrazo no le hizo caso durante el sexenio pasado; entonces, ni los capos tenían de qué preocuparse. El gobernador de Chihuahua debió presentar una acusación formal ante el presidente Zedillo, que pertenece a su mismo partido.

Un par de hechos resucitó el caso dormido de don Patricio: tres meses después de que fue herido apareció la advertencia del FBI sobre un atentado. La tesis del procurador Macedo de la Concha al respecto es válida: tardía, sin sustento y por ello no creíble. El otro hecho fue la casual localización de dos cápsulas venenosas en la celda de Victoria en Chihuahua; esto es gravísimo; dado el delito cometido, no la vigilan continuamente. Aparte, los narcos nunca matan prisioneros de su mismo equipo y no hay prueba de que Victoria pertenezca a los cárteles de Carrillo Fuentes o del Golfo.

De tales hechos desembocó otro imperdonable: la desafortunada respuesta del presidente de la República al desesperado reclamo de don Patricio. Fox debió enviar un jet por él o mandarle al procurador, hasta pudo programar una escala en Chihuahua antes de ir a Canadá. El gobernador norteño se sintió lastimado; dijo que si hubiera sido un mandatario panista recibiría pronta atención. Esto me recuerda cuando tirotearon a medianoche la casa donde dormía la esposa del entonces gobernador Ernesto Ruffo Appel en Mexicali; siendo en aquellos días presidente el priísta Salinas, no prestó atención al incidente. Chihuahua es la calcomanía de Mexicali; Patricio la de Ruffo; Fox la de Salinas. Una cosa me atrae: la impericia de la Procuraduría de Justicia del Estado para resolver el asunto. Los policías expertos saben muy bien: caso no aclarado en 72 horas difícilmente es resuelto. Allí está el de Stanley y aproximadamente dos mil entre 1999 y 2000, nada más en Sinaloa, Baja California y Guadalajara.

Fue inaceptable la mecánica de la procuraduría chihuahuense; se revela incapacidad; tiene sobreviviente, testigos, arma, autora detenida y sus declaraciones clave. Esa tardanza de la procuraduría y la ausencia de energía del gobernador para exigir resultados han sido pasto para la especulación y la politización del asunto, ruidajo como en el caso Colosio, pero con menos volumen. De la obligada investigación se trasladó a la catarata de opiniones, más con factura de mala y no de buena fe. He visto cómo parientes o amigos de otros gobernadores fueron asaltados o agraviados; sus procuradurías capturan rápidamente a los agresores, y eso hasta provoca descontento popular. El ciudadano normalmente dice más o menos que "sí, como se trata de ellos luego luego actúan, pero cuando se trata de nosotros, ni caso nos hacen". Por eso considero en el caso de don Patricio a dos culpables: uno, la mujer agresora; dos, la ineficacia de la procuraduría estatal.

Y a la distancia me topo además con un choque de opiniones: para el caso tomo las declaraciones de don Patricio al diario *Reforma*. Dijo temer por un nuevo atentado y calificó el sufrido como un ataque a la democracia; pero también se refirió a que "calmamos aguas turbulentas donde había ganancia de pescadores como nunca antes se había hecho"; y más todavía: "quiero que vengan el presidente Fox y los miembros de su gabinete para que vean y comprueben el desorden que prevalece en las dependencias federales de Chihuahua, porque no es mi competencia arreglarlo". Sencillamente no veo relación entre un hecho y otros como motivos del atentado.

Así, don Patricio públicamente señaló tres motivos de su atentado y el procurador debería investigarlos: primero a "los de ganancia de pescadores que fueron calmados"; segundo, a esos "enemigos de la democracia"; y tercero, a los funcionarios federales provocadores del desbarajuste. Si el señor gobernador los apuntó, debe saber los nombres; y como mandatario tiene el deber de procurar por el orden en su estado, todo es cuestión de proceder; después de tantos meses del atentado no hay resultados sobre el origen. El señor Martínez no puede pasarse todos los días temeroso de ser asesinado, ni su procurador declarando sin ton ni son. En fin, termino esta narración como empecé: don Patricio debe dar gracias a Dios de que dispararle no fue orden del narcotráfico; con un pequeño agregado: la mafia sigue trabajando en Juárez tanto o más que en los momentos del atentado.

"VEN, MI CORAZÓN TE LLAMA..."

Gracias a que Rigoberto Campos fue ejecutado en Tijuana, Rafael Chao López pudo retomar el control de la plaza en Mexicali. Empezó siendo agente de la Dirección Federal de Seguridad y terminó sirviéndole a Miguel Ángel Félix Gallardo; por eso le dieron la "concesión" en la frontera.

Nunca se supo, y quienes se enteraron cerraron la boca y jamás recordaron nada, pero lo hecho por Chao no se ha repetido en el narcotráfico fronterizo. Durante las noches de 1989 y 1990 comisionaba a sus agentes, cerraban un tramo de la carretera Mexicali-San Luis Río Colorado, al fin toda plana y casi sin curvas, así de recta le servía mucho; también pedía auxilio de la Policía Federal de Caminos.

A salvo de tráfico el tramo cerrado, Chao daba instrucciones y sin problemas aterrizaban y despegaban las avionetas cargadas de mariguana y cocaína; inmediatamente las naves eran descargadas y trasladados los paquetes a camiones. Cada vez que había clausura en el tránsito, no pasaba de media hora o 45 minutos, entonces los agentes de la Policía Federal de Caminos explicaban a los transportistas y automovilistas: "Hay un accidente.

Estamos investigando y no se puede pasar, esperen un momento, por favor".

Cocaína y mariguana eran transportadas hasta el rancho de Francisco Carrasco. Este joven tenía una curiosa relación con los mafiosos mexicanos y los policías de Estados Unidos, la mayoría, avecindados en Calexico, la ciudad frontera con Mexicali. Casi todos habían sido sus compañeros en la escuela; curiosamente, entre ellos estaba el agente antinarcóticos de la Drug Enforcement Agency (DEA), Enrique "Kiki" Camarena. Chao era hombre de Félix Gallardo y trabajaba de acuerdo con Palma, Guzmán y Arellano. Todos estaban de acuerdo con que se auxiliaría con el almacén de Carrasco. Incluso rentaban el lugar y cobraban "derecho de piso" a Juvenal Gómez, los hermanos Sánchez y Manuel Beltrán Félix.

Chao y Carrasco después dieron su mal paso; la policía descubrió el rancho; el dueño fue detenido en Estados Unidos. Cuando los agentes federales entraron en su oficina, encontraron la foto de la secundaria; allí estaban los que después serían policías, narcos y muertos por ambos bandos.

Chao y Carrasco siempre estuvieron de acuerdo con Joaquín Guzmán, Zambada y los hermanos Arellano Félix, pero al dejar de operar "El Chapo" y "Mayo" se encargaron de la plaza con una condición: entregar una comisión a Benjamín y Ramón. Nadie se imaginaría en aquellos momentos: el retiro de Chao y los cambios de dominio abrieron la puerta a la enemistad hasta la muerte, para acabar con la unión de los ya famosos narcotraficantes.

"SI NOS DEJAN..."

Joaquín "El Chapo" Guzmán pidió a Ismael "El Mayo" Zambada invitar a Ramón y Benjamín Arellano Félix y aceptaron: vacaciones en Puerto Vallarta: buen hotel, trago, hembras "y esta noche nos vamos de parranda a la discoteca *Christine*. La vamos a pasar en grande. Es mi cumpleaños. Invité al comandante Mondragón. Es camarada". Un buen regaderazo, loción por todos lados, pantalón y zapatos blancos, camisa de seda, nada de camiseta; unos taquitos de carne "para que no nos caiga en frío el pisto". Visitaron el restaurante, pagaron y "vámonos, estamos listos".

Entonces empezó a funcionar la trampa: el comandante Mondragón llamó para disculparse; pretextó haber recibido "un pitazo". Según eso llegaría un cargamento de cocaína "y no es de ustedes, por eso hay que pararlo"; hasta les dijo: "van a desembarcar en Boca de Tomatlán". No pasó mucho tiempo y recibieron otro telefonazo, era "El Mayo" Zambada: "Me salió un 'jale', luego les platico. Vayanse a la discoteca. Ya di órdenes, los atenderán muy bien". Incluso dijo varias veces que los alcanzaría.

Benjamín se enojó y decidió no ir, pero Ramón estaba entusiasmado. "Vámonos", dijo a Everardo "El Kitty"

Páez; y fueron seguidos por David Corona Barrón "El CH", jefe de los pistoleros del Barrio Logan en San Diego, California; también Federico Sánchez Valdés y Fausto Soto Miller; atrasito Héctor y Manuel, "Los Pelones", cargando disimuladamente sus ametralladoras, todos escoltados por agentes de la Policía Judicial de Baja California. A punto de salir se les apareció Francisco Javier, "El Tigrillo", "¡yo también voy!", y se les unió.

Llegaron a la discoteca, los atendieron como reyes; en eso estaban cuando llegaron varios tipos malencarados. "El CH" los tanteó de pies a cabeza; descubrió que estaban armados, y que se pusieron en posición donde fácilmente dispararían; sin explicación dijo a Ramón, "El Kitty", Fausto y Francisco Javier: "¡Váyanse al baño!" Nada más se pararon y cuando iban entrando en los sanitarios, "El CH" sacó su escopeta; para empezar mató a dos; se hizo la balacera; corrió al baño, ordenó a Soto Miller desprender la rejilla del extractor; por allí empezaron a salir. De pronto entró uno de los enemigos, apuntó a Ramón en su escapatoria, no lo hubiera hecho; "El CH" lo dobló de un escopetazo, todavía tocó a uno más antes de fugarse.

Adentro, los escoltas judiciales bajacalifornianos no tuvieron la malicia de "CH": tres fueron tiroteados y entregaron su alma al Creador. El grupo de asalto se llevó a "El Tigrillo" Arellano; seguramente pensó que lo matarían; para su fortuna lo dejaron en las afueras de "Nuevo Vallarta"; le dijeron: "Contigo no es la bronca. Menos contra la familia". Y con él mandaron un aviso a Ramón: "La cosa es con él y nadie más". A los pies de "El Tigrillo" aventaron los cadáveres de sus escoltas. Cuando el menor de los Arellano llegó al hotel en los momentos en que sus hermanos lo pensaban muerto. Ramón se enojó tanto que maldijo a gritos a todos.

"NO SÉ TÚ..."

Me hubiera gustado verlos, vivieron tan cerca de mi casa y oficinas. Pero entonces, 1980,1990, eran más discretos; no tenían tanto poder, pero iban camino a lograrlo. Sin embargo no se le hizo a mis ojos, nadie les tomó una foto; hasta donde sé, "El Mayo" Zambada, Joaquín "El Chapo" Guzmán y los Arellano eran agua para café: todos vivían en Tijuana unidos bajo la recomendación de Miguel Ángel Félix Gallardo. Entonces, Jesús Labra Avilés conoció por razones familiares a los Arellano; le cayeron muy bien, obtuvo el beneplácito del capo prisionero para ir heredándoles la plaza de Tijuana; y así fue como crecieron en el narcotráfico.

He oído y leído por lo menos una docena de versiones sobre el fin de amistad y sociedad, cada quien la cuenta según se la dicen o la inventan. Otras narraciones de plano se desparraman en el terreno de la imaginación. Algunas se hundieron irremediablemente en la exageración.

"El Mayo" disfrutó en Tijuana tranquilidad y libertad, tan es así que nunca se le ubicó oficialmente en la frontera. Todo mundo lo hacía en Sinaloa, pero su lugar de operación más importante era la frontera. "Todos han vivido porque Dios es muy grande, pero el diablo le respiró sobre la nuca a Ramón y así le pasará a todos", me dijo un veterano del narcotráfico luego del fatal episodio de Mazatlán; sentenció: "Para vivir, necesitan matar. Es la ley. Tarde o temprano les tocará".

Originalmente estaba muy claro el trato: los Arellano heredaron Tijuana de Labra con la autorización de Félix Gallardo. "El Chapo" y "El Mayo" debían pagar comisión si querían utilizar el paso de droga por esa frontera. Viviendo allí. Zambada lo hizo cuantas veces quiso y en la cantidad que pudo; nadie le impidió pasar, pero Benjamín le llevó la cuenta. Los números fueron creciendo hasta que un día, palabras más palabras menos, dijo a Ramón: "Zambada ya nos debe veinte millones de dólares". Era 1992.

Le cobraron; reconoció: debo, pero no tengo. Se la pasaron un día, pasaron otros, aumentó la cifra. Para entonces quedó muy claro a los Arellano: trae mercancía, la pasa en nuestras narices, la vende; ¿y cómo no tiene dinero? Seguramente Ramón dijo "nos está viendo la cara"; y atrabancado como siempre, llamó a Lino Quintana, a Pedro y Juvenal. En su residencia del fraccionamiento Las Palmas de Tijuana les dio la orden: "Busquen al 'Mayo', no le digan nada, mátenlo; y si va con otros, también". Benjamín se quedó sorprendido, las referencias son claras; no quería esa revancha, mejor buscar un arreglo; pero Ramón insistió hasta salirse con la suya. "¡Mátenlo!"

Ni siquiera avisaron a Jesús Labra como padrino que era de ellos; tampoco le enviaron un mensaje a Félix Gallardo para buscar una negociación; nada. Fue la primera vez que los Arellano tomaron una decisión tan grave: el rompimiento.

De las palabras a los hechos: Juvenal, Pedro y Lino Quintana salieron tras "El Mayo"; iban en un auto por la avenida Las Palmas de Tijuana. Vino lo increíble; se cruzaron carro a carro con Zambada. Rápidamente, Pedro insistió en perseguirlo y acabarlo, Juvenal se opuso, le dijo que había muchas personas y autos en ese momento, que sería un escándalo; lo mejor, sugirió, sería seguirle los pasos, esperarlo hasta en la noche, nada de testigos, en su auto o al entrar en su casa.

Pero no; se hicieron de palabras, Pedro iba manejando y amenazó a su compañero: "Te voy a ch..."; el otro contestó velozmente: "¡Sobres!"; pero al mismo tiempo sacó su pistola; como en la película *Pulp Fiction*, le disparó a la cabeza. Pedro cayó sobre el volante; sin control, el vehículo se estrelló contra la tapia de una residencia, Quintana avisó por celular a Ramón; y Arellano inmediatamente llamó a la Policía Judicial. Los policías llegaron al sitio del accidente, cambiaron todo y no apareció en los partes oficiales ningún allegado al cártel. Sin saberlo, "El Mayo" Zambada se salvó de morir por un pleito entre los pistoleros arellanescos.

Fue un fracaso la operación ordenada por Ramón, pero no se escandalizó cuando Benjamín le bajó los humos. Los Arellano, al contrario de los resultados, no se emberrincharon; convocaron inmediatamente al "Consejo de Jefes"; era una especie de tribunal donde se decidían los asuntos más importantes del cártel; allí también se votaba a quién matar por cualquiera de tres motivos: desleal, incumplido con el dinero o enemigo. Originalmente Ramón "se brincó" esa autoridad, pero Benjamín le hizo ver la necesidad de tomarlo en cuenta; no quería indisciplinas. Así fue y llamaron a los "consejeros".

Arturo Everardo "Kitty" Paéz era integrante clave del famoso "Consejo de Jefes"; nunca tuvo pinta de malandrín, vestía bien, sin lujos pero de calidad, nada estrafalario; como dicen por a'i, siempre bien planchadito, ni encorbatado ni enjoyado, nada de ostentanciones, camisa de manga larga si era preciso, pero siempre corta durante el verano; le gustaban las de cuadros, pantalón tipo Docker's y zapatos cómodos, finos, caros. Solamente una vez estuve cerca de él y ni cuenta se dio; a primera vista parecía lampiño, cutis delicado y un poco chapoteado; la boca chica y nariz recta; sus cejas se pronuncian hacia abajo y eso le da un rasgo medio oriental. Cuando le vi, tenía pinta de universitario, como pasante de leyes o de medicina, tijuanense de pies a cabeza; entonces no tenía cuerpo atlético, pero sí correoso sin llegar a la flaquencia. Lo miré más o menos unos quince minutos, se movía sin alharacas; al contrario, buenos modales; aparte del español mastica el inglés con buena pronunciación.

Me imagino que si en otros cárteles existía un "Consejo de Jefes", ninguno debió tener alguien tan joven. Aparte, "El Kitty" resaltaba sin presumirlo; tenía un excelente trato con Ramón, de muy camaradas; con una distinción personal: logró retirar de la drogadicción al cuñado de Benjamín Arellano, Jorge Aski Ortiz Corona. Tenía 16 años y es medio hermano de Norma Ruth, esposa del capo, detenido por el Ejército el 9 de marzo en Puebla. Existe una anécdota: a Jorge no lo soportaban en su casa; le escamoteaban los dólares para comprar droga; a propósito se la dejaban "escondida" en los jarrones. En la familia existió entonces la suposición de "dinero llama dinero". Páez convirtió a Jorge en narcotraficante consumado, por eso tenía más cercanía que, por el compadrazgo, se afianzó con Benjamín.

Arturo Everardo "Kitty" Páez sabía perfectamente cómo funcionaba el "Consejo de Jefes". Precisamente propuso y obtuvo la aprobación en noviembre de 1993 para ordenar la ejecución del licenciado Lamberto Brambila Zavala; dispuso que los sicarios tijuanenses lo acribillaran cuando viajaba recién salió de su casa en un

Mercedes Benz; llevaba a su hija y a su sirvienta en el asiento trasero y no les hicieron nada; esto reúne fundamento para la hipótesis de que en ese conjunto asesino estuvieron Fabián Martínez "El Tiburón", Merardo León, Rodolfo Martínez Valdez y Fabián Reyes Partida.

Tres años luego, Páez logró la autorización del "consejo" para secuestrar y matar al joven tijuanense Marco Antonio Fernández Margáin en el Distrito Federal. Era nieto e hijo de relevantes empresarios tijuanenses; el joven estaba en la discoteca *La Llorona* del Distrito Federal el 8 de mayo de 1996; lo acompañaban varios herederos de sobresalientes empresarios de Baja California; ninguno hizo comentarios al regresar de la Ciudad de México; pistoleros interceptaron el vehículo donde viajaba Marco Antonio con sus amigos, los sicarios solamente llamaron a Fernández, se lo llevaron, luego lo torturaron hasta ahorcarlo y destrozar parte de su cráneo a batazos, con la finalidad de hacer creer que hombres de "El Mayo" Zambada lo habían matado, pues ése es su "sistema". El cuerpo de Fernández fue "encobijado", atado de pies y cuello y lo tiraron en los rumbos de Perisur del Distrito Federal.

Originalmente se solicitó un rescate de diez millones de dólares; el motivo fue que un pariente de Fernández denunció a la policía la ubicación de los domicilios de varios jóvenes asociados al cártel; esto les causó gran molestia. La PGR cateó las residencias causando sobresalto a los familiares. Había el plan de cobrar el rescate y dejar libre al joven tijuanense, pero Páez supo que la familia solicitó el auxilio de la policía estadounidense y entonces recibió aprobación para matarlo y deshacerse del cadáver. Jamás hubo acusación formal contra los autores material e intelectual de los crímenes; en ese tiempo fue cuando más sobornos recibía la Policía Judicial del Estado, directamente del cártel Arellano Félix.

El "Consejo de Jefes" estaba muy bien organizado; sólido. Jesús Labra, "Don Chuy", era el de mayor edad en el grupo, guía y consejero. Si se le calificara en términos artísticos o deportivos, se llamaría "el descubridor" de los Arellano, por eso fundador del cártel, lejos de la violencia y sin perder la influencia, sin muchos estudios pero con ojo de tino para los negocios; manejaba los dólares con harta lucidez, nada de gastalón en lujos, mejor en terrenos; llegó a tener inmobiliaria y puso a su hermano a manejarla; le dio lo que él no tuvo: estudios, abogado.

Otro consejero era Amado Cruz Anguiano; aparecía como un próspero hombre de empresa, pero no podía borrar su pasado; fue agente de la Dirección Federal de Seguridad. De la noche a la mañana resultó propietario de grúas al servicio oficial, un elegante restaurante, Viviana's, de refinada cocina y hasta un periódico, *Al Día*. Por su relampagueante prosperidad todo mundo suponía su liga con el narcotráfico, pero no se le podía comprobar. Era vecino en el fraccionamiento donde está *Zeta*; le encantaba encaramarse en su moto y rodarla entre los cerros, también aficionado al golf y los buenos automóviles, vestía bien. Me sorprendió cuando primeramente lo encarcelaron por líos fiscales; salió libre tras un corto tiempo; regresó a sus actividades empresariales, siempre apegado a su familia. Luego fue capturado por militares en relación con el cártel Arellano Félix. Tengo copias de actas oficiales donde se le señala como un jefe más del famoso consejo.

Ismael Higuera "El Mayel" era otro. No lo conocí personalmente, solamente me hicieron llegar fotos tomadas en diferentes épocas; pero hasta el momento no sé de otro como él para recibir y distribuir droga. Dicho en términos de la mafia, un efectivo "bajador" por aquello de localizar y estar en el lugar preciso a la hora del aterrizaje con la droga. "El Mayel" contrastaba con "El Kitty" Paéz, Chuy Labra y Amado Cruz; no vestía bien, era como Juan Charrasqueado, el del viejo corrido mexicano: borracho, pendenciero y jugador; aunque a las mujeres bonitas no se las robaba, en cambio sí acumulaba esas flores. Manuel Herrera Galindo "El Caballo" hizo méritos suficientes para ingresar al "Consejo de Jefes"; un experto operador de droga, hábil en los negocios, regenteador de importantes empresas, listo.

Tal vez algún día nos cuenten todos ellos o alguno, con detalles, aquel inolvidable día de 1990 cuando el "Consejo de Jefes" se reunió tras el fracaso en la ejecución de "El Mayo" Zambada en Tijuana. Todos estaban sentados en hilera, como si les fueran a sacar una foto escolar, de gabinete o recién graduados, muy formales bajo el techo de una casa en el fraccionamiento Las Palmas de Tijuana; frente a ellos y de pie, Juvenal, que recién había matado a Pedro, el sicario que insistió en asesinar a "El Mayo".

Como si fuera juicio sumario lo interrogaron y explicó todo; al terminar Benjamín preguntó a sus compañeros: "¿Quién saca la cara por él?", nadie abrió la boca. El mismo Arellano hizo una seña a Lino Quintana, que estaba detrás de Juvenal; desenfundó su .38 y le disparó a la nuca sin darle tiempo a defensa verbal ni física. Se derrumbó; en el piso, Lino soltó el tiro de gracia. La voluntad del "Consejo de Jefes" se cumplió.

Y con eso, quedó muy claro en aquel grupo: "El Mayo" Zambada dejó de ser socio; ya no le cobraron ni pagó los veinte millones de dólares. Desde entonces se le declaró enemigo, no tenía perdón. Desde entonces Ramón ofreció a sus pistoleros un millón de dólares y una tonelada de mariguana a quien lo matara; la oferta se hizo a sicarios de San Diego, California, y de Sinaloa principalmente. En fin, ésa fue la causa del rompimiento Zambada-Arellano, no hubo otra.

"¿Y QUIÉN ES EL QUE ANDA ALLÍ?..."

La primera vez que supe de los hermanos Arellano Félix fue en 1982 y ni en cuenta los tomé, pero luego los recordé en septiembre de 1985. Entonces, cierto informante me entregó una fotocopia del acta militar donde se les mencionaba como dueños de muchos kilos de mariguana confiscada. La historia es de película: agentes federales se enteraron de un almacén en la colonia Libertad, de Tijuana; estaba repleto de mariguana; realizaron la tarea de espionaje, lo confirmaron; se organizaron e inmediatamente se lanzaron para asaltar el lugar y decomisar la droga.

Pero se estrellaron: policías municipales estaban resguardando el almacén. "¿Y ustedes qué hacen aquí?" Informaron que tenían órdenes del Ministerio Público para cuidar. Inquietos, los policías investigaron y sabedores de para quiénes era la yerba, no quisieron ni olerla. Impotente, cierto agente de la PGR llamó a los militares; les dio seña de dónde estaba la bodega con la droga en Tijuana.

Los primero cumplidos y luego asustados vigilantes fueron llevados al cuartel; allí identificaron a las personas que entraban y salían de la bodega; naturalmente, los militares rápidamente capturaron a los denunciados, solamente faltaron dos: Benjamín y Ramón Arellano Félix. "¿Quiénes son?", pregunté a un experto policía. "No los conozco. Es la primera vez que los oigo".

Tiempo después, aparecieron muertos los policías que confesaron la propiedad; encarcelados como estaban, recibieron la buena noticia de que alguien logró su libertad, pero volvieron a la vida nada más para morir. Inédito este plan de asesinatos, no fue sino hasta pasado el tiempo cuando quedó en claro que tal era y es el sello de los Arellano Félix, desde entonces han pasado veinte años.

"Y TÚ, QUE TE CREÍAS EL REY..."

Eran muchos y harto conocidos; después, uno o dos por mes, a veces hasta tres, fueron ejecutados. Hoy son pocos y no se dejan ver; todos, más de una veintena, hijos de familias pudientes, las de más alcurnia en Tijuana, educados en el catolicismo puro de los maristas; todavía sin cumplir los veinte y unos apenas pasados, sus caras quedaron estampadas primero en los anuarios colegiales, luego era acostumbrado verlos unos años después en las páginas de sociales, casi casi como parte del inventario de las discotecas, y de allí brincaron inesperadamente a la sección policiaca de diarios, semanarios, revistas y televisión. Ahora, todavía no cumplen los treinta algunos, pocos los rebasan.

Fuera de los que murieron y los que aún existen, nadie sabe con certeza cómo el narcotráfico y los hermanos Arellano Félix sedujeron a estos jóvenes desde que estaban en la secundaria o la preparatoria para dedicarse a ese negocio, otros al vicio y los menos al crimen, a las ejecuciones despiadadas; por gusto o por capricho, por venganza, por lo que fuera, el chiste era matar. Así fue como nacieron, crecieron y se desarrollaron los afamados narcojuniors que colocaron a Tijuana en el mapa del desprestigio. El padre de uno dijo en cierta ocasión a un periodista: "Le di todo a mi hijo. Buena escuela. Buena ropa. Buen carro. Dinero. Apellido. Todo"; pero descorazonado remató: "lo único que no le pude dar fue poder". Así, la prosapia de sus nombres se convirtió públicamente en una mezcla de repudio y de fama.

Fecundada por la impotencia o la complicidad policiacas, esta generación, que traía las leyes divinas metidas en la cabeza desde pequeños, se distinguió en los últimos seis o siete años por ocasionar los más estremecedores crímenes y los más espectaculares movimientos del narcotráfico. Fundido su poder económico con el de los Arellano Félix, se volvieron intocables.

En 1996 hice un recuento de sus asesinatos. Lo mismo había nombres de sus compañeros que de policías y hasta de jovencitas. Eran más de veinte y en ninguno de los casos la policía siquiera inició la investigación. El catálogo era escalofriante; lo mismo mataron a uno de los suyos en Cancún, que a un subdelegado de la PGR con tres escoltas en la Ciudad de México.

Su poderío llegó hasta darse el lujo de ejecutar a un ahijado del ex gobernador del estado, licenciado Xicoténcatl Leyva Mortera, en territorio de Estados Unidos, también al familiar de un respetable agente aduanal; ambos crímenes con un común denominador: ni la policía estadounidense intervino. Los delitos permanecen sin castigo.

Otro ejemplo: por ser de buena familia, el cónsul de Estados Unidos aceptó de Fabián Martínez, conocido como "El Tiburón", una recomendación para incluir a un amigo como chofer. Todas las mañanas llevaba a los hijos del diplomático de Tijuana hasta San Diego para estudiar. En la Línea Internacional le daban paso preferencial y una sonrisa, casi se le cuadraban. Nunca se imaginaron que de lunes a viernes en la cajuela del auto iban valiosos paquetes de cocaína.

Fabián, hijo de un famoso ginecólogo, se volvió rico con esa operación; se retiró del volante y dejó en excelente punto sus relaciones con el consulado, pero antes eslabonó una cadena méxico-estadounidense para seguir con el negocio. Untó la mano de las policías de uno y otro lado de la frontera y se fue por otra vereda; hoy se le acreditan la mayoría de los crímenes.

Retraído cuando adolescente en la escuela, todos lo bromeaban y abusaban de él: "el clásico barco". Ahora los que se acuerdan de Fabián y saben qué hace, tienen miedo de encontrárselo. Para su fortuna, en marzo de 2000 quedó confirmado: "El Tiburón" murió en un enfrentamiento cuando pretendió acabar con otros mafiosos en Ciudad Juárez. Miembros de inteligencia militar lo reconocieron, mostraron las fotos del difunto a su familia y con dolor les confirmaron que era cierto. Fabián tiene un hermano diez años menor; le dicen "La Mojarra". También se metió en el enredo del narcotráfico; llegó a ser hombre de las confianzas en el cártel Arellano Félix. Infortunadamente pasará el resto de su vida en la prisión de La Palma; lo capturaron la misma noche que sorprendieron a Benjamín Arellano en Puebla.

Los narcojuniors tienen su distintivo; no son como los mafiosos de botas vaqueras con puntera de plata, ni texana de varias equis, ni cinturón piteado y menos aparatosas joyas colgando de cuello y muñecas. ¿Suburban con vidrios polarizados o *pick-up* super adornada? nada de eso. Lo menos que traen es BMW, a veces descapotable, corte de pelo moderno o resaltando el gel, camisa Versace y pantalón Giorgio Armani, zapatos Bally; elegantes como un maniquí de cualquier aparador en Beverly Hills; por eso andaban en las mejores discotecas y restaurantes, iban o regresaban del otro lado a la hora que querían y quieren; y naturalmente, los acompañan mujeres bellísimas estadounidenses o mexicanas.

Nadie que los vio en su plenitud se imaginó al ver alegres a los jóvenes en su auto último modelo, pero bajo el asiento delantero su "cuerno de chivo", una pistola Beretta o una carga de cocaína en la maleta.

¿Nombres? Hay más de muertos que de vivos, pero es una generación a punto de extinguirse, una generación que coincidió con los Arellano Félix cuando todavía no eran los afamados y perseguidos de hoy. Eran jóvenes que se reunían en el apartamento de los legendarios hermanos, como es común que suceda entre los jóvenes de cualquier parte cada fin de semana. La diferencia era que, con excepción de Benjamín y Ramón, los demás eran hijos de familias pudientes y estaban en una escuela católica. Pero entre reunión y reunión se fueron más que conociendo; tuvieron una gran suerte, el gobierno de Xicoténcatl Leyva Mortera los solapó y crecieron.

Cuando el poder se les subió a la cabeza de repente uno mataba a otro porque le había ganado la novia, o porque éste habló mal de aquél, o como por allí se dice, por quítame estas pajas. Pero también mataban por negocio, obedeciendo a los Arellano y, naturalmente, ganándose una buena cantidad de dólares. A los incumplidos los atiborraban de balas; a los traidores los mandaban al otro mundo; y a los que se atrevían a competir en el *business*, los convertían en clientes de las funerarias.

En suma, los narcojuniors fueron figuras míticas en Tijuana, un fenómeno que no se ha dado en ninguna parte del mundo. Jamás tantos jóvenes de familias tan adineradas estuvieron tan relacionados con el mundo de la droga, hasta se podría hacer una película de ellos; sería una historia de jóvenes entrando en el infierno por las puertas del paraíso.

Salieron tan vivamente organizados que la policía judicial del estado tenía comisionados especiales para que investigaran sus crímenes. El papel de los agentes era precisamente desvirtuar todas las pistas y dar largas a los casos hasta el grado de que ninguno de los cometidos desde 1996 ha sido resuelto. Llegaron a gastar hasta un millón de dólares a la semana para recibir la protección tanto de la procuraduría estatal como de la General de la República.

Cargan con el delito de asesinato narcojuniors como Emilio Valdés Mainero, hijo de un relevante militar emparentado con el ex presidente Miguel Alemán, actualmente detenido en San Diego, California. Alejandro Hodoyán Palacios, detenido por el general Jesús Gutiérrez Rebollo, quien lo entregó a la DEA y luego desapareció. Eduardo Paéz, detenido en Tijuana, internado en Almoloya y extraditado. El ya difunto Fabián Martínez "El Tiburón", Gustavo "El Tavo" Martínez, Federico Martínez Valdés, Merardo León Hinojosa, los hermanos Rotenhausler, Jesús "El Bebé" Gallardo. Muchos más, muchos.

Son de los que cierta noche tocaron a la puerta de un agente del Ministerio Público Federal y lo mataron por no redactar, como siempre, un acta en su favor; o a los que resultó tan fácil asesinar a su amigo boxeador Jesús Gallardo en los baños del restaurante del Holiday Inn de Toluca; o mataron por la espalda al ex delegado de la PGR en Tijuana, Arturo Ochoa Palacios, cuando corría en una pista deportiva, ante ojos de mujeres y hombres pudientes. También aniquilaron a los hermanos Olmos, empresarios de box que pretendieron competir con los Arellano; a sus condiscípulos Rotenhausler, Retamoza, Montero Videgaray y muchos más, sin contar a las decenas de federales y hasta miembros del Ejército.

Los narcojuniors fueron como los Arellano Félix; la policía estadounidense decía que estaban en México y la mexicana que en Estados Unidos. Una mezcla de riqueza y de poder; jamás en la historia el narcotráfico se infiltró tanto en la sociedad pudiente como en este caso.

Por ejemplo, Arturo Everardo "El Kitty" Páez, hijo de una familia modesta, se relacionó con otros herederos de pudientes. Logró amafiarse con los Arellano y hasta se matrimonió con una hija de relevante familia. Según los testimonios que tengo firmados, Arturo Everardo Páez tenía un importante cómplice en la PGR, delegación Baja California con sede en Tijuana: Arturo Cubillas. Éste prestaba sus servicios en esa oficina en 1993-1994. Su trabajo consistía en utilizar los vehículos de la PGR; se trasladaba en alguno de ellos al aeropuerto internacional "Abelardo L. Rodríguez"; allí esperaba algún avión en especial y del que previamente le detallaron las características. Recibía principalmente cocaína y anfetaminas, las subía al vehículo de la PGR y las llevaba a donde le indicaba Arturo "Kitty" Paéz. Normalmente, Cubillas utilizaba una camioneta Suburban blanca con las siglas de la PGR. Incluso en ocasiones se hacía acompañar de algunos agentes de la corporación para evitar problemas de revisión a la hora de salir o durante el trayecto. Páez utilizaba a otras personas para transportar la droga a Estados Unidos; principalmente, sus contactos estaban en Chula Vista, San Diego, National City y Coronado en California.

La policía estadounidense jamás les confiscó ni siquiera un gramo, pero el final de su historia es dramático: Cubillas murió ejecutado y Páez acabó preso de por vida en Estados Unidos.

"NO SÉ DECIRTE CÓMO FUE..."

Aparte de política, el licenciado Manuel Bartlett debería impartir clase a los gobernadores sobre cómo neutralizar a los narcotraficantes. Discreto como es, el ex secretario de Gobernación y ex gobernador nunca ha tratado públicamente el caso, pero me encontré con una referencia en las actas de la PGR. Un asociado de los hermanos Arellano Félix, ahora en prisión, confesó que Ramón estuvo viviendo unos días en Puebla, decidió "bajar" aviones repletos con cocaína en el municipio de Acatlán de Osorio, muy cerca de Huajapan de León, Oaxaca. El encargado de maniobrar era Manolo Rico "El Varilla". Para realizar todas sus operaciones, los mafiosos contaban con credenciales de la embotelladora Verónica Coolers; así se amparaban por si la policía los sorprendía, les dirían que se trataba de maniobras para surtir a la fábrica; esa empresa era propiedad de José Manuel Rico Sánchez.

Pero el gobernador Bartlett descubrió la maniobra, se puso muy enérgico; imagínenselo enojado. Por eso Ramón, Emilio Valdés Mainero y Fabián Martínez "El Tiburón" salieron inmediatamente de territorio poblano, se fueron a Michoacán y combinaron los aterrizajes programándolos en Tabasco y Campeche, precisamente en los ranchos propiedad de Miguel Ángel Rico Urrea. Para su infortunio, este hombre fue capturado y, como en las películas, nada más lo internaron en el Reclusorio Oriente y fue asesinado. Así, Puebla no fue territorio ni lugar de paso para las mafias mientras gobernó Bartlett.

"LAS BALAS PERDIDAS..."

Jorge Montero Aquino era un buen muchacho, lo conocí de lejecitos por ser mi vecino; su familia y la mía vivimos en la misma calle. Se me figuraba estudioso, no caía en el escándalo, tampoco le vi fachoso, jamás armado; bien vestido y limpio sin llegar a la elegancia. Una noche de junio de 1996 salió de su casa, caminó dos cuadras hasta la calle Los Ángeles; encontró a su amigo Benjamín Cervantes sentado en su BMW estacionado; se subió a platicar con él. De pronto se les emparejó un Gran Marquis; Fabián Reyes Partida, pistolero consentido de los Arellano se bajó, colocó la ametralladora a la altura de la cintura y les disparó; ni oportunidad de meter las manos tuvieron, allí murieron.

Una confesión de cierto asociado al cártel Arellano Félix y ahora en prisión lo explicó así: Benjamín estaba traficando droga por su cuenta y sin permiso. Le habían advertido que pagara "el derecho de piso" y no hizo caso, por eso lo mataron. El pecado de Jorge fue subir al auto para platicar; estuvo en el momento inoportuno y el lugar no indicado. Montero era un joven limpio de culpa y pecado, lejos del narcotráfico pero cercano a los jóvenes mafiosos; no por complicidad sino por amistad desde la infancia. La sinceridad lo empujó a la muerte. Luis Alberto Merardo León Hinojosa y su hermano ayudaron a este doble crimen; iban en el auto de donde bajó Reyes Partida. Fue un acto injusto, Montero no debió de morir.

“HAREMOS DE LAS NUBES TERCIOPELO...”

Los hermanos Arellano Félix fueron ampliando su poderío sin que autoridad alguna se los impidiera; al contrario, recibían un franco apoyo. En 2000, éste era uno de los muchos grupos que apoyaban al cártel:

Roberto Murillo Parra. Reside o residía en Puerto Vallarta. Es enlace de los Arellano Félix.
Salvador Murillo Parra. Tiene orden de aprehensión por portación de arma prohibida por un juez de Nogales. Vive en Durango y viaja a Ensenada.
Aureliano Murillo Parra. Estuvo residiendo en Ensenada. Desapareció luego de la detención de Ismael Higuera.
Delia Murillo Parra. Fue detenida en un cateo en su casa de Ensenada en 1996, pero quedó libre.
Florencia Murillo Parra. Es la que mueve más droga.
María de Jesús Murillo Parra. Se ha dedicado a la venta de heroína.

Otros hermanos que están en la banda:

Víctor Murillo Parra, Adolfina Murillo Parra, María Cristina Murillo Parra y Antonio Murillo Parra. Todos son hijos de Domingo Murillo, "El Tío", que movía mucha droga en Ensenada de los Arellano y al parecer se trasladó a Durango. Se ignora si regresó al puerto.

Hermanos Ríos Félix. Aparentemente tienen parentesco con los Arellano Félix. Son de Sinaloa y también dejaron de verse luego de la captura de Ismael Higuera.

Artemio Ríos Félix, "El Yaco". Se supone que ordenó en 1995 o 1996 la ejecución del cabo de Infantería Adrián Guerrero Ortiz, comisionado en la PGR de Ensenada o Tijuana.

Rodolfo Ríos Félix, Antonio Ríos Félix, Marcelina Ríos Félix, Trinidad Ríos Félix, Josefina Ríos Félix. Todos libres. Se ignora su paradero pero estaban o están moviendo droga.

Altagracia Ríos Félix. Se encuentra o estaba en la penitenciaría de Ensenada por delitos contra la salud. Fue esposa de José Luis Murillo Félix, arriba mencionado.

Réne López Coronel. Yerno de Domingo Murillo. Fue detenido en 1997 en un cateo en la calle Isla de Cedros 338 de Ensenada de la colonia Popular. Quedó libre y en marzo de 1998 se le detuvo por portar una escopeta calibre .12 recortada y tres paquetes de mariguana. Se ignora si está preso o libre.

Lourdes (sobrina de Murillo). No se tienen datos completos de su nombre, suponiendo que se trate de un hombre. Se dedica al cultivo de mariguana en la sierra de Juárez durante los meses de marzo, abril y mayo. Trae armas del Valle de la Trinidad y datos sin confirmar aseguran que lo hace a través de mujeres para que los miembros del Ejército no las revisen. También transporta mariguana y crystal.

Manuel (sobrino de Murillo). Se dice que se dedica a la venta de heroína.

Miguel Ángel Meneses Maciel. Le dicen "El Jefe". Durante veinte años fue comandante de la policía fiscal en Ensenada. Es compadre de Edgardo Leyva Mortera "El Bombi", hermano del ex gobernador del estado, licenciado Xicoténcatl Leyva Motiera. Acostumbraban reunirse en el hotel Corona de Ensenada, que se supone es propiedad de Jesús Labra, con Ernesto Corona, quien aparece como propietario del antes Corona y hoy hotel Plaza Internacional del boulevard Agua Caliente de Tijuana.

Naranjo. No hay más datos de este hombre, que fue detenido aparentemente entre 1996 y 1998 en Tecate. Confesó entonces que realizaba trabajos para Jesús Labra Avilés. No se sabe si está detenido o libre.

Banda de los Coronel. Sembradores de mariguana en el Valle de la Trinidad.

Capi Vidrio. Ex militar de la Fuerza Aérea Mexicana. "Baja" droga para los Arellano al sur de Ensenada.

Rafael Aguilera Carrillo. Ex comandante de la Policía Federal de Caminos en Ensenada. Trabajaba o trabaja para los Arellano Félix. Residía o reside en Ensenada. No se pudo precisar su ubicación correcta.

Loaiza. No hay más datos sobre su nombre. Solamente que era capitán de la Policía Federal de Caminos y en 1998 lo cambiaron al sureste porque fue detectado protegiendo a los Arellano y sus cargamentos.

Capitán Goñi. Suplió a Loaiza. No se pudo precisar dónde se encuentra.

“VOLVER, CON LA FRENTE MARCHITA...”

Nos sentamos frente a la mesita redonda que todavía usa Vicente Fox en el despacho presidencial de Los Pinos. Entonces no tenía la montura y computadora como la lució el guanajuatense; y que, entre paréntesis, desentonaban. Estábamos sobre el piso alfombrado y no enduelado que dispuso el panista. El presidente de la República Ernesto Zedillo tenía en medio de aquella mesa una pluma fuente “gordita” y negra Mont Blanc, también un tarjetero. Pidió y nos sirvieron tazas de café. Vidriera de por medio el jardín, enseguidita la monumental pintura de Juárez que don Vicente ordenó descolgar para poner la de Madero. Habíamos iniciado la plática a las ocho y media de la mañana en el salón de acuerdos, pasillo de por medio; estuvimos viendo unos videos grabados en Lomas Taurinas, luego nos fuimos a su despacho.

De repente el presidente me preguntó por qué si decomisaban mariguana y cocaína no capturaban a los narcotraficantes. Enterado como estaba y no por salir del paso, le respondí con varios ejemplos que hoy resumo: el Ejército descubre y decomisa toneladas de droga en los retenes, principalmente cercanos a la frontera; inmediatamente consigna a la PGR; un agente del Ministerio Público Federal detalla kilos y gramos de la carga; marca, año, color y tipo de vehículo; nombre, lugar de nacimiento, de residencia, estado civil, religión que profesa y grado escolar del chofer detenido, igual en caso de llevar asistente o cargadores. Lueguito inician la averiguación, llaman a la prensa, presumen de la captura "con el apoyo del Ejército", colgándose así la medalla. Se lucen otra vez con las "quemas", hacen declaraciones antes y después; pero hasta allí nada más.

No investigan quién remitió la carga; si fue cosechada en suelo mexicano o traída del extranjero, tampoco dónde fue comprado el vehículo, por quién, si a plazos o al contado. Nunca interrogan al chofer, la declaración parece producto de un "machote"; normalmente "confiesan" no conocer a la persona que los contrató, ni tampoco al destinatario; simplemente que les pagaron equis cantidad y punto. "Nada más iba a descargar y allí dejaba el camión para regresarme en autobús", dicen algunos; otros aseguran haber recibido el encargo de volver al punto de partida. No, a ningún domicilio, simplemente en el mercado, en la plaza o en cierta avenida. Jamás he visto una investigación formal de la procuraduría; con tantos cientos y cientos de confiscaciones, es increíble que no hubiera un solo caso donde dieran con la solución.

Pero no; se remiten a quemar la droga; confiscan el vehículo y encarcelan al chofer. Allí termina todo; la investigación se paraliza como estatua de sal. Ah, y sucede casi siempre lo mismo: los detenidos la pasan cómodamente en prisión, los defiende un buen abogado. A veces los liberan rápidamente; otras, tardan un poquito; y a sus familias nunca les falta nada. Son, al fin, como lo más delgado por donde se revienta la hebra.

Recuerdo al presidente Zedillo cuando le conté todo eso; se enojó, tomó la Mont Blanc, anotó en una tarjetita; previo "perdóneme un momentito" se paró, fue a su escritorio, tomó el teléfono rojo; marcó; cuando hizo la primera llamada me paré para dirigirme al otro extremo del despacho; colgó y volvió a marcar, terminó de hablar y fui a sentarme nuevamente.

Jamás imaginé sufrir en carne propia mis comentarios de aquel día en Los Pinos. Mi compañero y escolta Luis Valero Elizaldi fue asesinado en noviembre de 1997; pasó igual, luego de ser tiroteado por sicarios del cártel Arellano Félix, los agentes del Ministerio Público fueron al lugar de la tragedia, tomaron medidas desde donde calculaban que dispararon, marcaron el piso donde se encontraban los casquillos, también las paredes donde se incrustaron las balas, las rejas de las casas rebanadas por los proyectiles; tomaron fotografías de la víctima y del auto que conducía, hablaron con testigos, tomaron declaraciones aquí, allá y más allá. Dos o tres días después reconstruyeron hechos, se publicaron informaciones y notas; me interrogaron una, dos, tres y no sé cuántas veces. Al final, nada.

No tengo duda; nadie en la PGR mueve un dedo para investigar este homicidio; sobran pistas, abundan las identificaciones, conocen los domicilios, tienen identificados a sus parientes; no ignoran los nombres de los atacantes, pero no se atreven a detenerlos. Vienen y van a Estados Unidos, viajan a Guadalajara, se emborrachan en Sinaloa, en Michoacán y Oaxaca; son intocables. La PGR no se atreve ni siquiera a mencionarlos.

La Comisión Nacional de los Derechos Humanos realizó una excelente investigación. Las órdenes de la entonces presidenta y doctora Mireille Roccati fueron bien cumplidas. La conclusión, con hechos, fue una recomendación al gobierno del estado de Baja California. Investigar civil y penalmente al entonces procurador de justicia, licenciado José Luis Anaya Bautista. El gobernador turnó el asunto a la contraloría.

Legal y lógicamente no hay explicación a por qué ordenó retirar la escolta de agentes precisamente el día del tiroteo. El contralor lo justificó con rebuscamientos legaloides. Increíble: afirmó que no tenía responsabilidad para proteger a particulares, y sospechosamente pasó por alto un punto clave: el procurador ofreció la custodia sin haber sido solicitada.

La contraloría del estado originalmente me solicitó un informe de los gastos por funeral, vehículo, hospitalización y demás, causados por la emboscada de pistoleros. Nunca supe el fin dado a su requerimiento contestado; finalmente, respondió a la Comisión Nacional de los Derechos Humanos: no hay delito. El procurador, que ya no lo es, no tuvo responsabilidad.

Así, ni la PGR, ni la FEADS, ni la UEDO, ni la Comisión Nacional de los Derechos Humanos han logrado un mínimo resultado después de casi cuatro años. Una realidad es irrebatible: el crimen de Luis Valero Elizaldi, mi escolta y amigo, no se toca. El motivo es claro: no se investiga por pleno conocimiento de la autoría intelectual y material: el cártel Arellano Félix; por eso no pueden perseguir a sus pistoleros. La duda es si no lo hacen por ser cómplices o si no se atreven por miedo.

Igualito como aquel día comenté al presidente Zedillo: mucho impresionismo, hartas declaraciones, chorro de fotos en la prensa, videos en la televisión, comentarios en el radio; y al final, nada. Me queda clara una cosa: no hay nada más poderoso en México, ni el presidente, que la muerte causada por el narcotráfico.

"HUELES A LIMPIA TIERRA MOJADA..."

Iban por la calle Vallarta de Guadalajara, una, dos, tres Suburbans, todas nuevecitas, tanque lleno, aceite suficiente; llantas con poco recorrido y a la debida presión, alineadas, casi volando. Ni falta les hacía abrirles paso, daban la impresión de ser federales. En el interior, Fabián Martínez "El Tiburón", Merardo León Hinojosa, Federico Sánchez Valdés, Francisco Cabrera Castro, Emilio Valdés Mainero, Fabián Reyes Partida y "El Lobo" Hodoyán Palacios; todos, narcojuniors; unos, pistoleros estrellas del cártel Arellano Félix; en la camioneta de en medio y bien protegido: Ramón.

Esta pandilla ocupó primera clase de Aeroméxico en dos vuelos directos Tijuana-Guadalajara. Tres años antes hicieron lo mismo; entonces tantearon atrapar y matar a Joaquín "El Chapo" Guzmán; y todos sabemos: terminaron asesinando al señor cardenal don Juan Jesús Posadas y Ocampo; por equivocación, pero lo mataron. Esta nueva "expedición" a Guadalajara fue cuando les avisaron que Amado Carrillo Fuentes, "El Señor de los Cielos", visitaría Guadalajara. Rentaron una casa frente a la que supuestamente ocuparía el capo sinaloense, querían sorprender a su escolta y matarlo; por eso fueron los pistoleros; nunca se reveló ni supe quién o quiénes advirtieron sobre esa visita.

Los sicarios y sus patrones se pasaron esperando una semana; Amado nunca llegó; entonces decidieron regresar, y cuando iban por la transitada Vallarta se dieron cuenta: los seguían, era una Suburban negra, una *pick-up* amarilla y un auto. Al pasar frente al Parque Colores, decidieron pararse y enfrentarlos. Fabián Reyes, experto en asesinatos y asaltos, fue el primero en sorprenderse. "Saben tirar muy bien", y otro dijo "eso quiere decir que son militares". En medio de la balacera se dijo "mejor vámonos", pero Ramón, inquieto y enojado, ordenó "¡mátenlos a todos!" No hubo de otra, siendo mayor número los mafiosos y pocos los militares, acabaron con ellos y se fueron. Al otro día los periódicos confirmaron: los perseguidores eran miembros del Ejército mexicano.

Pero no terminó allí el episodio; meses después Alejandro Hodoyán fue enviado por el cártel a Guadalajara; se hospedó en Plaza del Sol; debía reunirse con Javier Escalante en el hotel Hyatt; allí cerrarían el trato sobre un cargamento de mariguana. La hierba debería ser transportada al 2378 de la calle Bogoyá en el departamento Providencia. Apenas descargaron, los militares cayeron; encontraron una Suburban todavía con rastros de la balacera, muchas armas. Detuvieron a uno de los más leales servidores del cártel: Fausto Soto Miller, más mentado como "El Cocinero" porque ésa fue su ocupación original.

Precisamente Benjamín Arellano le encargó diseñar y vigilar la construcción de un restaurante en Tijuana, nada más para comer "como si estuviéramos en Mazatlán". Cuando empezó a funcionar el negocio le nombraron *Boca del Río*; los Arellano aparecieron abiertamente, ni la disimularon; entre tanto, Soto Miller estuvo en su elemento. Luego, Jesús Labra les compró el restaurante, nada más para regalárselo al comandante de la Policía Judicial Federal, Guillermo Salazar Ramos. Le cambiaron de nombre y giro: La Cascada Video-bar. Más que desprestigio, creció el temor de asistir sabiendo quién construyó, vendió, compró y regaló; así se fue a menos hasta el cierre, abandono y desentendimiento; nadie ha querido ni rentar el espacio. Escribo esto en marzo de 2001; ya tiene años el local con un letrero: "Se Vende", pero no hay clientes; y si lo reabrieran, "El Cocinero" Miller no podría regresar, está en La Palma.

"ESCÚCHAME, QUE AUNQUE ME DUELA EL ALMA..."

El narcotráfico, "este terrible monstruo que tenemos enfrente, ha crecido precisamente porque la sociedad lo ha tolerado". Esto es lo que más preocupa al gobernador del estado de Sinaloa, licenciado Juan Sigfrido Millán.

Telefónicamente desde su despacho en Culiacán me dijo en agosto de 2000: "Lo que sería normal en cualquier sociedad, por el contrario, es angustioso ver y enterarse que no se repudie a toda persona vinculada al narcotráfico". El gobernador dijo que no solamente los toleran, sino que hasta con indiferencia se les permite involucrarse en la vida normal de los sinaloenses; en los clubes sociales y no hay quién proteste porque junto a sus hijos están los de mafiosos en las escuelas. "Se les acepta como gente normal" y con una palabra remata su frase el mandatario: contaminan.

Recordó la primera acción del Ejército contra el narcotráfico, llamada "Operación Cóndor", y la jefaturó el general José Hernández Toledo con toda energía. Los efectos fueron inmediatos: desmadejó las mafias, pero entonces sucedió algo inesperado según lo recuerda el gobernador Millán: los distribuidores de automóviles, los ejecutivos de bienes raíces, los gerentes de los bancos y ciertos empresarios empezaron a quejarse por la baja en sus ventas o el movimiento de efectivo. "La economía se desplomaba", recordó el mandatario.

En aquel momento el general Hernández Toledo habló con el gobernador del estado, Alfonso G. Calderón; le solicitó convocar a los principales hombres de negocio del estado, que fueran a un desayuno. "Asistieron unos 600", recordó Millán. Los recibió con una frase tremenda: "Éste es un pueblo, señores, donde no hay inocentes". Las crónicas de aquel tiempo anotan que en cuanto tardó en pronunciarla hubo sorpresas, incomodidades y hasta temores.

Luego, el militar les echó en cara: "Ustedes han dejado que este problema crezca. Ustedes han aceptado la presencia del narcotráfico". Nadie se atrevió como el general a decirles eso, y nadie lo hubiera aceptado si no salía de los labios de un militar, por eso todos quedaron callados. Hernández Toledo preguntó a los más pudientes sinaloenses: "¿O de qué manera se explica que los hijos de narcotraficantes van a los mismos colegios que sus hijos?" Naturalmente, nadie contestó.

El general disparó otra pregunta, tan tronante como el accionar de una bazuca: "¿A quiénes le compran los narcotraficantes los vehículos? ¿A quiénes contratan para que construyan sus residencias? ¿A quiénes para que les lleven sus cuentas y manejen sus dineros? ¿A quiénes contratan para que los defiendan?" Nadie contestó. Las preguntas del general se quedaron en el aire, pero se metieron en la conciencia de los invitados al desayuno.

El militar remató: "Por eso hablo de que dejamos que el narcotráfico destruya nuestro tejido social". Las palabras del divisionario y su acción arrojaron un sorprendente resultado: tres años hubo de tranquilidad en el estado; ni acción del narcotráfico, ni tantas ejecuciones. Pero luego hubo cambios en la Operación Cóndor y todo cambió, volvieron las mafias.

Al terminar de narrar ese pasaje, el gobernador Millán de Sinaloa me dijo: "Entonces al enfrentar ahora el problema de la violencia, del narcotráfico, el recuerdo del general y sus palabras los mantengo vivos". Pero insistió en que, ayer como hoy, "este terrible monstruo que tenemos enfrente que es el narcotráfico ha crecido precisamente porque la sociedad lo ha tolerado".

Y el gobernador me dijo desconsolado "algo de eso pasa aquí", y explicó:

> Cierta ocasión la policía judicial del estado capturó a una banda de mafiosos. Tenían armas de alto poder, equipo sofisticado de comunicación, celulares y aparatos con los que intervenían todas las frecuencias policiacas. Se elaboró todo el papeleo. Los turnaron a la PGR. Y en este caso nosotros suponíamos que iban a tener una drástica sentencia simplemente por el acopio de armas. Pero para nuestra sorpresa un juez federal los puso en libertad. Entonces nos encontramos desgraciadamente con ese círculo vicioso que aumenta la impunidad.

Pero Millán me comentó una posible solución: debería establecerse acción más enérgica de la Secretaría de Hacienda y Crédito Público; que operen auditando a los negocios supuestamente propiedad de mafiosos o los que se prestan a sus operaciones. "Si Hacienda toma esa decisión y actúa contra muchos empresarios, entonces pensarán dos veces antes de hacer negocio con el narcotráfico." Han florecido en los últimos años empresas de bienes raíces, construyeron centros comerciales, operaron lotes de automóviles, compraron más y hasta en Estados Unidos, pero el resultado fue que muchos negocios los abandonaron cuando se sintieron perseguidos, pero no hubo un seguimiento por parte de la Secretaría de Hacienda.

Lo mismo sucede con los detenidos en la penitenciaría. Nadie se entera con claridad sobre su situación; se ignora si fueron puestos en libertad, están allí u operan desde la cárcel. "No se conoce que la PGR le haya dado seguimiento a los decomisos y ha sido curioso que desde Michoacán, Jalisco, Nayarit, Colima, Sinaloa, Sonora, Baja California Sur y Baja California, los más importantes decomisos han sido ejecutados por el Ejército."

... Casualidades, pues.

"ADIÓS, PARA SIEMPRE, ADIÓS..."

No me imagino quién fue el primero o los primeros pistoleros que tuvieron la ocurrencia de envolver en una cobija a sus ejecutados, tampoco tengo antecedentes de si fue una orden que recibieron o se les ocurrió luego de consumar sus fechorías. No se me hace muy lógico que esto de encobijar ejecutados empezara cuando a uno de los asesinados lo sorprendieron en su cama. Tiene más sentido que, asesinada la persona, a los mañosos les resultó mejor envolverla en una cobija porque así se les facilitó manejar mejor el bulto humano que batallar con un cuerpo inanimado. Enrollarlo evitó ensangrentar el vehículo donde lo transportaron, para luego ir tranquilamente a tirarlo donde más se les antojó, aunque siempre alejado del lugar donde lo ejecutaron.

Pero sí me he dado cuenta de que los policías son los primeros en tirar las cobijas. Las dejan en el lugar donde localizaron o les dijeron que estaba el asesinado. Se utiliza solamente cuando el cuerpo ya está descompuesto y los del forense se la llevan para no batallar en el levantamiento. Si a veces los familiares de la víctima reclaman la ropa, no quieren la cobija. Aunque se lave y quede como nueva, preferible pasar frío que usarla. Hay ocasiones cuando ni limpiándola; el penetrante olor de la descomposición no se esfuma.

Recuerdo a los primeros ejecutados envueltos en una cobija; les ataban un cordel arriba de la cabeza, otro a la altura del cuello, uno más o menos en la cintura y el final en los tobillos, luego los asesinos dejaron a un lado el cordel. Me imagino que, por más segura y funcional, prefirieron la cinta plateada y ancha, de ésa que usan para cerrar una pesada caja de cartón, aislar un alambre conductor de electricidad o cubrir un cable telefónico o de computadora cuando provisionalmente se tiende sobre el piso de un lugar concurrido.

El de los encobijados es un sistema que se ha popularizado nacionalmente. Antes se utilizaban alfombras, pero era más caro y delataba. Según mis antecedentes esto de utilizar las cobijas empezó en la frontera norte, donde hay un mayor movimiento de narcotráfico, y luego se fue extendiendo a casi todo el país. No es realmente lo acostumbrado por las grandes mafias, que cuando deciden asesinar, siempre lo hacen esperando a su víctima para dispararle entrando o saliendo de su hogar, también cuando van en su auto. Normalmente abandonan el cadáver y desaparecen.

Este procedimiento de los encobijados sucede normalmente, y con sus excepciones muy escasas, entre los mafiosos de poca o regular categoría. A veces son los secuestradores. Aparte, estos crímenes tienen otra característica especial: normalmente las víctimas son personas no muy conocidas. A pesar de eso, la prensa resalta en sus páginas el hecho a grandes titulares y con fotos espectaculares.

Es triste decirlo y decepciona, pero la policía casi nunca investiga a fondo estos asesinatos. Unas veces porque nadie reclama el cadáver, al tratarse de personas no residentes del lugar y transportadoras de droga ni siquiera su parentela sabe de su fin. O si la familia lo identifica, prefieren darle sepultura y no reclamar la captura del o los asesinos, para ya no tener problemas.

Recuerdo que un agente de la policía municipal de Tijuana me comentó que con toda seguridad "estos malandrines —así les dicen a los delincuentes— compran cobijas al mayoreo". Cuando le respondí que sonaba a exageración, me quedé pasmado con su explicación. Siendo patrullero de una zona conflictiva, le ha tocado acudir a los lugares donde descubren encobijados. Aunque por razones jurídicas a él no le corresponde seguir las investigaciones, sí me dijo haberse fijado que, en la mayoría de las veces, las cobijas eran nuevas.

La explicación del patrullero me llevó entonces a pensar que la policía está desperdiciando un verdadero motivo de investigación. No se trata de que en estas líneas quiera hacerle al detective chino ni de escribir fantasías, pero si los detectives hicieran una comparación de las cobijas en las ciudades donde más se frecuenta esta clase de crímenes, posiblemente encontrarían una pista, una probabilidad de convertir en posibilidad algo que aparentemente no tiene ni caso ni chiste.

Las cobijas me recordaron otros asesinatos. Uno puede fijarse en las fotos de los diarios o la televisión, cuando los policías llegan a donde mataron una o más personas. Toman fotos, medidas entre la víctima y el punto desde donde supuestamente le dispararon, rayan con gis el suelo para anotar donde cayeron los casquillos, inspeccionan si otras balas perforaron paredes o autos. Y es tal el movimiento que cualquiera al verlos se queda impresionado. Pero esa actividad normalmente no deja de ser un simple ejercicio; de allí no pasa la investigación. En 1998 un hombre iba con su esposa por un boulevard de Tijuana a bordo de una Suburban. Dos, que según los testigos aparentaban ser policías, les cerraron el paso con su auto; el que no iba manejando se bajó acercándose a la ventanilla del interceptado y le disparó a la cabeza para luego huir.

A los pocos días un joven salía de su casa por la noche. Agazapado bajo un árbol cercano salió un individuo y lo tiroteó; en cuanto lo hizo ya estaba un vehículo a tres pasos exactos del asesino para transportarlo y huir; un caso fue atendido por el fuero común y otro por el federal. Testigos de ambos crímenes coincidieron en las señas del victimario, el auto y el calibre, en tanto un perito me comentó su franca sospecha de que se había utilizado la misma arma. El problema fue que jamás los investigadores estatales se pusieron de acuerdo con los federales; ni unos ni otros se prestaron las ojivas para compararlas. Los asesinatos se hundieron en ese siempre poderoso y efectivo remolino del olvido controlado por las mafias.

En nuestro país los crímenes se resuelven más por corazonadas o por "soplos", pero casi nunca por una verdadera investigación científica. Armas utilizadas un día en la frontera aparecen de repente en Chiapas, Acapulco, Guadalajara o Sinaloa, mientras la policía no pasa más allá de la simple referencia de que los matones utilizaron un "cuerno de chivo". Y si no hay forma de comparar proyectiles rescatados en diferentes crímenes de la localidad con una misma pistola o ametralladora, menos existe comunicación con policías de otros estados para verificar si hay coincidencia o no.

La realidad es que en materia de investigación policiaca andamos en pañales y nos sobran los encobijados.

"VIVIR, CON EL ALMA AFERRADA..."

Vestía como dandy; no sé si sería gusto, pero siempre se le veía de negro, traje a la medida; y en época de verano lucía fresco, con camisas finas de manga larga y una buena dosis de lavanda. Era reportero de asuntos policiacos, de las estrellas, cuando llegué a Tijuana a inicios de los sesenta. De esos camaradas que sin darse cuenta se van transformando en policías y van abandonando su original molde reporteril. Llegaba con harta familiaridad a la comandancia, como si fuera su casa.

Alto, corpulento, nariz aguileña, moreno y bigote finamente recortado, siguió siempre en la misma tarea aunque anduvo de uno a otro periódico. Dante Cortés se llamaba; su hijo casi le siguió los pasos, pero en la vereda de la fotografía. Inserto el Espartaco en medio del nombre, también le diferenciaba el modo de vestir; el heredero: desaliñado, ajeno al bien vestir y alejado de lavandas y lociones.

De repente los cuchicheos en el diarismo lo relacionaron con los despiadados e influyentes narcojuniors. Ni él se encargó de rechazar tal versión y cercanía, menos los autores y repetidores del cuchicheo. Trabaja en la plantilla del diario tijuanense *El Mexicano*; allí también escribía su padre.

La noche del 18 de junio de 1995 llegó al clásico sitio de reunión de los narcojuniors: la fuente de entrada de los fraccionamientos Agua Caliente; como siempre, en su motocicleta. Veloz, apareció un joven enchamarrado de negro en otra, pero más moderna y potente. Traían el casco protector, bajada la visera polarizada; así no le veía ojos ni rostro; frenó frente al grupo de aquellos amigos, nadie mostró sorpresa.

El recién llegado se estacionó cerca de Dante Espartaco; con el pie en el suelo y motor encendido, sacó una pistola, la puso frente a la cara del fotógrafo y le disparó. Mientras su víctima agonizaba, arrancó la motocicleta y huyó. Seguramente los testigos supieron quién fue, también por qué disparó, pero nadie pronunció palabra. Recuerdo cuando escribí la nota para publicar; apunté la referencia de los narcojuniors, era un secreto a voces. Tanto así que hasta corría la versión días antes proclamando la ejecución. Si no se enteró Dante Espartaco lo sorprendieron, pero si supo, se confió. Cuando llegué a la redacción y lo comenté con otro compañero harto conocedor del narcotráfico, simplemente me dijo: "Ya se la tenían sentenciada".

Nada más publicamos la nota y me visitó su padre; traía una enorme corajina; lo acompañó su hija, señorita respetable. Abrió la plática con un tono violento: "¡Mi hijo no era narcojunior ni andaba con los narcojuniors!" Habló sin pausas, se desahogó criticando nuestro periodismo; hasta me culpó del asesinato de mi compañero Héctor Félix Miranda "por darle tanta libertad para escribir", asegurando que "por tu culpa lo mataron". Dejé que hablara hasta que ya no tuviera qué decir. Ya de salida me anunció que convocaría a una conferencia de prensa para dar a conocer la verdad.

Cuando salió de la redacción lo comprendí; estoy seguro de que como periodista y más de la fuente policiaca sabía todo perfectamente. Sus amigos en la procuraduría debían informarle, pero padre al fin, defendió intensamente a su hijo.

Me estremeció leer al día siguiente en los diarios: al salir de su casa Dante para hablar sobre la muerte de su hijo, un auto se acercó a ellos antes de subir a otro vehículo, los tirotearon. Gracias a Dios no los mataron, pero estuvieron hospitalizados. La policía, naturalmente, los protegió para evitar que llegaran a rematarlos al hospital.

Después supe que ordenaron el asesinato del joven a Fabián Reyes Partida, uno de los más efectivos pistoleros de los Arellano Félix. Fotógrafo del periódico *El Mexicano*, pretendió chantajear a sus amigos narcojuniors con las gráficas de un asesinato. Ramón supo y ordenó ejecutarlo; y cuando se enteró de que el padre convocó a conferencia de prensa, le pidió al mismo Fabián Reyes Partida que se encargara de acabarlo. En medio de la discreción que sólo provoca el instinto de conservar la vida, Dante y su familia desaparecieron de Tijuana. El gobierno panista no hizo nada, el cártel Arellano siguió dominando.

"PUÑALADA TRAPERA..."

Jesús Gallardo era un excelente muchacho; cuando creció tenía buena pinta: bien parecido, pero de imagen inocente. Me imagino que por eso le apodaron "El Bebé". Alto, atlético, pelo chino, ojos sin maldad, nunca bigote, recibía excelente educación marista y era para las damitas lo que dicen "un buen partido". Desde que estaba en la escuela le gustaba el box; tanto así que terminó siendo profesional y de los buenos. Cuando su nombre aparecía en cartelera, las arenas se llenaban. Además de sus amigos y amigas en la escuela, tenía "mucho pegue" entre la plebe; en cada pelea le ponía el corazón.

Estudiando con hijos de familias pudientes, y éstos relacionándose con los Arellano, fue la forma como entró en el cártel. No era un muchacho con vicios precisamente por la necesidad de tener siempre una buena condición para sus peleas profesionales, tampoco tenía necesidad. Su familia, respetable, ha manejado desde hace muchos años un excelente negocio.

La popularidad provino de su carisma en el boxeo; pero a eso se sumó la fama de narcotraficante; era un secreto a voces. Lo conocí cuando estaba en la escuela de maristas, alguna vez lo vi peleando profesionalmente;

otras, visitando como boxeador a mis compañeros de la crónica deportiva. Tuve en mis manos fotos de sus muchas y bastantes peleas; me caía bien, igual que a muchos fronterizos; llegó a colocarse en el pedestal de los ídolos.

Por eso me dio tristeza saber de su nueva asociación. Pudo más el poder de la mafia que el de sus puños. Empezó a perder la potencia para derribar a sus competidores; su cuerpo atlético fue perdiendo fortaleza, disminuyó su habilidad, los reflejos se le ahuyentaron; las piernas, antes veloces, en el entarimado se comportaron como tullidas. Las derrotas brotaron una tras otra; y ante la desilusión de sus partidarios apareció lo más penoso: "El Bebé" se mudó de las páginas deportivas a las de nota roja; fue detenido por narcotráfico, tristemente apareció tras las rejas.

De vez en cuando lo visitaba Julio César Chávez, montaban un ring en el penal; eran buenas las exhibiciones. El campeón mundial estaba en su mejor condición, procuró no lastimar a su amigo. Cada visita atraía a los periodistas como si fuera una pelea de campeonato y aquello ponía un toque de alegría en la prisión. Pero "El Bebé" vivía un drama en el penal: Raúl Silver Quintana era otro hombre del cártel Arellano Félix en el penal. Envió un mensaje a Benjamín a través de Fausto Soto Miller "El Cocinero": necesitaba treinta mil dólares para dárselos a su abogado y éste al juez para obtener su libertad. La respuesta fue "sí", pero a cambio de matar inmediatamente a "El Bebé" Gallardo.

Silver no lo hizo y tampoco recibió el dinero; todo mundo pensaba que "El Bebé" navegaba con la bandera de los Arellano, pero en realidad antes de caer en prisión fue engatusado por "El Chapo" Guzmán, manejando su mariguana e introduciéndola en Estados Unidos sin permiso de los Arellano. Perverso, Joaquín "dio el pitazo" al entonces comandante federal Fulvio Jiménez Turengano y capturó facilito a Jesús Gallardo; pero éste a su vez se cobró el golpe bajo: cuando declaró ante el Ministerio Público dijo que la droga era de los Arellano. Así fue como salió otra orden de aprehensión para Ramón Benjamín, de allí su terquedad para matarlo.

Pero como todas las cosas de la mafia, los Arellano esperaron hora y lugar apropiados; cuando "El Bebé" salió libre, se fue de inmediato con Julio César Chávez a Toluca, donde estaba entrenando. Así, de repente apareció como parte de su equipo. La noche del 9 de abril de 1996, después de una recia jornada de entrenamiento, el campeón y sus colaboradores fueron a cenar al restaurante del hotel Holiday Inn en Toluca. Había más alegría que comelitona, pero todavía más ilusión en la próxima victoria del monarca mexicano. De pronto "El Bebé" se paró para ir al baño sin saber que allí le esperaba la muerte. Conocedor de muchas ejecuciones, tal vez no recordaba que los mingitorios son lugar ideal para las matanzas.

Indudablemente Gallardo se sorprendió al salir y tomar el pasillo rumbo al restaurante; vio a sus antiguos camaradas Emilio Valdés Mainero y Fabián Martínez "El Tiburón". Merardo León "El Abulón" y Fabián Reyes Partida "El Calaco" los reforzaron. Todos dispararon a "El Bebé" y de paso se llevaron a un funcionario estatal cuando se atravesó; en el mingitorio estaba "El Capitán"; salió detrás de Gallardo por si se regresaba; de todos modos le disparó ya estando en el suelo. Merardo León "El Abulón" y Alfredo Miguel Hodoyán se encargaron de seguir los pasos del ex boxeador desde Tijuana hasta ubicarlo e informar a Benjamín dónde se encontraba. Por eso los matones llegaron con exactitud.

Federico Sánchez Valdés fue otro de los pistoleros participantes; se quedó afuera del hotel en un volkswagen blanco para esperar y huir. Lo hicieron fácilmente después de matar a "El Bebé".

... En Toluca sí funcionó el Volkswagen que en Mazatlán no les resultó tan efectivo.

"MÁS SABE EL DIABLO POR VIEJO..."

Siempre usaba lentes verde oscuro montados en gruesa y negra armazón de plástico, la clásica de los años cincuenta. No fue sino hasta conocerlo más cuando me enteré: el color no era para esconder algún defecto o las repetidas resacas. No, simplemente una graduación correcta; el grosor de los lentes era mucho y se le veían los ojos chiquitos, por eso el tono. Tenía una voz de locutor, clara, gruesa y bien modulada; robusto y no más de un metro sesenta y pico; siempre elegante, sabía vestir, tenía poco pelo, pero como dicen por allí, bien peinado, entrecano, envaselinado.

Era el consentido del gobernador y por eso se convirtió fácilmente en diputado local de Baja California en 1959. Siempre se me figuró algo así como el corre-ve-y-dile del mandatario, andaba por todos lados acompañando a su jefe, aparecía en los periódicos; discurseaba porque, eso sí, aparte de tan buena voz, labia le sobraba.

Terminó su tiempo en la Legislatura, pero no salió de la nómina oficial. Por su cercanía con el gobierno lo encaramaron en el timón del Partido Revolucionario Institucional en 1963. No siguió en el poder, porque un año después falleció su jefe; pero solamente tuvo una pausa, enseguida apareció en otros despachos federales. Pero las nuevas generaciones se fueron imponiendo; su estilo empezó a desvanecerse. Baja California dejó de ser el estado aislado y su cotización política subió. Cuando menos lo esperó, el Partido Acción Nacional llegó al poder en 1989 y por eso se retiró de la política totalmente. Sus pasos dejaron de ser familiares en las oficinas del PRI y del gobierno.

Pero así como resultó afortunado el PAN, también este hombre. Se le vio al frente de notable oficina de bienes raíces donde hacía operaciones fabulosas; luego se supo de su sociedad en un negocio: compra y venta de automóviles casi último modelo; aparte se dedicó a la construcción; levantó un enorme centro comercial en Tecate, superior a la demanda de la población.

En 1993 la policía federal llegó a la casa de su hija: amplia, construida en los años cincuenta, modernizada, pero en la colonia de más tradición en la ciudad. Un comando de la PGR llevaba instrucciones de detener a los moradores; cuando llegaron los oficiales quedaron sorprendidos; la televisión estaba prendida; una estufa también, las camas destendidas. Como que utilizaron la colcha cual morral y por eso los clósets estaban desordenados, la caja fuerte abierta; no se alcanzaron a llevar todo, dejaron algunas joyas, pistolas con cachas doradas y diamantes incrustados.

Las noticias infaltables alrededor de la invasión policiaca y decomiso fueron tronantes: "Allí vivía Benjamín Arellano Félix". Los residentes de por siempre en Tijuana se sorprendieron; todos los ojos voltearon hacia el ex diputado y ex presidente del PRI y seguramente se preguntaron: "¿Su hija casada con un narcotraficante?" Y posiblemente supusieron: "Entonces tanto dinero de los negocios... ¡no era de los negocios!" Preguntas y versiones se desparramaron; las sorpresas aturdieron, fueron como el epicentro y el temblor se sintió fuertemente en la sociedad.

El hombre de los lentes verdes, bien trajeado y pulcro, se desmoronó ante las miradas; no soportó ver solamente espaldas y no oír contestación a sus atentos saludos; se fue de Tijuana, desapareció dejando en cada paso su vergüenza. Pasaron los meses; una mañana me sorprendí al leer el periódico; apareció su esquela. Después supe cómo murió de un infarto, no creo que por falla cardiaca, sino por tristeza. Ese día simplemente lo recordé como lo conocí y en silencio dije: "¡Pobre de don Ignacio Corona Ruesga!"

"¿Y TÚ?, QUIÉN SABE POR DÓNDE ANDARÁS..."

Dos narcotraficantes fueron capturados en 1996 en Tijuana; traían mil kilos de mariguana y, como no estaban apalabrados con el Ejército, varios militares los descubrieron. Tras levantar el acta en el cuartel, allí van con todo y droga a la delegación de la PGR en Tijuana; tuvieron por ley que declarar ante el Ministerio Público Federal. Para empezar, los malandrines se quejaron de torturas, pero no tenían huellas; hablaron de incomunicación militar, tampoco hubo pruebas. Y cuando se hizo constar que llevaban mil kilos de mariguana nadie se dio cuenta: el escribiente le quitó tres ceros a la cifra y solamente dejó el 1. Terminó la diligencia; se leyó el acta pronunciando 1000 en lugar de 1, todos firmaron. El expediente y los mafiosos fueron enviados al juez de distrito, cuando revisó el expediente y vio que se trataba solamente de "1" kilo, el abogado de los narcos ya estaba promoviendo la libertad bajo fianza; salieron libres.

En aquel tiempo, el delegado de la PGR-Tijuana me lo comentó dolido y furioso. Estábamos en el cuarto piso de las oficinas, parados cerca de la vidriera; veíamos con claridad hasta la frontera y el inicio del territorio estadounidense. Recuerdo más o menos sus palabras así: "Son fregaderas. Fíjese. En los mandos no tengo problemas. Confío en mis colaboradores. A mis secretarias las respeto y admiro por su discreción". Luego, bajando la vista, extendió su brazo y me señaló con el índice: "¿Los ve? Son 'gafes', del Grupo Aeromóvil de Fuerzas Especiales del Ejército. Son gente buena, leal, obedientes, disciplinados. Les tengo mucha confianza". Pero entonces me dijo: "Aquí estamos como sandwich: arriba en los mandos todo bien; abajo en las infanterías, mejor. Pero en medio, entre tanto abogadito del Ministerio Público, escribientes, 'coyotes' y más, nos meten cada gol apenas y parpadeamos". Se alejó de la vidriera, manos en la bolsa; ocupó su sillón tras el escritorio y se dolió. "No se vale. Así no se puede. Nos pican los ojos y no vemos quién".

Cuando pregunté por qué no los despedía, respondió airado: "Es una maldita mafia". Se protegen aquí y desde México. Mucho papeleo y exigencias; directores, subdirectores, oficiales, supervisores. "Es una maldita mafia."

Hay muchas referencias dramáticas: agentes del Ministerio Público Federal ejecutados por la mafia. Un día por poco y capturan a Ramón en Tijuana, cuestión de minutos. Le costó la vida al que no avisó, se retacó de dólares las bolsas quien dio el "pitazo" a tiempo; entonces viajaron comandos enviados especialmente y en secreto desde el Distrito Federal. Nadie sabía. El esfuerzo oficial se fue desbaratando cuando aterrizó la nave en Tijuana; todavía no la estacionaban, un agente federal comisionado en el aeropuerto avisó a Ramón. Y mientras los hombres armados y encapuchados se dirigían a la residencia del mafioso, tuvo el tiempo justo para el desalojo.

Delegados y subdelegados asesinados al no "alinearse"; comandantes estrellas de la Policía Judicial Federal que terminaron millonarios y sirviendo a la mafia. Nadie como ellos para ser contacto con las infanterías de la PGR y conocer a fondo las formas de trabajar. Recuerdo aparte a traidores: los que avisaron al cártel Arellano Félix para reportarles la salida en Aeroméxico del subdelegado y doctor Ernesto Ibarra Santés; lo esperaron en el Distrito Federal para matarlo. El triste episodio cuando perdió la vida don José Patino; honrado y excelente agente del Ministerio Público Federal; investigaba con efectividad los movimientos de Ramón y Benjamín sin reportarse a la PGR, residiendo en San Diego, California; todo para evitar filtraciones; pero sus propios compañeros los secuestraron cuando fueron a Tijuana; torturados y ejecutados.

Hace tiempo la PGR colocó en comprometedor papel al Ejército: la PGR solicitó apoyo para penetrar en dos enormes residencias de Tijuana. Según ellos, allí estaban Ramón o Benjamín Arellano. Las puertas debieron ser abiertas con explosivos. Los uniformados entraron en todas las habitaciones buscando al sujeto; pero no estaba allí, ni la casa era del cártel; esto provocó una airada protesta pública en Tijuana. Al paso del tiempo supe todo: fue una maniobra. La mafia utilizó a uno de sus detenidos para confesar a la PGR sobre la ubicación, pero con el fin de desprestigiar al Ejército, provocar censuras públicas y, lo más importante, obligar su retiro en la persecución del narcotráfico. Desde hace rato los estrategas del Ejército prefirieron alejarse de la PGR, mejor actuar solos. Por eso de vez en cuando y por sus operativos exitosos se escuchaban las voces de protesta: declaraciones en la prensa alegando violación a los derechos humanos; no en todas las ocasiones, pero sí en las más. En el fondo era la voz de los Arellano.

Hace meses la delegación de la PGR cayó en la desfachatez: hizo propias las enormes cifras de la droga decomisada por los militares. Al boletinarlo normalmente agregaban “con el apoyo del Ejército”, manera tramposa de justificarse. La complicidad no les permitía taponar los drenajes del narcotráfico; por eso ahora y cuando hay las famosas “quemas”, los militares hacen las suyas. Ya no las unen con la PGR, los “gafes” se retiraron de su edificio.

El señor procurador general de la República y general Rafael Macedo de la Concha es un hombre cabal, honrado, lejano a las tentaciones del dinero mafioso. Me constan sus intenciones, sé de sus propósitos justificados, pero está como el delegado aquél de la PGR: en calidad de sándwich. A principios de 2002 vendieron en 300 mil dólares la comandancia de la judicial federal en Tijuana. Se supo y retiraron al avorazado, pero en su lugar, y no han pasado quince días, enviaron a un gran amigo de los Arellano. La prensa lo denunció, fue dado de baja, inexplicable que todavía suceda eso.

"CONTIGO A LA DISTANCIA..."

Con un satélite, fotografiaron a fines del 2000 todos los cultivos de coca en diferentes zonas de Colombia. Si fueran reunidos, formarían una superficie de 162 mil hectáreas; para dar una idea, es una extensión superior a todo el Distrito Federal. Esta revelación estremecedora fue publicada a mediados de mayo, apareció en primera plana de *Cambio*, la excelente revista colombiana de Gabriel García Márquez. Imagínese: el Bosque de Chapultepec sería como un lunar en tan grandísimo espacio, no le llegarían Guadalajara, ni Monterrey. Y siendo la ciudad más grande en la frontera norte mexicana, Tijuana necesitaría multiplicarse por lo menos diez veces para emparejar los famosos cultivos colombianos. Con harto tino el artículo fue titulado "El gran fracaso".

Es que el gobierno de Colombia solicitó el año pasado y obtuvo como ayuda de Estados Unidos 1300 millones de dólares para fumigar los sembradíos, pero el resultado fue deprimente. Se inutilizaron 58 200 hectáreas durante un año; pero al mismo tiempo, la mafia abrió 59 mil en otras partes. Pagaron mucho a campesinos para derrumbar árboles y alistar el cultivo. Aparte, una simple operación aritmética nos permite este dato sorprendente: en

1999 se cosechó coca en 103 mil hectáreas; ahora, aumentó en 63%.

Siguiendo con las cifras, se confirmó que en 1990 se utilizaban en total 40 mil hectáreas colombianas en varias regiones. Y contra todas las campañas, la superficie se cuadruplicó en diez años. Don Gustavo Socha, general de la policía antinarcóticos irremediablemente lo justificó: la fumigación es buena una vez, pero sería mejor contínua; de otra forma se vuelve a utilizar la tierra con el paso del tiempo. Lo malo es que al mismo tiempo de esterilizar cultivos, no propusieron a los campesinos otra forma de ganar tanto dinero como les ofrecen las mafias.

Me topé con otra noticia dramática: Hernán Giraldo Serna, hasta hace poco desconocido, es el nuevo gran capo colombiano. Periodistas estadounidenses lo calificaron de "la personificación de una perturbadora tendencia en la industria del narcotráfico". Un aterrador hecho me llamó la atención: en sus inicios contrató a varios obreros para construir un almacén subterráneo, les pagó muy bien, pero cuando terminaron, ordenó matarlos, y que con una sierra eléctrica los cortaran en pedacitos; nadie sabe si enterró los restos, tal vez fueron regados en el campo, o de plano sirvieron de alimento a los animales.

Hernán Giraldo Serna tiene a su servicio directo por lo menos a 400 hombres superarmados; les dicen "Los Chamizos", por aquello de su malvivir, pero con eficacia digna de un estratega militar, se unió a los anticomunistas de Autodefensas Unidas de Colombia (AUC). Así, han arrebatado miles de hectáreas dedicadas a la coca y controladas originalmente por guerrilleros marxistas de las Fuerzas Armadas de la Revolución Colombiana (FARC). Estos señores, con toda su experiencia y fuerza armada, no han podido detenerlos y matarlos. De seguir como van Hernán y el AUC, es posible que en uno o dos años terminen con lo que el gobierno no ha logrado en más de veinte: aniquilar a las FARC. Según reporteros estadounidenses consultados, esto le ha valido a Hernán colocarse como el quinto narcotraficante más importante del mundo. Su capacidad de producción le permite ganar al año, limpios de polvo y paja, 1 200 millones de dólares.

En ese escenario hay un hecho horrendo: el secuestro en serie de importantes empresarios. Luego lo increíble: recientemente raptaron a más de cien personas. Sorprendieron plagiando un turbo-hélice comercial de Avianca con medio centenar de pasajeros, los mantuvieron en la selva hasta obtener rescate. En 1999, supe que había 1 203 secuestrados simultáneamente, algunos con más de un año en cautiverio; fueron y son víctimas de la guerrilla o el narco. Los sublevados reclaman dinero, los mafiosos presionan así a los jueces que tienen bajo proceso a sus compañeros. Existe además en Colombia un punto reprobable: once periodistas fueron ejecutados en el último año por los famosos sicarios devotos de la Virgen de la Soledad. Contrario a los mexicanos, siempre actúan sobre motocicleta; el conductor es un experto corredor, se acerca a la víctima, vaya a pie o en auto; atrás viaja un tirador de mucho tino y poca edad, algunos sin cumplir los quince años.

A fines de 1999 recuerdo lo publicado en Estados Unidos y de rebote en México y Colombia: el cártel Arellano Félix tenía tratos con los guerrilleros de las FARC. Según las versiones, los mexicanos intercambiaban armas por drogas, pero los rebeldes colombianos rechazaron inmediatamente la suposición. Las autoridades en los dos países también, y se derrumbó la información periodística. Mi hipótesis es que hubo una confusión; los Arellano Félix no estaban entregando armas porque jamás manejaron ese negocio, pero se convirtieron en clientes de

Hernán Giraldo Serna. Así, volvieron a tener en 1999 la coca negada desde 1997 por otros grandes productores.

A fines de abril de 2000, mis compañeros editores Adela Navarro y Francisco Ortiz Franco entrevistaron al general Rosso José Serrano en San Diego, California. En la historia de este hombre destaca la captura de los grandes capos en Colombia; desbarató a los más poderosos cárteles. Nada de tiroteos, únicamente inteligencia, infiltración de las mafias. Cuando llegó a la jefatura despidió a once mil policías por sospechas de estar ligados a las mafias; empezó a trabajar con 800; pero eso sí, probados, con buenos sueldos y gratificaciones. El general está retirado desde hace dos o tres años, ahora vive en Miami; su ausencia abrió las puertas al renacimiento de las mafias. Me quedé sorprendido cuando dijo a mis compañeros: "México está hoy sumido en el narcotráfico, tal y como se encontraba Colombia hace diez años".

Hasta donde estoy enterado, la PGR no cuenta con ese número de agentes verdaderamente eficaces y con excelente sueldo, tampoco tiene una estrategia definida para enfrentar al narcotráfico; no hay la capacidad para infiltrar mafias. Ese sistema todavía es de gran temor entre nuestros policías; al contrario, los narcos infiltraron las policías. En México existen grupos pequeños, medianos y casi grandes manejando droga, pero reuniéndolos a todos son como el Bosque de Chapultepec: un pequeño lunar en los cultivos de 162 mil hectáreas de cocaína en Colombia.

"CUANDO LA LUZ DEL SOL SE ESTÉ APAGANDO…"

Estoy seguro de que existen muchos hombres que se llaman Rafael Pérez; abundan en nuestro país y no se diga en Estados Unidos; me imagino que también por allá en Centro y Sudamérica. Y creo que en el pasado, muchos con tal nombre se los llevó Dios, pero uno me llama la atención. Era policía de uniforme en Los Ángeles, California; por méritos y habilidad lo comisionaron al peligroso vecindario de tupidas pandillas hispanas. Sé que todavía no cumple 35 años y es un antiguo marine. Su problema fue que el año pasado lo sorprendieron robándose tres kilos y seiscientos gramos de cocaína confiscada y depositada en la comisaría de Rampart. Quería revenderla precisamente a los drogadictos avecindados en el área que le asignaron para combatir el delito y a los delincuentes. Cuando lo capturaron confesó que no era la primera vez que lo hacía, le resultaba una actividad normal; nadie se daba cuenta en la comisaría, ganaba muy buenos dólares extra, más que los de su reglamentario salario.

Pero como en las películas, Rafael Pérez luego de ser sorprendido en el robo y detenido, decidió confesar todo. No tanto por decir la verdad, sino para, antes de llegar a la corte y previo acuerdo con el fiscal, que le rebajaran la condena. Pero las confesiones fueron más allá del robo de cocaína, dejaron atolondrado a medio mundo: habló de homicidios cometidos por sus compañeros agentes y reportados como accidentales; también explicó el ocultamiento de pruebas; creación de otras, torturas, palizas, explotación económica y física de prostitutas. Detalló cómo se utilizaron las patrullas para otros fines personales; y hasta ocasiones cuando algunos guardianes dispararon sin justificación. Como dicen por allí, los "descobijó".

A consecuencia de las tan sorprendentes confesiones, la superioridad suspendió a más de 20 agentes para investigarlos, según el informe oficial del Departamento de Policía de Los Ángeles (LAPD, siglas en inglés). Aparte, cuando menos 40 ciudadanos que estaban injustamente prisioneros quedaron en libertad y las autoridades se preparan para enfrentar demandas millonarias de las víctimas. A fines de 2001 LAPD tenía 9 mil 475 agentes en la calle; pero ante el crecimiento de la ciudad y la delincuencia, estaban sobrecargados de trabajo. Aparte había un temor: la posible existencia de muchos como Rafael Pérez, metidos de lleno en el delito en lugar de combatirlo.

Leí en un reporte periodístico: el jefe del departamento, señor Bernard Parks, reconoció la falla. La ubicó "en no revisar cuidadosamente los informes de los policías y no seguir los acontecimientos con atención para descubrir las tendencias". Eso, dijo, ha permitido el crecimiento de este cáncer.

Gracias a todo lo confesado, Rafael Pérez solamente estará cinco años en prisión. Debo suponer que los pasará muy protegido para evitar venganzas. Y si Dios le permite salir con vida, seguramente se irá muy lejos de Los Ángeles; desde hace rato sobran quienes no se la perdonan por hablar lo cierto, pero indebido.

Sinceramente no me imagino cuántos como Rafael Pérez existen en las policías mexicanas.

"TORRES MÁS ALTAS SE CAEN DEL CIELO..."

En 1978, el profesor y licenciado Carlos Aguilar Garza fue nombrado agente del Ministerio Público Federal en Tijuana, puesto entonces equivalente al de delegado. La primera vez que me visitó iba superprotegido: dos, con pistola en mano bajo la chamarra, se plantaron en la puerta de mi oficina; cuatro en la antesala; otros tantos con ametralladora a la entrada del periódico, y quién sabe cuántos más en la calle. No era tan alto como aparecía en las fotos; pelo negro y lacio, moreno, de unos treinta años, pero con una vida recorrida como de cincuenta; siempre de traje oscuro, saco cruzado, desabrochado y pantalón de corte "pachuco"; encorbatado y caminando aprisa, aunque renqueando ligeramente.

Primero fue maestro normalista y luego abogado; se metió a la PGR y venía de Culiacán, afamado por la Operación Cóndor. Unos decían que les bajó la guardia a los mafiosos; otros, que los protegía. Fue acusado de torturar cristianos y por eso su nombre llegó hasta la comisión de las Naciones Unidas. A mediados de los setenta, en el hotel Ejecutivo de Culiacán, se agarró a balazos con algunos sicarios y lo hirieron en las piernas; por eso fue trasladado a Tijuana, donde más tardó en llegar que traer asoleado a medio mundo.

Su estancia y presencia estremecían a veces por curiosidad y otras por pavor; luego lo cambiaron y paró en su queridísimo Nuevo Laredo. Me llamó la atención que sin explicación lo dieron de baja; pero más sorprendido quedé al saber que cierto día la avioneta donde viajaba se desplomó llegando a Monterrey. Dicen que llevaba mucha cocaína y no lo detuvieron; terminó inválido y en su casa sobre una cama especial. Primero ejecutaron a su esposa; luego a él lo tirotearon desde fuera de su residencia, lo mataron. Cuando fue capturado el poderoso narcotraficante Juan García Ábrego la prensa publicó fotos de álbum con sus cuates, allí apareció Aguilar Garza.

A Federico García Gaxiola le decían "El Chipilón" y era de Sonora. El clásico joven norteño: alto, bien dado tendiendo a engordar, bronco y por eso aventado. Nada más me lo presentaron como comandante de la Policía Judicial Federal y nunca más lo volví a ver. Llegó a la PGR-Tijuana por unos días en abril de 1994; los suficientes, dicen, para asesinar al director de Seguridad Pública Municipal, licenciado Federico Benítez. Este funcionario cometió un doble pecado: rechazó un trato con la mafia y les vio la cara a los mensajeros. Por eso, aseguran, el comandante federal viajó de Sonora a Tijuana para matarlo por orden de los narcos. También sin explicación fue su baja de la PGR. A los pocos meses en Ciudad Obregón, Sonora, cuando en su vehículo hacía un alto, se le emparejó una *pick-up* y lo ejecutaron.

Al doctor Ernesto Ibarra Santés no lo traté, pero sí lo conocí por fotografía y a través de la televisión. Llegó a Tijuana como subdelegado de la PGR. Normalmente de traje y casi siempre claro, muy elegante; era de baja estatura y complexión regular; cuidaba mucho su peinado y no usaba bigote. Entonces, año de 1995, a todas horas lo cuidaban cuatro agentes enormes y bien armados. En septiembre de ese año sin venir al caso declaró a los periodistas que Tijuana era el santuario de los Arellano, que Jesús "El Chuy" Labra era su padrino, que capturaría a todos.

A los tres días viajó al Distrito Federal, según eso en secreto; llegó casi a medianoche. "Curiosamente" no mandaron un vehículo de la PGR por él, se trepó a un taxi con sus tres guardaespaldas. Al ir sobre Insurgentes aproximándose a las calles de Antonio Caso, un auto se puso por delante, obligó al taxista a detenerse; otro llegó por atrás; lo encajonaron, bajaron varios sicarios y ejecutaron a todos —otra vez— con "cuerno de chivo". En la cajuela del auto de alquiler había una maleta deportiva con 75 mil dólares. El entonces procurador general de la República, licenciado Antonio Lozano Gracia, dijo que "lo habían cargado para desprestigiarlo" con tanto billete. No se la creí; era imposible que los matones, luego de disparar, hubieran abierto la portezuela del lado del chofer, apagado el encendido, sacaran la llave, fueran a la cajuela, abrieran y echaran la maleta, cerraran y otra vez a poner las llaves en su lugar.

El procurador panista jamás aclaró, aunque prometió "ir hasta las últimas consecuencias". De la dolariza, jamás se supo dónde quedó. Luego se supo: Ibarra Santés se reunió varias veces con Amado Carrillo, "El Señor de los Cielos", que le pagó con muchos billetes verdes para acabar con los Arellano.

La primera ocasión que desayuné con Cuauhtémoc Herrera Suástegui, en el hotel Lucerna de Tijuana, por lo menos vi a cuatro federales alrededor del lugar. Tenía pocos días de haber tomado posesión como delegado de la PGR. Bajito de estatura, me dio la impresión de que tenía cuerpo de boxeador, entre pluma y ligero, sobre todo porque su nariz chata se acomodaba a mi imaginación; sus manos se veían fuertes. Y las dos o tres veces cuando desayunamos, siempre iba de traje azul, corbata roja y camisa tan blanca que parecía nueva; si hubiera tenido en ese momento necesidad de ver mi cara en un espejo, utilizaría sus zapatos.

No sé si él se peinaba personalmente o tenía alguien que lo hiciera, porque iba como si fuera a filmar una película. El olor a lavanda le ganaba al aroma de nuestro café. Siempre lo acompañaba un joven rubio que era una enciclopedia andando en eso del narco. Cuando Herrera llegó para encargarse de la delegación lo declaró y hasta insistió: "Vengo por los Arellano". Me hizo recordar a Ibarra Santés. A los pocos días y sin aparente razón, fue relevado del cargo.

Conozco y sé de sicarios tan expertos que meten tres balas en el mismo sitio, pero en un tiempo los cárteles Arellano Félix y de Juárez ya no quisieron comprometerlos, estaban muy vistos; por eso contrataron a viciosos o necesitados de billetes que no saben ni a quién van a matar. Cuando los capturan, estos pobres diablos no tienen antecedentes en el narco. La policía cree que son raterillos, por eso se salvó Herrera Suástegui. Un experto no lo hubiera dejado vivo ni a sus acompañantes cuando bajaban las escaleras del hotel Imperial. Lo habrían ejecutado al subir a su auto o al hacer un alto.

“COMPAÑEROS EN EL BIEN Y EL MAL...”

“Si quieres llegar a ser agente viejo... ¡hazte pendejo!”, se los decía sin retorcimientos Baldomero Juvera a todos los nuevos agentes de la policía judicial del estado en Baja California. Pero lo admirable era cómo no le daba mucho trabajo predicar con el ejemplo sincera y puntualmente. Me lo imaginaba como al experto boxeador enseñando al novato, o al hermano menor diciéndole al más pequeño cómo “hacer acordeones” para la escuela.

Pero increíble maestro de su quehacer, este hombre era hijo de la improvisación. Se hizo policía por puritita chiripada; aprendió las malas artes de sus jefes y se zambulló en la marrullería silenciosa. Navegó con bandera de investigador, pero funcionaba como caja registradora. Nunca le hizo la lucha por llegar a la comandancia, se conformó con andar brincando de una jefatura a otra. A veces en homicidios, otras en robos y hasta en órdenes de aprehensión. Todas esas posiciones eran para él, como por allí se dice, “vacas que sí dan leche”.

Si de investigar un crimen se trataba, sumaba inteligencia con una buena dosis de rapidez y el resultado era más fácil que sumar dos más dos; pero tenía fama de negociar con el o los culpables. Normalmente les daba oportunidad para huir a los malandrines, pero siempre con una feria contante y sonante por delante; entonces sacaba personalmente la cara a los periodistas con una de sus frases lapidarias: "Muchachos, estamos trabajando, ni siquiera hemos ido a dormir".

Ahora que si se trataba de pobres diablos empujados al crimen por la pasión o el licor, así, de ya, los capturaba y exhibía en la prensa como si fueran leones cazados en el África. Era su forma de tapar un hoyo cuando tenía muchos abiertos. Los delincuentes ya lo conocían y cubrían su rigurosa cuota y no se las perdonaba; detenía a los rejegos y les inventaba delitos.

Se distinguía, rebasaba los cincuenta años; pantalones de casimir oscuros ajustados a su delgada humanidad; uno de los dientes superiores del frente encasquillado de oro, palillo en los labios, perfumado, pelo pintado, camisa de seda negra o café preferentemente, pantalón ajustado gracias a su flaquencia, bien planchadito por aquello de la raya implacable; y si no traía mocasines de charol blanco, lucía los negros, más puntiagudos de lo normal; el anillazo, la esclava y la medalla, quién sabe si eran de oro, pero parecían y resaltaban sobre su piel color tirándole a la de mulato; su espigada y prieta figura remataba en sombrero de fieltro, ala ancha y pareja, nada de forma texana. Alguien me dijo que se inspiró en el bonete de Clint Eastwood cuando apareció en la película *El bueno, el malo y el feo*.

La policía estadounidense descubrió a mediados de los noventa que servía al cártel Arellano Félix. Cuando vi su nombre en los expedientes busqué la confirmación; encontré evasiva, no negativa y eso fue más claro. Luego los hechos me lo confirmaron. Baldomero se colocó premeditadamente al frente del Grupo Homicidios. Poco a poco descubrí su tarea: toda ejecución realizada por los pistoleros arellanescos la trataba especialmente. Primero, sabía quién era el ejecutado y estaba enterado del autor, pero no lo decía, ordenaba el rápido levantamiento de los cadáveres, imponiéndose a los siempre novatos agentes del Ministerio Público; removía las pruebas, ordenaba la persecución contraria a la lógica; trataba sin cuidado los vehículos utilizados y abandonados por los pistoleros; permitía a los "gruyeres" maniobrar sin cuidado borrando huellas o rodando autos o camionetas torpemente.

Aparte, Baldomero actuaba como un profesional del teatro. En el mismo lugar de la ejecución declaraba a los periodistas sospechar de fulano o perengano, que en realidad no tenían nada que ver. Su intención era desviar la atención de los reporteros puesta claramente en el cártel Arellano Félix. Tenía una costumbre: a pesar de que en las ejecuciones se utilizaban armas de uso exclusivo para el Ejército y era claramente narcotráfico el móvil, malabareaba para no turnarlo a la PGR y estancarlo en la del estado; nunca dio seguimiento a ninguna ni permitió que fueran investigadas; por eso lo descubrió la policía de Estados Unidos, pero el gobierno mexicano no tocó a Baldomero ni con el oficio de una sanción.

Juvera se retiró de la policía obligado por la edad y la sospecha; dejó sin resolver más de mil asesinatos, todos ordenados por los hermanos Arellano Félix. Hizo buena su sentencia de toda la vida: "Si quieres llegar a ser agente viejo ¡hazte pendejo!". Seguramente "vive de sus rentas".

Mi compañero reportero Raúl Llamas, de *El Mañana* de Nuevo Laredo, me comentó hace años sobre la captura de Aldo García, un ex comandante de la Policía Judicial Federal. Llevaba 400 libras de cocaína, burló a los agentes del lado mexicano o lo dejaron pasar; pero los norteamericanos no se hicieron de la vista gorda; le quitaron la droga, lo mandaron a la cárcel y le echaron a perder un negocio de 32 millones de dólares. Aldo estuvo a cargo de la seguridad personal del señor procurador general de la República, licenciado Jorge Madrazo Cuéllar, y del general norteamericano Barry McCaffrey, el famoso zar norteamericano de las drogas, cuando se reunieron en Nuevo Laredo en 1997. Llamas, que es un terco reportero investigador, se dio cuenta de que en la federal no existen antecedentes y que en la policía municipal de Nuevo Laredo quemaron todos los papeles donde había referencias.

Rafael Aguilar Guajardo era comandante de la Policía Judicial Federal; se metió tanto a la investigación del narcotráfico y terminó lavando dinero. Lo mataron en Cancún. En 1994 Álvaro Carbajal Juárez era supervisor de las agencias del Ministerio Público Federal y al mismo tiempo protegía los intereses del cártel Arellano Félix. No se sabe dónde esté hoy. Leopoldo Gómez fue comandante de la Policía Judicial Federal en La Paz, Baja California Sur, pero también fue descubierto protegiendo el transporte de cocaína. Le llegaba por mar y se encargaba de mandarla por avioneta al norte. Tampoco se sabe dónde anda.

Fulvio Jiménez Turengano sí fue arrestado; también era jefe en la Policía Judicial Federal, pero lo capturaron cuando su nombre fue encontrado en una relación de pagos que hacían los afamados narcotraficantes Quintero, sucesores de Rafael, aquel raptor de Sarita Cosío en Guadalajara, cuando se lo llevó a Costa Rica, donde lo capturó el famoso detective Florentino Ventura. Desde 1994 Rodolfo León Aragón fue identificado como protector del narcotráfico, precisamente cuando ocupaba la dirección de la Policía Judicial Federal. Hace poco, dos o tres periódicos defeños aseguraron de su captura, pero el hombre se dio el lujo de mandar una carta desde algún lugar de Oaxaca y no le siguieron la huella. Uno de sus principales colaboradores fue Guillermo Robles Liceaga, ex agente de la misma federal en el estado de Coahuila; éste es otro de paradero ignorado.

Todos estos datos me fueron proporcionados por una valedera fuente estadounidense e incluye más nombres que datan desde 1994.

Adolfo Lucenilla Salido, jefe de grupo de la judicial federal. Marcos Berumen, agente del Ministerio Público Federal. Rafael Rodríguez, con el mismo cargo, utilizaba el celular 66-28-34-88. Cuando marqué ese número, una grabación me indicó que el teléfono estaba temporalmente suspendido. Otro agente se pasó al bando de los mafiosos y se llama Gilberto Camorlinga Cavazos. Oficialmente no hay rastro, simplemente como dato curioso: si los interesados en estos temas recuerdan la famosa balacera en la discoteca *Christine* de Puerto Vallarta, Jalisco, allí fueron identificados los agentes federales Adolfo Mondragón Aguirre, Aquiles Vázquez García, Ornar Morelos Villacruz y Antonio Bernal y Martín. De todos ellos no se sabe nada, se les recuerda únicamente como protectores de los hermanos Arellano Félix. La lista podría continuar y a lo mejor atiborramos este ejemplar de nombres.

Toda esta referencia deja en claro un pequeño detalle: ninguna policía, ninguna, sabe dónde están. No hay control sobre los desertores, los dados de baja o los plenamente identificados. No es bueno especular. La etiqueta de sospechoso es válida cuando existen ciertos elementos sobre un presunto culpable, por eso en los casos aquí narrados, si Aldo García en Nuevo Laredo era el protector personal del procurador general de la República, la lógica apunta a que el resto de los ex agentes seguramente cuando los dieron o se dieron de baja, no ingresaron a un convento.

La lista de ex agentes metidos ahora en el narcotráfico es, como dice la canción de José Alfredo, cada día más grande.

"NO VUELVAS A APOSTAR..."

Lo iban a nombrar delegado de Caminos y Puentes Federales de Ingresos en Baja California desde agosto de 2000. El diario tijuanense lo publicó y destacó: "Don Enrique Harari, próximo funcionario federal". Muchos tijuanenses lo conocían desde hacía bastantes años. Llegó muy joven a Baja California como policía federal de caminos; fue ascendiendo hasta ser comandante en el estado. Era "de cajón" verlo con su uniforme de gala en los actos oficiales, siempre ocupando un lugar de honor. Además, era bien visto en los eventos de la sociedad.

De repente fue nombrado director nacional de la Policía Federal de Caminos. No sólo ascendió en grado, también en recursos: buenos autos, hermosas casas y mejores fiestas. Su mejor época fue en el gobierno salinista, pero en el de Zedillo ya no pudo continuar. Despojado de grado y uniforme, se fue a residir al puerto de Ensenada, luego de pasar todo el sexenio anterior en el Distrito Federal. Pero de todas formas seguía tratando a los oficiales de la que fue su corporación. Según eso se dedicaba a la compra y venta de autos usados, por eso viajaba mucho por toda la península bajacaliforniana y el sur de California.

El jueves 17 de agosto de 2000 estaba a punto de cerrar la edición con mis compañeros, terminando casi con las angustias propias de esta operación. Un informante me llamó: "El Ejército acaba de capturar a Enrique Harari". No hacía falta preguntar el motivo; a esas alturas todo mundo lo relacionaba con el narcotráfico y los hermanos Arellano Félix. Hubo un episodio muy curioso: Harari ya tenía orden de aprehensión, pero la PGR no la cumplía; tanto así que el ex director de la Federal de Caminos presumía que recibiría un cargo. Pero cuando menos lo esperó, un grupo de militares lo detuvo.

Su liga con los Arellano debió iniciarse desde la comandancia nacional en la Federal de Caminos. Entonces era obvio que ordenaba vía libre para los cargamentos de toneladas y toneladas de droga. Muchos oficiales de la corporación fueron "salpicados" por el soborno, por eso ni de chiste revisaban los tráilers repletos de mariguana o cocaína. Harari también entró en tratos con agentes de la Policía Judicial Federal; formó una gran cadena, y en esa posición, formó mancuerna con Ismael Higuera "El Mayel", famoso operador de los Arellano, encargado de recibir y remitir la droga.

Harari salió de su casa en Playas de Tijuana el jueves 17 de agosto, tranquilamente se dirigía a la ciudad. De pronto le aparecieron militares por todos lados y lo detuvieron. Un testigo me contó que el hombre ni siquiera preguntó por qué; nada más insistía en "por favor, déjenme hacer una llamada", enseñándoles su celular, pero inmediatamente se lo quitaron.

Al ratito estaba donde menos se imaginaba: a más de 20 mil pies de altura en un *jet* del Ejército rumbo al Distrito Federal. Llegando, se lo llevaron al Campo Militar Número Uno; fue interrogado. Poco tiempo después se lo entregaron a la PGR; más tarde, se convirtió en un huésped más de La Palma. Adiós nombramiento como delegado de Puentes y Caminos Federales.

Ya me lo imagino en esa posición. Recordando con hechos sus viejos tiempos en la Federal de Caminos: ningún mafioso sería molestado en alguno de los centímetros de los muchos kilómetros de carretera: la ruta del Pacífico, ideal para transportar cocaína desembarcada en las playas por los colombianos. Sería transportada sin problemas, llegaría a Estados Unidos con facilidad. Pero ni modo, los militares le echaron a perder todo, la PGR ni las manos metió.

Para su desgracia, nueve meses después apareció el cadáver de su hijo; tenía tres disparos en la cabeza, lo tiraron en un canal de riego cerca de la carretera Mexicali-San Felipe. También estaba navegando en el narcotráfico, pero quiso hacerlo por su cuenta y esas cosas no las permite la mafia.

"TELÉFONO, PERSIGO TU LLAMADA..."

Joaquín "El Chapo" Guzmán sacó su celular; desde la prisión de Puente Grande marcó el 178-03-05. Inmediatamente contestó Francisco Javier Camberos; este hombre de 32 años, apodado "El Chito", ya esperaba la llamada. Eran pasaditas las cinco de la tarde en la ciudad de Guadalajara; para más señas, 19 de enero de 2001. Cuando se puso el aparatito al oído escuchó más atento que un cura en el confesionario. "Sí señor... sí señor", dijo en franca obediencia, colgó y comentó con satisfacción a sus acompañantes Jesús Briseño y Ramón Muñoz: "El señor está listo"; y les ordenó: "vámonos. Tenemos cinco minutos para llegar a Plaza del Sol". Al mismo tiempo terminó de llenar el tanque de gasolina y dio vuelta al tapón; el volkswagen Golf estaba reluciente; recién lo compró por orden de "El Chapo", usado pero bueno, le costó 106 mil pesos; pagó 80 mil de enganche en la agencia de la calle Washington, cerquita de Vallarta. Por cierto, ese día le pidió a su medio hermano Ricardo Ortiz "acompáñame por favor"; al pariente le llamó harta atención, porque "El Chito" nunca tuvo tanto dinero. Se sorprendió más cuando casi en tono de orden Francisco Javier le dijo: "Vamos a poner la factura a tu nombre".

Seguramente se preguntó por qué y hasta se negó, pero su medio hermano lo amenazó; necesitaba hacerlo, porque si no, algo le sucedería a la familia.

Después "El Chito" trajo el auto varios días hasta aquel 19 de enero cuando verificó: tanque lleno, agua de radiador en su nivel, aceite de motor al centavo, llantas bien calibradas; y, como arrear ganado, subió a sus camaradas Jesús Briseño y Ramón Muñoz, todos quedaron encaramados en el Golf. No llevaban mucho de recorrido y sin rebuscamiento les dijo: "El señor tiene todo listo y planeado. Hoy se fugará de Puente Grande y ahorita vamos por su hijo". Me imagino al par de hombres: virtualmente se les cayeron las prendas íntimas de vestir; seguramente pensaron, de saber esto, no le hubieran hecho caso a "El Chito" cuando les telefoneó por la mañana con un "alístense, voy por ustedes". Con toda buena fue lo esperaron y acompañaron; mientras le daban vueltas al asunto escucharon otra vez: "Vamos por el hijo de 'El Chapo' Guzmán". Del dicho se fue al hecho; sacó su celular, marcó sin soltar el volante. Contestó el joven César Guzmán y le preguntó dónde estaba. Hizo una pausa y pronunció el clásico: "No te muevas, allí estoy en un minuto, voy en camino".

Así, desde el penal, Joaquín Guzmán Loera seguía organizando tranquilamente su fuga, ni falta le hizo el Internet. Supongo que pensó "ya la hice" al enterarse que "El Chito" compró el Golf tal como le indicó. Ahora y según lo planeado Camberos, llegó hasta "Puerta del Sol"; allí estaba César, le dio las llaves del Volkswagen; a cambio recibió las de un Cutlass 97 color gris. También una pequeña bolsa de tela negra con el cordón bien macizo para cargarla al hombro; al recibirla no vio el contenido, sus acompañantes tampoco le preguntaron, indudablemente no tenía olor a limpia tierra mojada. Mi única duda es si eran pesos o dólares.

Con bolsa y Cutlass, "El Chito" se despidió del joven César; no hubo comentarios, simplemente la clásica señal del adiós con la mano izquierda cuando ya iba al volante y el auto en marcha. Camberos regresó con sus camaradas, no les dio explicación alguna; simplemente les dijo que allí terminaba todo por lo pronto. "Váyanse a sus casas", con la advertencia "si las cosas no salen bien les llamaré por teléfono y entonces van por mí".

Mientras los amigos dormían, "El Chito" sacó de Puente Grande a Joaquín Guzmán Loera. Ya sabemos todos cómo le hizo con el famoso carrito. Una fuga alejada de la novedad, de primaria. Muchas veces las vi en el cine o la televisión. "El Chapo" alcanzó la calle, seguramente abrazó con mucho cariño a su hijo. Acompañado de "El Chito", fue al primero que vio. Joaquín ni siquiera preguntó "¿en qué nos vamos?" Lo sabía perfectamente; por eso no dudó para abrir la portezuela contraria al chofer y subirse. Me imagino a "El Chito" haciendo lo mismo. El joven César, alegre, se trepó, metió la llave al encendido, arrancó el motor y alejó a su padre de Puente Grande. Me imagino preguntándose uno a otro cómo estaban; y tal vez el hijo soltó un "¿cómo la pasaste?" La respuesta sería un "bien, muy bien".

Tal vez a "El Chapo" le dolió dejar atrás a la escultural tapatía "Chiquitína", una hermosa mujer que, como cantó Agustín Lara, "tienes el perfume de un naranjo en flor". Joaquín no le podía contar a su hijo cómo aquella belleza le dio noches de gloria en medio del infierno puentegrandero. También eso le agradecía mucho a "El Chito". Él se la llevó para que las suyas dejaran de ser noches de soledad.

Joaquín tenía todo bien arreglado para llegar hasta su pedacito de tierra en Colima y después darse una vuelta a Sinaloa; sus contactos siguieron funcionando. No tengo una información confiable sobre la separación de "El Chapo" y "El Chito"; unos me han contado que estuvieron como carne de uña siempre; otros dicen lo contrario: la misma noche de la fuga sucedió la separación.

Me extrañó la forma como se entregó "El Chito" a la autoridad. En realidad él no era tan buscado como su patrón, pero me imagino a su familia y amigos día y noche vigilados. No podía visitarlos ni recibirlos; de hacerlo, el comando de investigadores hubiera atrapado a todos. Tampoco podía acercarse a Joaquín, era como echarle a la policía encima.

Alguien me dijo: "La entrega de 'El Chito' y la supuesta captura del 'Pollo' fueron parte de, o el trato para dejar en paz a Joaquín". Sinceramente no lo creo, tampoco acepto la versión de que Camberos confesó dónde estaba el hermano de "El Chapo". Sabe perfectamente una cosa: de haberlo hecho estaría autorrecetándose la muerte; no dormiría muchas noches en el penal; le pondrían una pijama de madera a la medida.

De una cosa estoy seguro: en este sexenio encarcelarán a "El Chapo", a Osiel Cárdenas, cabecilla del cártel golfero, a los Carrillo y Esparragoza, sobrevivientes del cártel Carrillo Fuentes. Pero me queda una duda: si después de tales capturas no habrá mas "chitos" comprando Golfs y sacando mafiosos de las prisiones; o si asistiremos a la creación de numerosos cárteles, pequeños pero poderosos, como ahora sucede en Colombia. Es que la realidad nos enseña: el gobierno está preparándose cada vez y mejor para capturar mafiosos, no para evitar el nacimiento de mafias.

"SI TÚ SUPIERAS..."

Son iguales las bardas en La Palma de Almoloya y los panteones: los que están adentro no pueden salir y los que estamos afuera no queremos entrar. A nadie se le ocurre espiar tres metros bajo tierra, pero a los vivos y en sus celdas los videograban día y noche. Mi compañero Ciro Gómez Leyva en CNI Canal 40 exhibió hace meses un cassette. Alguien se lo mandó; contiene escenas patéticas de prisioneros y sus visitantes en La Palma.

El penal de Puente Grande, en Guadalajara, tiene un "Centro de Control". Está a la vista de casi todos los internos. Abajito hay una oficina; luce un letrero muy bien pintado. Harto claro: "Archivo de la Dirección". Me imagino a los creadores de rótulo y despacho como fanáticos de las películas de James Bond. Las oficinas no tienen nada de archivo y menos de dirección. En realidad allí opera un grupo del Centro de Inteligencia y Seguridad Nacional; sí, el afamado y oscuro CISEN.

Me sorprende cómo se manejan con una terquedad para engañar; por ejemplo, el jefe de la oficina en el penal era identificado como César Andrade; pero no se llama así; su nombre es Carlos Arias. Al fin tramposos, no hay una prueba si trabajó en el penal. Solamente quienes lo vieron y ahora saben "con toda seguridad está en la nómina de la Policía Federal Preventiva", naturalmente, con otro nombre. Y si acaso alguien lo identifica, podría zafarse mostrando recibos de pago en alguna oficina y desde hace mucho tiempo.

Pero existe una seguridad: el CISEN empezó a trabajar en Puente Grande desde 1995 o 1996. Hay información en el Juzgado Cuarto en Materia de Procesos Penales Federales. Supe sobre testimonios muy importantes; veamos: el 26 de enero de este año José Guadalupe Anguiano fue llamado a declarar; él trabajaba en el Centro de Control. Transcribo: "Hace aproximadamente cinco años se estableció en el CEFERESO personal del CISEN, quienes realizan grabaciones de conversaciones de internos y telefónicas". El señor Anguiano reconoció el también espionaje del Centro de Control, pero era muy burdo. Los internos se daban cuenta y le ponían "diúrex" a los microfonitos.

Otra declaración fue hecha en el Distrito Federal: 9 de febrero de 2001. En la Unidad Especializada de la Delincuencia Organizada (UEDO), Juan Carlos Sánchez Castillo, empleado de Puente Grande. También transcribo: "Sí tengo conocimiento de que había personal del CISEN en el CEFERESO, conociéndolos únicamente de vista y a uno de ellos por su nombre, Arturo, ya que fue al que llevé a la Central Camionera de Guadalajara". Entre paréntesis, CEFERESO es abreviatura de Centro Federal de Rehabilitación Social. El señor Sánchez también aseguró: "El CISEN sé que está desde hace unos dos años en el CEFERESO, pero continuamente cambian el personal". Para más señas indicó: "Ellos ocupaban el espacio que se localiza a un lado del área jurídica del penal en el nivel B, ignorando cuáles hayan sido sus actividades". Pero supuso "sí tuvieron conocimiento de las anomalías en el interior del penal" pues eran muy conocidas "y no faltaba quien comentara de eso". Exactamente 18 personas estaban haciendo tan maloliente trabajo en Puente Grande; eso lo informó el ex celador Juan Genaro Hernández; también en la UEDO. Se dio cuenta cuando grababan las visitas conyugales; se oían claramente palabras, sonidos y ruidos propios de un encuentro tan amoroso como desesperado. Los locutorios tienen micrófonos ocultos; así graban toda plática de reos con familiares, amigos o sus abogados. Según eso la intención es "vigilar que no existieran problemas y evitar alguna contingencia. También saber si no tenían algún fondo social las charlas".

Juan Gerardo López fue más allá: el señor César Andrade y 16 personas más realizaban las grabaciones. "Se trataba de controlar toda la información en cada uno de los módulos". Para más señas, explicó: el grupo del CISEN tenía micrófonos instalados por todos lados. Gracias a un cableado especial se escuchaba cualquier plática en la planta baja del Centro de Control; allí grababan los casetes, los etiquetaban con el nombre del reo, su visita familiar o abogado. Las horas en que iniciaban y terminaban la plática. Luego las llevaban al "Archivo de la Dirección", donde operaban los analistas del CISEN. Estudiaban todas las escuchas, las clasificaban, hacían un resumen, que entregaban a su jefe inmediato, Magdaleno Carrillo. Entonces, si ustedes, lectores, visitaron en alguna ocasión a un reo en Puente Grande, sépanlo que su voz fue grabada, hasta lo dicho en secreto. Los micrófonos ocultos en los locutorios nunca fueron descubiertos, continúan funcionando.

De todo esto me enteré cuando pregunté y no hubo quien me respondiera si el cardenal Juan Sandoval Íñiguez visitó o no a Humberto Rodríguez Bañuelos "La Rana", cuando el pistolero del cártel Arellano Félix fue trasladado en julio de 2001 de Tijuana a Puente Grande.

Allí declaró no haber participado en el asesinato del cardenal Juan Jesús Posadas y Ocampo. Total, me quedé pendiente en esa entrevista; si la hubo, don Juan Sandoval Íñiguez no se dio cuenta: también lo grabaron, pero si no, ni por qué preocuparse.

Me llama la atención un detalle. Héctor "El Güero" Palma, Arturo Martínez Herrera y Joaquín "El Chapo" Guzmán Loera eran los principales espiados, según los testimonios en actas oficiales. Siempre aparecían en las listas del director o de CISEN. Pero entonces de nada sirvió andar metiendo las orejas en la vida de los prisioneros, empezando por "El Chapo". Se fugó con harta facilidad; por eso desde entonces y, popularmente, le dicen "Puerta Grande" a Puente Grande.

“ ¡AY QUÉ CHULA ES PUEBLA!...”

Mi Ranchito es el mejor hotel y restaurante en Xicotepec de Juárez, estado de Puebla. Usted lo puede encontrar fácil y rápidamente en los litorales de la ciudad, a un ladito de la carretera México-Tuxpan. Tiene cabañas muy bonitas de uno y dos pisos. He recibido muy buenas referencias de los servicios, sobre todo recomiendan mucho la cocina. Lugareños y viajeros siempre salen satisfechos y con ganas de ir todos los días; eso es harto conocido. Los propietarios de Mi Ranchito son descendientes de ciudadanos alemanes; de allí les viene lo organizado. Son muy trabajadores, insisten en mantener su hospedería siempre en primer lugar y lo han logrado.

En medio de la tranquilidad de Mi Ranchito hubo algo muy relevante: entre los días 9 y 11 de noviembre de 2001 llegaron varios hombres en tres Suburban. Dos color guinda oscuro combinando con negro en la parte superior; la otra, roja, detalles oscuros, limpias, todas con vidrios ahumados, llantas anchas. “Lo primero que uno piensa cuando las ve es que se trata de políticos. Después, entra la reconcomia y no, a lo mejor son narcos”, escuché telefónicamente a un informante poblano; aparte me relataron que la mayoría de los viajeros eran jóvenes y fornidos. Cuando mucho llegaban a los 30 años, casi todos enchamarrados, algunos con botas picudas, pero normalmente vestían Levi's y la mayoría traía lentes obscuros. Ninguno sacó arma; si la traían, era fajada; y en caso de ametralladoras, seguro las llevaban en el piso de los vehículos.

Es normal una caravana así llegando a Mi Ranchito. Casi siempre se trata de políticos o pudientes, por eso no causa sorpresa. Pero en ésta, quién sabe de cuál Suburban salió un personaje. Naturalmente, no se registró a su nombre, pero las referencias son dos: una, llegó, descansó un buen rato, comió bien y se fue. La otra, pasó dos días y una noche recibiendo excelente atención y sin dejarse ver. Luego, pagó religiosamente, dio las gracias y retomó la camioneta; nada de arranques peliculescos, todo calmoso.

Cuentan que a la media hora o 45 minutos llegó otro convoy; pero éste sí, "quemando" llanta. Eran agentes federales, penetraron a Mi Ranchito y preguntaron por el recién hospedado y su comitiva. Los andaban persiguiendo, se les veía desesperados, angustiados. Éstos sí traían pistola en mano y otros permanecieron con arma larga recargados en los vehículos. Noches antes los telediarios anunciaron "Joaquín 'El Chapo' Guzmán fue visto la última vez hace tres días en Puebla", y no andaban errados; pero imprudentes, informaron a la televisión; pusieron sobre aviso al famoso narcotraficante sinaloense y, de paso, obligaron a los propietarios de Mi Ranchito a instalar un circuito cerrado de televisión para videograbar a cuanta persona entrara. Con justa razón insisten mantener su hotel en el liderato; por eso no van a permitir que otra vez les caiga por allí "El Chapo" o cualquier famoso mafioso.

Joaquín Guzmán Loera no era tan conocido, hasta que en 1993 fue colocado entre los narcotraficantes famosos. Fue cuando con harta maña se les escapó a los pistoleros de los Arellano Félix, querían matarlo en el aeropuerto de Guadalajara y se confundieron: asesinaron al cardenal Juan Jesús Posadas y Ocampo. En ese tiempo comandos de la PGR lo rastrearon, fue cazado en la frontera con Guatemala; lo encarcelaron primero en Almoloya. Fotógrafos y camarógrafos protegidos por paraguas o con plásticos lo captaron en un patio de la prisión; caía un chipi-chipi helado. Entonces no transmitieron por televisión la ya familiar escena: corte de pelo hasta el casquete, medirlo, fotografiarlo, perros ladrando muy cerquita y obligarlo a contestar "¡Sí, señor!... ¡Sí, señor!" a los custodios. No; lo treparon a una tarima de madera en algún patio y desde allí contestó preguntas a los reporteros. Simplemente les dijo que era ganadero y de allí no lo sacaron. Lució desbigotado y con la clásica vestimenta caqui de la prisión, enchamarrado, tiritando.

Años después "El Chapo" logró salir vivo de Almoloya. Sus abogados no le fallaron, obtuvieron sentencia para trasladarlo a la prisión de Puente Grande, cerquita de Guadalajara. De allí se escapó, sin balazos, sangre ni escándalo, silenciosa y discretamente; o como diría algún mañoso, "limpiecito". Así fue su presencia y despedida de Mi Ranchito. Me contaron que, al retirarse del prestigiado hotel y restaurante, la comitiva de Joaquín se dirigió a Poza Rica en el estado de Veracruz. Lo más seguro fue que llegó hasta la carretera costera del Golfo de México; y de allí tomó uno de dos caminos: al norte, Tampico; o al sur, Veracruz vía Esmeralda.

La lógica apunta a que seguiría al norte para llegar a Monterrey o Nuevo Laredo, donde encontraría camaradas, reposo y seguridad. Pero también es posible que pensara en lo dificultoso de esa zona. Hay mucho ruido después de balaceras, cateos y decomisos de droga, tanto en Tamaulipas como en Nuevo León. El Ejército controla la región, entonces lo mejor sería tomar rumbo al sur, a Veracruz. Hay muchos lugares dónde permanecer aislado sin que lo busquen.

Los telediarios informaron algo dramático: "El Chapo" se encontraba tan deprimido como para suicidarse; por lo menos eso dijeron en la PGR, pero la realidad es otra. En Xicotepec de Juárez lucía muy bien, ni triste o preocupado; comparado con las fotos de 1993 en Almoloya, se le vio más chapeteado.

"AMOR PERDIDO..."

Si como lo escribió una de sus amantes, Joaquín "El Chapo" Guzmán ingresó al *staff* del presidente de la república, licenciado Vicente Fox Quesada, y esto fuera cierto, me gustaría entrevistarla. No la conozco, solamente sé su nombre, Rosario Ruiz. Así lo escribió en el sobre de la última carta destinada al afamado narcotraficante; todavía estaba en la prisión de Puente Grande, en Jalisco. Firmó el mensaje solamente como "R.R.C.O.P"; no incluyó su dirección, pero sí un apartado. El 208 de Coyoacán, en el Distrito Federal, código postal 04331. La carta está en poder de la PGR. Pregunté y supe: no se investigó nada sobre existencia, ubicación y relación de la dama con el delincuente.

La carta estaba en la celda de "El Chapo" Guzmán luego de la huida, revuelta entre un par de zapatos tenis de color blanco marca "Aikin" del número 27, dos fotos a todo color de Joaquín con el uniforme de la prisión, un rollo de papel sanitario, color blanco, sin marca y casi consumido, dos pedazos de papel, uno marcado "312" con lápiz y otro que contenía dos cabellos; también una libreta tamaño profesional Scribe; solamente tiene escritos dos nombres: Luis Montalvo Lara y Catacán José Isidoro.

De todo esto dio fe la licenciada Clementina Laiza Rodríguez, agente del Ministerio Público de la Federación, adscrito a la Unidad Especializada en Delincuencia Organizada. El acta se elaboró precisamente a la una y media de la mañana, 21 de enero de 2001, enseguidita de la huida. Se refiere a un oficio enviado por Efraín Muñoz Tobón, coordinador de Peritos adscrito a la delegación estatal de Guadalajara.

Según la constancia oficial, "El Chapo" también dejó una bolsa de plástico con un juego de pants, tamaño extragrande sin marca; un retazo de tela blanco de 1.23 metros por 88 centímetros con manchas "al parecer de oxidación", una sábana blanca de 2.34 metros por 1.20, igualmente manchada; las dos, en ese momento, húmedas. Aparte abandonó una camisola sin mangas color beige marca Alfa; en la bolsa del lado izquierdo una marca con tinta: "002"; dos camisolas más, una talla 44 y otra 38, pero ambas con la misma marca; una chamarra beige con forro, extragrande y en la parte interior izquierda a la altura de la bolsa, el número "645"; dos pantalones sin lavar, uno con el repetido "002" y otro con el "705".

Sigue la lista: camiseta sin mangas, rota, de color gris; playera beige cuello "V" talla chica; otra sábana pero sucia; dos pares de zapatos, uno color miel con suela de goma y sin marca, otro Avanzap en tono vino; todo eso fue lo abandonado por "El Chapo". Entre paréntesis: Miguel Trillo Hernández fue detenido el día 20 de diciembre, la PGR lo anunció como "el principal operador logístico del presunto narcotraficante Joaquín 'El Chapo' Guzmán". También se le publicitó como "el cerebro en la fuga de 'Puente Grande', Jalisco". Aparte lo catalogaron:

controlador de las casas donde se ocultó el mafioso sinaloense desde su escapatoria.

Se le quiso dar etiqueta de "pez gordo", pero no; es, y dicho en términos populares, "del montón"; así es que Trillo, estratega de la fuga, nada más no.

Volvamos a la carta de Rosario Ruiz; es peliculesca, de novela; fue recibida el 12 de enero según el sello del CEFERESO 2 (Centro Federal de Rehabilitación Social), casi una semana antes de la fuga. Tiene la dirección correcta del destinatario: Carretera libre Zapotlanejo, kilómetro 17.5, zona postal 44281, Guadalajara, Jalisco. La foliaron con el 407565 y le estamparon el clásico "recibido" con la fecha.

Rosario utilizó papelería de Malpaso Producciones con letra muy legible; transcribo textual sin quitar ni poner puntos, comas y acentos.

> México, D.F. 22 de diciembre del 2000. Mi querido JOAQUIN: Quiero decirte que me has hecho pasar los días mas difíciles de mi existencia. Creí que después de tantos años por fin podía estar cerca de ti, me es muy difícil asimilar esta situación, ya que me doy cuenta que hay cosas muy turbias en todo esto. Mira querido Joaquín, sabes que eres todo para mi, que te quiero, si el motivo por el cual no puedo entrar a verte ni en tu visita conyugal es que estás casado y este te ocasione un problema con tu familia dímelo honestamente y no te molesto mas. Hoy termine la película con RENE CORDOVA y comienzo el 28 en la presidencia con FOX, de cualquier forma si algún día te decides a hablarme, mi asistente Paulina te comunica conmigo inmediatamente. Te deseo lo mejor de este mundo que todos tus anhelos se te cumplan, que nunca olvides que a pesar del tiempo y de tantos obstáculos que existen entre nosotros, te quiero y siempre te querre, ya que eres un todo en mi vida. Que este año nuevo y este siglo que comienza sea

lleno de esperanzas en tu vida. Feliz Navidad y año nuevo. Rosario.

Luego anotó otro pequeño párrafo: "Quiero que siempre tengas presente, que así como creo en Dios, creo en ti y aunque pase mucho tiempo siempre cuentas conmigo. Te quiero te ahnelo y te deseo con todo mi corazón". Hasta allí el mensaje.

Rosario se suma a los amores de Joaquín: primero, Griselda López Pérez, su esposa, que ahora le acompaña fielmente desde la fuga; pero en Puente Grande, Joaquín tenía para dar y repartir: le visitaban Mireya, empleada también del penal y domiciliada en calle Loma Ajic de colonia Loma Dorada. Adoraba a la sinaloense Astrid, que vive en el andador Otilio González sin número, casi esquina con Eligio Ancona. Los nombres de estas damas constan en actas oficiales de la Dirección General de Planeación y Operación de la Policía Judicial Federal de Guadalajara. Aparte, don Julio Scherer entrevistó a otra apasionada amante: Zulema Hernández, interna también de Puente Grande. Como quien dice, amor y pasión desde la cárcel hasta Los Pinos.

"ESPÉRAME EN EL CIELO, CORAZÓN..."

Alguien a quien respeto me lo comentó: Amado Carrillo "El Señor de los Cielos" y el cártel Arellano Félix estuvieron a punto de asociarse. Parece increíble, pero así fue. En las negociaciones participó Manuel Herrera Galindo "El Caballo". Los afamados hermanos se encomendaron a este hombre; soldado primero de la familia, luego eficaz manejador de billetes, propiedades y droga, fiel hasta la muerte. No tengo datos certeros de cómo se arregló su encuentro con "El Señor de los Cielos", pero sí dos posibles motivos.

Uno, a los Arellano Félix se les cayeron las prendas íntimas de vestir cuando el señor general de división Jesús Gutiérrez Rebollo fue colocado al frente del Instituto Nacional del Combate a las Drogas (INCD); sabedores de la sociedad entre el militar y Amado Carrillo tantearon que los zarandearían hasta eliminarlos. Ya tenían un antecedente: taimados y manoseando a la PGR, lograron nombrar al doctor Ernesto Ibarra Santés subdelegado en Tijuana. Llevaba un designio: tundir por todos lados a los Arellano; por eso los hermanos ordenaron ejecutarlo. Entonces el general estaba acantonado en Guadalajara;

tenía poder, pero no tanto como el que le dieron acomodándolo en el INCD.

Otro motivo sería precisamente a petición del propio Gutiérrez Rebollo. Unirlos para controlarlos mejor. Capitaneando el Instituto Nacional del Combate a las Drogas, arreglaría la sociedad. En estas condiciones los Arellano aceptarían repartir el pastel y no quedarse con las migajas; fue cuando enviaron a "El Caballo" y, sin problemas, lo recibió "El Señor de los Cielos". En ventaja, Amado Carrillo dijo sí a Herrera Galindo, pero condicionado: como muestra de buena voluntad, deberían entregarle a tres pistoleros: sí, los que quisieron matarle. Para precisar, en diciembre de 1993 "El Señor de los Cielos" estaba en el restaurante Bali-Hai del Distrito Federal, lo acompañaban esposa y amigos; de repente entraron los arellanistas; quisieron y no pudieron ejecutarlo.

Cuando "El Caballo" escuchó el reclamo de "El Señor de los Cielos", sacó su teléfono satelital. Se comunicó con Ramón Arellano; le explicó todo al detalle. Como respuesta hubo un "no"; Arellano Félix sabía muy bien que si entregaba a sus pistoleros, Amado los ejecutaría; y todos eran grandes camaradas. Ramón pidió hablar con él, y no aceptó "El Señor de los Cielos", simplemente se sostuvo para negociar.

Hubo una segunda ronda de pláticas; me la imagino a sugerencia del general Gutiérrez Rebollo. Los Arellano debieron reunirse para tomar una decisión, insistirían en continuar el trato sin entregar a los pistoleros; pero Carrillo Fuentes insistió posiblemente con estas palabras: "Quiero a los pistoleros que trataron de matarme". Amado Carrillo tenía mucho odio a los Arellano, y no tanto por el intento de matarlo. Entendía con claridad cómo en su "profesión" se corrían esos apuros. No, su muina fue que hirieron a su mujer. Entre la mafia es sabido: a los parientes ajenos al negocio no se les toca; y a los Arellano se les pasó la mano.

Ante esa situación, nuevamente "El Caballo" llamó por teléfono; su conversación fue más rápida. Me lo supongo cuando escuchó la respuesta, los Arellano cedieron, entregarían a los pistoleros. Quiso el destino que los sicarios no fueran ejecutados. "El Señor de los Cielos" informó a "El Caballo" sobre un viaje a Chile, pero fue muy claro: en cuanto regresara quería allí a los Arellano, entregándole personalmente a los matones. Entonces sí hablarían de negocios; y palabra de barón, no de varón, se comprometería a jamás atacarlos; al contrario, todo entre camaradas.

Seguramente los Arellano ya estaban preparados cuando supieron sobre el regreso de "El Señor de los Cielos", pero no recibieron ningún llamado. Indudablemente se enteraron por sus informantes en la PGR: Amado se internaría en una clínica del Distrito Federal, le cambiarían rostro y cuerpo; y entonces sucedió lo menos pensado: Carrillo Fuentes murió... O lo mataron. Para los Arellano fue como una carambola de doble banda: primero, seguirían independientes; y segundo, no entregarían a sus camaradas.

Por eso salvaron su vida tres de los más famosos pistoleros: Fabián Martínez González "El Tiburón", uno de los jóvenes más sanguinarios; sus amigos de la infancia y adolescencia lo recuerdan y jamás se imaginaron de su alianza con la mafia. Hijo de respetable familia en Tijuana, de repente se convirtió en uno de los más famosos narcojuniors. Es de los pocos sobrevivientes de un gran conjunto, algunos se mataron entre ellos por "¿qué me ves?" y otras simpladas. Varios terminaron en las prisiones de La Palma y de Estados Unidos. También se salvó de morir ejecutado Federico Sánchez Valdés "El G-1".

Igualito a "El Tiburón", formó parte de honorable familia; en 1985,1986, le apasionó disparar y matar; su primera víctima fue un agente del Ministerio Público. Lo pescó saliendo de su casa, fue un secreto a voces y desde entonces abandonó Tijuana; mató a decenas. Al final del 2000 le tocó la de perder: un enemigo lo tiroteó. La bala le entró por el párpado izquierdo y le salió por el parietal derecho: muerte instantánea.

Un sobreviviente es Merardo León Hinojosa "El Abulón", con la clave antigua de "3-3" en el cártel Arellano Félix, pero también apodado "El Doctor". Es calcomanía de sus compañeros en origen. La identificación de estos jóvenes llegó a "El Señor de los Cielos", por una copia de la ampliación de declaración ministerial de Alejandro Enrique Hodoyán Palacios, otro narcojunior de Tijuana.

Desde que me enteré de la decisión de los Arellano para entregar a "El Tiburón", "El Abulón" y Federico todavía no salgo de la sorpresa. Nunca pensé que para salvarse, serían capaces de entregar a sus grandes amigos y compañeros de cártel.

“ME MATA, ME ENLOQUECE...”

Baleado que fue Vito Corleone, interpretado por Marlon Brando en la primera de las películas *El Padrino*, su hijo Michael (Al Pacino) fue a visitarlo al hospital. Primero le llamó la atención no encontrar a ningún policía a la entrada, en los pasillos ni en la puerta del cuarto donde estaba su padre. Tampoco había personal médico y, contrario al movimiento intenso e ininterrumpido de una clínica, aquello estaba desierto. Naturalmente, el joven se alarmó y pensó que alguien había ordenado despejar el camino para que llegaran a rematar a su padre. Según la película, en esos momentos nada más había una enfermera en el hospital. Cuando vio a Michael enérgicamente le dijo que no eran horas de visita, pero el hijo de El Padrino le explicó desesperado el inmediato complot asustándola, lo que aprovechó para ordenarle ayuda y así cambiaron de cuarto al famoso Vito Corleone.

Después, Michael ayudado por Enzo, un despistado visitante agradecido con don Vito, se colocaron a la puerta del hospital aparentando estar armados. A los pocos momentos llegó un auto con matones, ni siquiera se bajaron del vehículo, siguieron su marcha al ver que sí había protección y no que el camino estaba limpio, como les advirtieron. Todavía no se reponían del susto Michael y el amigo circunstancial Enzo, cuando como de rayo cayó en una patrulla y seguido de otras el jefe de la policía; se bajó enojado. Estaba de acuerdo con los mafiosos y había ordenado el retiro de todos los policías para facilitar el remate de Corleone. Por eso golpeó al hijo de El Padrino y pudo haberlo acabado si no llegan los hombres de don Vito alertados telefónicamente por Michael.

Indudablemente, la escena fue sacada del molde mañoso; desde hace muchos años así se acostumbra. En 1998, cuando la matanza de El Rodeo en las cercanías de Ensenada, agentes municipales, estatales y militares vigilaron día y noche el hospital a donde llevaron a una jovencita embarazada y a un chamaco sobrevivientes. Ni los reporteros pudieron pasar a verlos, y solamente muy contados oficiales del Ejército fueron enterados qué día, a qué horas y cómo los sacaron. Nadie sabe a dónde se los llevaron, nadie sabe dónde están.

Fue muy raro que haya pasado todo lo contrario en Hermosillo. El compañero reportero Norman Navarro me confirmó que la madrugada del lunes 16 de febrero de 2001 varios hombres llegaron al hospital CIMA y ejecutaron en su cama a Rodolfo López Amavizca; le apodaban "El Zurdo" y fue comandante policiaco; luego anduvo rondando en la FEADS (Fiscalía Especializada para la Atención de Delitos contra la Salud) y después entró en la mafia. Tenía un absceso anal y por eso lo operaron, estaba encamado, lo acompañaba y también fue muerto su guardaespaldas Natividad Villegas, "El Nati"; y como en la película, un policía federal de Caminos comisionado para protegerlo... Desapareció antes del tiroteo.

La historia se repitió en Culiacán el 14 de abril de 2001: un grupo muy parecido al de Hermosillo entró en la Clínica Hospital Culiacán. Se fueron directamente a donde estaba Ramón Acosta, un agricultor que dos días antes fue herido en su rancho de Cosalá; se restablecía de las heridas causadas por un par de disparos y lo acompañaba su esposa Arcelia Silva, embarazada de cuatro meses; a los dos los mataron a balazos. Fueron tres o cuatro los asesinos; huyeron tan fácilmente como llegaron y se fueron en un automóvil. Igual que en la película *El Padrino*, no había vigilancia en el hospital. La única diferencia entre la película y los hechos es que en ambos casos los jefes policiacos llegaron sin golpear a nadie... Les salió mejor que en *El Padrino*.

"SI ME HAN DE MATAR MAÑANA..."

Al licenciado Francisco Labastida Ochoa lo querían matar cuando era gobernador de Sinaloa. Lo sabía, estaba en la mira, pero un día se cimbró; vio cómo lo retrataban seguido y muy de cerca, también a su esposa; ni siquiera eran periodistas, pero no desdeñaba el significado. Las fotos serían entregadas a pistoleros profesionales; así lo reconocerían muy bien antes de remitirlo al panteón. Labastida no podía desmemoriar: así les pasó a varios de sus colaboradores. El narcotráfico se los llevó por delante; por eso solicitó audiencia al presidente de la República, pero sucedió algo turbio. La policía no persiguió a los sicarios a pesar de estar identificados; seguramente por eso aceptó la oferta en Los Pinos: embajador en Portugal. Entonces despegó de su Sinaloa en avión antes de terminar bajo tierra, llegó a Europa; y como dicen que la distancia es el olvido, la intimidación perdió fuerza. Regresó al gabinete presidencial años enseguida, pero eso sí, con mucha protección. No me explico por qué la PGR ni siquiera persiguió a los matones cuando Labastida fue candidato a la Presidencia de la República. En lugar de ofensiva justificada, actuaron a la defensiva injustificada.

El licenciado Jesús Jacobo Michel era mi amigo, notable abogado sinaloense. Un día de 1977 se presentó a verme en Tijuana, le encantaba escribir y lo acepté; después supe de sus andanzas en otros países como defensor de los derechos humanos. Las comisiones todavía no se inventaban en México; luego el teletipo del periódico me soltó la noticia: lo ejecutaron en su tierra. Jamás detuvieron a los causantes. Indudablemente sabían quiénes hicieron el trabajo sucio. Otra vez en Sinaloa, igual pasó al inquieto compañero Odilón López Urías; primero mataron a su hijo; tuvo que hacerle compañía; lo eliminaron cuando gritaba a los cuatro vientos el nombre de los asesinos. A Manuel Burgueño, otro periodista también sinaloense, lo balearon para matarlo; fueron pistoleros comandados por el célebre Humberto Rodríguez Bañuelos, "La Rana". Y para no citar más casos, porque son decenas de cientos. Ésos, en particular, jamás se investigaron a pesar de saber las autorías.

El domingo 11 de noviembre de 2001 ajusticiaron en Mazatlán a dos magistrados: Benito Andrade Ibarra, del Primer Tribunal Unitario, y Jesús Alberto Ayala Montenegro, del Segundo Tribunal Unitario. No tengo duda, les seguían los pasos, y fue con la clásica mecánica del narcotráfico: frente a una residencia, cuando estaban acomodándose en la Suburban para salir; no les dieron tiempo ni de abrir la portezuela y menos correr, traían el cinto de seguridad puesto al ser tiroteados. De pronto apareció un Stratus rojo, se emparejó, bajó uno de los asesinos y disparó seguramente todo el cargador de su "cuerno de chivo". Se mencionó un Chevy Monza en las crónicas periodísticas como parte de las maniobras del crimen; también mataron a María del Carmen Cervantes, esposa del licenciado Benito Andrade Ibarra. Se salvó la señora del otro magistrado, María de la Paz Miranda de

Ayala. Si los cuatro sicarios se hubieran bajado de los vehículos, no quedan ni testigos.

Algo parecido le sucedió al ex procurador de Jalisco, licenciado Leobardo Larios Guzmán; lo ejecutaron al salir de su casa. Sirvió al gobierno del licenciado Guillermo Cosío Vidaurri. Otro ex procurador, don Rodolfo Álvarez, en el sexenio sinaloense de Labastida Ochoa, andaba trotando en el Parque Hundido del Distrito Federal. Se acercó un hombre y le disparó con pistola. En la muerte de don Leobardo se dice que Humberto Rodríguez Bañuelos, "La Rana", tuvo participación. En Tijuana ametrallaron y despedazaron al ex fiscal Odín Gutiérrez. En todos los casos muchos sabían quiénes fueron y nadie persiguió a nadie.

Recuerdo cuando ejecutaron a mi compañero y socio Héctor Félix Miranda. Inmediatamente nos pusimos a leer las últimas columnas que escribió; apuntamos todos los nombres, hicimos una lista; los fuimos colocando según su importancia como funcionarios, también particulares de fama pública, con más razón si se refirió a ellos hiriente, jocosa, burlona y hasta atrevidamente. Así fue como elaboramos la primera nómina de sospechosos; visitamos a los vecinos de Félix para enterarnos a qué horas salió y por dónde se fue en su auto, preguntamos en la ruta. Testigos comentaron sobre la emboscada; dijeron color, modelo y marca de vehículos utilizados por los matones, y para dónde escaparon. Establecimos posibles caminos hasta dar con el verdadero, elaboramos un mapa, bien claras las trayectorias de Héctor y de sus tres asesinos. Lo publicamos inmediatamente con la lista de los sospechosos; unos se presentaron rápido a zafarse. La policía hizo correctamente su tarea; el resultado fue lógico; primero capturaron a un cómplice. Meses después al matón; los dos están sentenciados a 27 y 25 años; otro fue ejecutado para que no hablara.

Casi todo mundo se imaginó: los magistrados fueron asesinados por los asuntos que tenían en sus escritorios. No les voy a enseñar el Padre Nuestro a los obispos de la PGR para investigar, pero creo que si los pistoleros no dejaron huella ni los testigos les vieron, la pista está clara: no cumplieron lo que prometieron; por eso este caso no se aclarará, pero sirvió de advertencia a los jueces.

"CUANDO RECIBAS ESTA CARTA SIN RAZÓN..."

Siempre creí que esta carta fue la que encorajinó a Ramón y ordenó matarme. Violó la regla elemental: la mafia no puede matar a quienes les dice la verdad. La autora de la misiva se presentó a las oficinas de Publicidad en nuestro semanario *Zeta*, solicitó publicarla como inserción pagada. Cuando se le informó la tarifa, se dolió de no tener el dinero suficiente para lograrlo. La gerente de Publicidad al leer la carta se sorprendió y me llamó. Pedí a la señora hablar con ella y ver el documento, aceptó; le pedí una prueba de su identificación, me mostró pasaporte, tarjeta electoral, otros documentos, domicilio, teléfono y oportunidad para inmediatamente verificar que todo fuera auténtico. Al comprobarlo perfectamente, le sugerí publicarla sin costo alguno, siempre y cuando pusiera su nombre y la firmara; fue más allá. Se responsabilizó por su contenido y consecuencias personales.

Para mí, la carta ya no era un documento privado; se refería a situaciones públicas y por ello no incurría en ausencia de ética para publicarla. Las revelaciones eran importantes, empezando por el crimen de sus dos hijos. Publiqué la carta al iniciar noviembre de 1997, presenté una reproducción y gran titular en primera plana: "Carta para Ramón Arellano Félix". El siguiente es el texto íntegro.

Mi hijo estuvo en pláticas con El Abulón... y si se fue con El Tiburón fue porque creía en ti.

Mis adorados hijos fueron víctimas de la envidia y la cobardía de Ustedes, los Arellano.

Tú le pediste a mi hijo que te sacara de la ciudad de Tijuana y del país cuando tu problema con el Cardenal.

No mereces morir todavía. Que la muerte no sea tu precio ni tu castigo. Que vivas muchos años más y que conozcas el dolor de perder hijos.

Desde el primer momento que supe del fatal accidente de mis adorados hijos quise gritarte, preguntarte: ¿Por qué tanta crueldad? ¿Por qué tanta saña? ¿De qué los acusaste? ¿Qué te hicieron mis reyes que con eso te cobraste? ¿Tan grave era su culpa que no se podía perdonar? ¿Qué te llevó a permitirlo? Ahora que te encuentras al borde del cadalso, me dije: Que no se vaya Ramón sin saber lo que mi hijo decía de él y lo que yo pienso.

Mi adorado hijo te tenía lealtad. ¿Conoces esa palabra? No. Miedo como te lo tienen esa bola de cobardes que te rodean, y que te dicen que contigo hasta la muerte y andan viendo cómo te dan la puñalada por la espalda, como se la dieron a mi Rey. Yo muchas veces le dije que no te saludara. Que buscara la forma de no llevar amistad contigo, mucho menos relación de trabajo. Y él, muy confiado, me respondió: "No se crea de todo lo que dicen de él. Es bueno, es justo. Lo que no le gusta a él es que se pasen, que sean abusones. Con decirle que a todos los que han caído en batalla de su equipo siempre les tiene prendida una veladora. Él es buen amigo".

¿Tú crees la inocencia o ignorancia de mi Rey? Con eso le ganaste su corazón. ¡Qué lejos estaba mi Rey de conocer tus entrañas que allí se anidaba la traición, la cobardía, el miedo, la perversidad, la maldad y tienes miedo de dejar de ser figura y eso lo reflejas con tus barbaridades que cometes.

También me decía que tú le diste oportunidad de trabajo y por eso él te agradecía que lo hubieras ayudado y él era agradecido. Tú, Ramón, sabías muy bien que mi hijo fue víctima de problemas que lo llevó a tener diferencias con Mayel y que él, mi hijo, quería sacar la verdad del robo. Que El Español supiera que le habían robado y no que él, mi Rey, se había auto-robado.

¿Sabías Ramón que tú hermano Benjamín quiso ayudar a mi Rey con ese problema y para platicar con él le mandé decir que hiciera la cita por medio de El Abulón?

Mi hijo vino expresamente para concertar la cita y estuvo en pláticas con El Abulón por tres días esperando y mandando mensajes a El Abulón. Pero El Abulón jamás hizo nada por concertar la cita.

Estando Benjamín aquí en Tijuana y ya con autorización de él, tu hermano. ¿Sería que recibió orden de El Varilla de que a mi Rey lo mandara por un tubo para que así no tuviera la oportunidad de arreglar la diferencia entre mi Rey y Mayel?

Ramón: Me han dicho que tú te ufanas porque le hiciste daño a mi hijo. ¿Por qué te ufanas? ¿Por qué no reconoces y reconoce tu equipo que mi Rey era hombre de valor y tu equipo le tenía envidia y miedo, porque sobresalía de entre todos ellos?, que nada más son unos cobardes, que nada más están buscando cómo venderte del miedo que tienen, ahora que dan dos millones de dólares por ti.

Ramón: Si mi hijo se fue con El Tiburón fue por dos razones pienso yo. Una porque creía en ti y que de verdad querían arreglar las cosas con palabras, con convenios, así como Mayel le había pedido que se fuera de aquí y se fue mi Rey.

Otra, que conociéndolos a Ustedes cómo se las gastaban, prefirió irse y salvarle la vida a los demás acompañantes incluyendo a su hermano y qué error, pues a su hermano fue el primero que dañaron. Dile a El Lobo si esas órdenes llevaba de El Varilla.

Ramón: ¿Cuáles órdenes llevaban tus pistoleros? Ramón: Sabes que el viejo Manuel El Español y su equipo fue el beneficiado. No entregó nada a la familia. Se quedó con todo. Barcos, aviones, dinero, mercancía, todo el equipo de trabajo y con la ruta que mi Rey hizo.

A ellos les hiciste un gran favor y a nosotros nos desgraciaste para toda la vida. Tú bien sabes y Mayel también, que él, El Español, el problema lo hizo más grande porque a punta de borracho dijo que tenía cincuenta millones de dólares para pelear con Ustedes.

Mi Rey pagó el plato por esa hablada. Ironías de la vida. Los que te sirvieron en un momento de necesidad tú ya los mataste a sangre fría sin haberte hecho daño a ti, a tu familia, a tu organización. ¡Qué error tan grande cometiste con los míos! Al viejón lo dejaste más millonario que antes. A gusto, trabajando. A la familia de mi Rey, sin padre, sin dinero, sin tío y con un vacío de padre para toda su vida. A mí, sin hijos, muerta en vida, desgraciada y llorando noche y día porque yo tenía unos hijos adorables como hijos y como seres humanos.

Yo te pido que en un acto de buena fe y en memoria del que te brindó su amistad, y que sí fue tu amigo aunque tú no de él, le pidas a El Español que regrese lo que no le corresponde. Chava y Arturo, tú sabes quiénes son, los que aquí le trabajaban todo a El Español y en Estados Unidos. El Chava también. Se quedaron con bastante dinero de mi Rey. ¿Y quién les puede exigir que hagan cuentas? ¿Yo, una mujer sin apoyo? ¿O es que él iba en la polla del pago de pistoleros y también para que su trabajo, que estaba en puerta el día del fatal accidente saliera bien? Me mandó avisar hasta los ocho días. Qué cruel. Después que les sirven los abandonan. Así es el ser humano. Primero él y después él, por eso dejaron esa frase difícil de cumplir. Ama a tu prójimo como a tí mismo. Jamás sucederá eso, difícil de llevar a cabo.

Sabes que el día del fatal accidente llegó el trabajo de mi hijo donde venía una inversión muy fuerte, y es la que le reclamó a El Español de hacer cuentas y no quiere ni darme la cara, mucho menos lo de mi Rey. Aun cobrándose lo del robo sobra para darnos. No quiere dar nada. No es justo eso.

Ramón: Te estoy hablando de la persona que tú pediste que te sacara de la ciudad de Tijuana y del país, cuando tu problema del Cardenal Posadas Ocampo acababa de ocurrir y tú tenías encima radio, prensa, televisión y El Vaticano.

Él, dejando familia e hijos no la pensó dos veces a sabiendas que arriesgaba su libertad si los detenían, y su vida, si se topaban con los enemigos. Tu destino era llegar a la Ciudad de México por los Estados Unidos haciendo escala en tres o cuatro ciudades de ese país. Tú le pediste que te acompañara porque con él te sentías seguro, aparte de que hablaba buen inglés y su nombre estaba limpio. Él llevaba la batuta de comprar los boletos de avión, registrarse en hoteles, pedir la comida en los restaurantes y él siendo ajeno a ese problema tan grande que llevabas a cuestas, a esa persona le debías algo de tu libertad y tu vida. Él te tenía en buena estima y siempre creyó en tí. Lo que ignoró mi Rey es que Ustedes no conocen las reglas de oro. Reconocer al hombre de valor y jamás matarlo como lo hicieron con ambos. Merecían seguir viviendo.

Ramón: Mi conclusión llegó a esto:

Primero: Que querían saber que no supieran.

Segundo: Que tu banda no tenía suficientes motivos para hacerle lo que le hicieron a mi Rey.

Tercero: Si había problemas con Ustedes no era para tanta crueldad.

Cuarto: Que el secuestro les falló al haber El Lobo ultimado a su hermano y ya no podía haber rescate y se ensañaron con mi Rey.

Quinto: La razón más poderosa que yo considero imperdonable es lo que tú hiciste con ellos. Y otra que te violen a una niña hija tuya o de cualquier otro, vejación a tu mamá y eso mi Rey jamás lo haría porque tenía principios morales y valores muy fuertes de respetar al ser humano.

Sexto: Que sólo un desquiciado por la envidia e impotencia de ser igual o mejor que ellos, que nos odiaba, tanto a mí como a mi familia, a mi Rey el mayor le tenía demasiado envidia y coraje, porque su padre de él El Loco, se los ponía siempre de ejemplo por trabajador, responsable, inteligente, estudioso. El haber estado en las mejores escuelas por su propio mérito y no por el dinero, o lo que valieron sus padres y sobre todo no vicioso ninguno de los dos. Y eso pienso que no lo olvida, mucho menos perdona que fueron mejor que él en todos los aspectos, y esta orden dio a El Lobo: si el hermano se te pone al brinco también dale, porque tú Ramón no tenías nada en contra de los dos.

Séptimo: Que sólo Varilla pudo haber atizado la hoguera y tú Ramón caíste en su perversidad en contra de mis adorados hijos.

Octavo: Que Varilla y su hermana, El Español se conjugaron para quedarse con todo lo que llegó precisamente en la fecha del fatal accidente y como tu gente le sirve a él también, por eso se apoyó en ella.

Probablemente estoy equivocada. Pero tú serías el único que me sacarías de la duda.

Ramón: ¿Me podrían decir cuáles fueron las últimas palabras de mi Rey? Le pidió mucho a Dios que lo salvara de la ignominia de la que estaba siendo objeto, maltratado físicamente y verbalmente. ¿Verdad que los milagros no existen? Cuánto imploraría mi Rey a ti y a tu gente y a Dios, porque Ramón, tanta crueldad en ti y en tu gente, aunque tu gente nada más recibe órdenes y nadie tiene el valor de decir que no está de acuerdo con tus métodos.

Ramón: Qué cobardía cometiste con mis Reyes. Te dolía reconocer que eran mejor que Ustedes y que ellos podían llegar muy lejos.

Ramón: les tenías miedo y llegaste a respetarlos y reconocerlos. ¿Por qué te ufanas de que tú fuiste quien les hizo daño?

Ramón: deberías de hacer tus memorias diciendo los motivos que te llevaron a hacer tanta canallada. ¿Cuál fue tu ideal? ¿Cuál fue tu causa? ¿Cuál fue la injusticia que combatiste con tanta saña? ¿Por qué? Te voy a decir una cosa. Valor no lo tienes porque siempre has hecho tus fechorías amparado en lo que representan la autoridad judicial estatal y apoyada por ellos mismos, siempre has tumbado gente indefensa. ¿Tú crees que eso es ser hombre valiente?

Ramón: ¿Por qué no donas tu cerebro para que lo estudien los científicos y conozcan un cerebro que guarda tanta crueldad cuando has tenido todo en la vida, padres, hermanos, mujeres, hijos, dinero, poder matar a sangre fría, tener instintos irrefrenables.

¿Sabes, Ramón? Yo recuerdo cuando Tijuana estaba siendo invadida por cholos y había muertes a puñaladas en las colonias o centros de la ciudad. Ustedes ya trabajaban aquí. Ya llevaban amistad con judiciales y tú les dijiste que te dejaran limpiar la ciudad de ese tipo de gentes, así fue que te iniciaste y cuando mataste a gente por nada, la judicial no detuvo ni tan sólo te nombró y eso fue en plena Revolución y yo pienso que allí empezaste a crecer como asesino intocable.

Con el pretexto de limpiar la ciudad de Tijuana y con la complacencia de la autoridad, la diferencia era que la Judicial del Estado sí detenía a los cholos asesinos y nomás a ti nunca te detuvo y no porque los tuvieras amagados, sino por la amistad que llevabas con ellos, pues al principio tú nunca amagaste. ¿Con qué? Si no te dejaban trabajar los desaparecías. Pedías permiso para acabar con algún miembro de la organización y si te la daban lo hacían, si no, no.

Yo le digo al sociólogo investigador universitario Luis Astorga que no existe ningún "hoyo negro" en la llegada de los Arellano aquí a Tijuana, porque hay mucha gente viva que te puede decir cómo se trabajaba y quiénes eran los amos y señores, pero por las cantidades que traían y no por sanguinarios, y los arreglos que siempre han existido en la Judicial Federal o en aquel entonces Federal de Seguridad. Por otra parte, Servicio Secreto, que luego se pasa así a la Judicial del Estado, se pregunta por qué Tijuana, porque Tijuana fue siempre la meta. Geográficamente era la frontera más cercana y San Luis Río Colorado era un descanso; Mexicali y Tijuana, el fin.

Ahora con la navegación puede ser Cabo San Lucas, La Paz, San Felipe, Ensenada y a Tijuana por tierra.

Fíjate Ramón, si la madre de El Lobo tuvo el cinismo de poner desplegados exigiendo derechos humanos cuando su hijo es un cobarde asesino a sueldo y ahora hasta da entrevistas a los medios de comunicación.

Alejandro no tuvo empacho en decir que su familia creyó en su integridad, cuando pertenecía a la banda más sanguinaria y es hermano de un multiasesino. Qué cinismo de familia.

Qué no diré yo que mis adorados hijos sí fueron víctimas de la envidia, la injusticia, de la cobardía de ustedes y éstos sí, mis hijos, eran hombres, no peleles. Si no, que se lo pregunten al mismo Mayel, a ti, a Varilla, al mismito Tiburón, a El Lobo y los van a calificar de lo mejores como seres humanos y éstos, mis reyes, sí fueron patrón de patrones y señor de señores. ¿Verdad, Español? A su corta edad.

Te dejo con tu reflexión. Me quitaste lo más grande que la vida me había dado y dejaste a unos niños sin padre que como padre iba a ser lo máximo para ellos, porque lo era, y les dejaste su corazón triste para siempre.

Hasta luego te digo. Tienes que pagar en vida tus errores. No mereces morir todavía. Que la muerte no sea tu precio ni tu castigo. Que vivas muchos años más y que conozcas el dolor de perder hijos, no padres, ésos no duelen tanto.

Madre desconsolada.

M. Castaños.

P.D. Por mí puedes mandarme matar a la hora que tú quieras...

Ramón no la mandó matar; quiso pero no pudo, jamás la encontró; pero a cambio la señora sí se dedicó exclusivamente a seguirle la huella; sabía en todo momento dónde se encontraban. Al saberlo, Arellano Félix ordenó matar a su hija cuando salía de trabajar en un centro comercial de Tijuana acompañada de su esposo; manejaban una papelería. Al cerrar el establecimiento subieron a su auto y se dirigieron al colector de basura para depositar una bolsa con los desechos de papel del día; al hacer alto para bajar, en lugar oscuro, dos gatilleros por cada lado del auto les dispararon. La mujer llevaba en los brazos a un bebé de pocos meses, también lo hirieron.

Antes, Ramón ordenó matarme. Dios no lo quiso.

"CON EL PASADO QUE VUELVE..."

No quiero recordarlo, pero no puedo olvidarlo: en noviembre de 1997, Ramón Arellano Félix ordenó matarme, pero desgraciadamente asesinaron a mi compañero y protector Luis Valero Elizaldi. La historia fue y es conocida; en pocas palabras, diez matones nos emboscaron. A punta de balazos dejaron para jamás poder usar el vehículo en el que me transportaba el hombre al que debo la vida.

El líder de los sicarios fue muerto cuando iba camino a darnos el tiro de gracia; otro, desde unos diez o quince metros disparó a nuestra camioneta pero no acertó. La bala pegó en el pavimento, rebotó y fue directamente a un ojo del pistolero; le desgració el cerebro y falleció inmediatamente. Sus compañeros lo abandonaron, ahora que veo sus fotos, enguantado, con chaleco antibalas, hincado, recargado en su escopeta sobre un charco de sangre, me conmueve que sus compañeros lo dejaran tan solo como un grano de arena en el desierto. Por camaradas, por respeto, siquiera se lo hubieran llevado, nadie había que se los impidiera, pero lo abandonaron; dejaron una huella tan grande como su cuerpo.

Cuando detectives de San Diego identificaron el cadáver del joven sicario, la policía federal mexicana determinó que actuó por órdenes del cártel Arellano Félix. Era públicamente conocido que estaba a su servicio. A los estudios técnicos para clarificar cómo fue la emboscada y balacera, se sumaron las declaraciones de testigos que lo confirmaron.

Editores y reporteros de *Zeta* investigaron rigurosamente el caso y lograron identificar a seis más de los sicarios. Sus nombres, rostros y retratos hablados fueron agregados a la averiguación oficial; todos, residentes del popularmente desacreditado Barrio Logan de San Diego, California. A eso se agregó la suposición de la PGR y la Fiscalía Especial para la Atención de Delitos Contra la Salud (FEADS): en la emboscada participó el joven tijuanense Fabián Martínez, muy conocido por el apodo de "El Tiburón" y al servicio del cártel Arellano Félix. Cuando supe de esa versión me dio tristeza, tristeza por sus maestros, por sus compañeros de escuela, por su familia.

El caso se consignó a un juez federal, solicitando orden de aprehensión para los identificados; pero no se les buscó y por ello siguen libres. Ni siquiera sabiendo de su permanencia en Estados Unidos y eventual presencia en Tijuana los han detenido. Seis de los sicarios han sido vistos, tranquilos, en el Barrio Logan, inexplicablemente no solicitaron su extradición. En dos palabras, se "perdieron"... Entre comillas. Como sucede en casi todos estos episodios, la PGR y la FEADS actuaron con tanta rapidez como con la que se prenden los focos cuando uno le da vuelta al *switch*; pero me di cuenta, cuando los días pasaban, que le bajaron el volumen a la investigación hasta donde se encuentra ahora, en punto cero. No tengo referencias de persecución y, después de dos años, ilustrando, el caso quedó como las piedras después de un terremoto: sin moverse.

Pero algo me inquieta: la PGR y la FEADS no investigaron a la policía judicial y ahora ministerial del estado. Mientras yo estaba hospitalizado, mis compañeros editores y reporteros reclamaron al entonces gobernador, licenciado Héctor Terán, por qué fue retirada la escolta que el otrora procurador de justicia, licenciado José Luis Anaya Bautista ordenó para protegerme. Le insistieron cara a cara, jamás hubo respuesta.

La PGR y la FEADS pudieron haber tirado su anzuelo al mar de la podredumbre en la fiscalía estatal, hubieran pescado a los cómplices del tiroteo y asesinato de mi compañero; pero cuando les pregunté por qué no lo hacían, simplemente contestaron que en la procuraduría del estado "estaban muy cerrados a la investigación". Realmente no tengo antecedente de siquiera un intento, y sé que nunca después lo hicieron.

En 1998, un año después de la balacera y asesinato de mi compañero Valero, me quedó muy claro: la PGR y la FEADS prefirieron no mover el caso. Era como si le hubieran abierto la jaula a un inocente pájaro, o a un tigre blanco furioso; a uno difícilmente lo volverían a cazar, el otro los destrozaría. Me imagino que si en un momento alguien necesita ver el expediente arrumbado de este asunto, tendrá que soplar para quitar el polvo.

"VOY A CANTAR UN CORRIDO..."

Elegante, trajeado, corbata hermosa, zapatos importados, reloj fino, llegó a mi oficina; tenía muchos años de conocerlo y la llevábamos bien; moreno, seguramente rascando el metro y setenta de estatura, delgado pero atlético, culto, abogado excelente. Cuando me tirotearon estuvo pendiente en el hospital, luego fue a casa en la etapa de recuperación y en cuanto regresé al periódico cayó a verme. La plática de rigor: "¿Cómo estás?", "¿necesitas algo?", "¿tu familia?"; y luego un mensaje que me sorprendió: "Vengo de parte de Ramón". Nos quedamos callados un momento y siguió: "Sí, de Ramón Arellano Félix". No dije nada, pero él sí; me mandaba decir "por ésta", que él no fue quien ordenó atacarte. "De veras, él no tiene nada que ver".

Rodolfo Carrillo Barragán, abogado, amigo desde 1976, sabía bien que yo estaba enterado de a quién representaba; nunca le pedí información para no comprometerlo. La primera vez que me trató abiertamente su papel fue cuando la balacera en la discoteca *Christine*; me dijo: no fue como la habían publicado los periódicos; contó detalle por detalle, le creí y publiqué. A los pocos días regresó, llevaba un fólder tamaño oficio, "gordo" y engrapado, eran miles de dólares. "Aquí te mandan." Lo vi y no lo acepté; le hice ver que escribí porque le creí, no por interés, pero de cualquier forma publiqué una nota, dando a entender que no acepté nada; francamente, me curé en salud.

Ahora él intercedía nuevamente por los Arellano; sinceramente le dije que no creía. La muerte de su pistolero preferido "CH" en el tiroteo era como una huella de Ramón. Por más que me insistió, yo no creía nada. "Ellos nada más quieren que tú lo sepas y por favor lo publiques." Mi "no" se repitió muchas veces. A los pocos días regresó, llevó el número de un teléfono para comunicarme con Ramón; tampoco acepté, mi argumento fue, si no le conozco la voz "¿cómo voy a saber con quién estoy hablando?" Insistió: "Bueno, te voy a traer un celular de los que nada más usan ellos y hablas". Volví a la misma, hasta decirle: solamente acepto su negativa del ataque si Ramón me lo dice cara a cara.

Llevó el mensaje y regresó: dijeron que no. "Andas con muchos soldados y tienen miedo de que al estar contigo los capturen." Le hice ver que no tenía mando sobre ellos; entonces le sugerí, recordando las películas de James Bond. "Diles que nos vemos en San Diego; el Ejército mexicano no puede protegerme allá; voy a llegar al aeropuerto. Tú escoge un vuelo, el que quieras, a Nueva York, a Boston, a Seattle, a donde dure más tiempo el vuelo; nos subimos y platicamos. Ni el llevará pistola ni yo protección."

Se fue y regresó con la respuesta: "No quisieron", pero insistió: "ellos no fueron". Entonces le dije: "Ya están como con la muerte del cardenal. Dijeron que no son. De plano no les creo". Ya no hubo más mensajes; seguimos manteniendo nuestra buena relación, cada vez más distante, hasta de plano pasar meses y luego un año sin vernos. El 11 de marzo de 2002, diez minutos luego de las diez de la noche, Carrillo fue ejecutado de un balazo en la cara. Apenas dos días antes capturaron a Benjamín en Puebla; un joven esperó al abogado en las escalerillas del estacionamiento en el edificio de apartamentos donde vivía; nada más le dio un tiro.

"AMORCITO CORAZÓN, YO TENGO TENTACIÓN..."

Los narcotraficantes también se enamoran; Osiel Cárdenas Guillén es uno de ellos. Jefe del cártel del Golfo, fue arrastrado irremediablemente por la pasión. Seguramente el corazón le retumbaba, no podía frenar su pasión y deseo; quería para él y nadie más a Hilda, a todas horas. Pelo teñido de rubio, cara redonda, cejas negras bien delineadas, naricilla ligeramente achatada, labios finos, mirada pizpireta, ojos cafés y de pequeño mentón; cariñosamente le dicen "La Güera".

Para mala ventura de Osiel, esta dama era esposa de Rolando Gómez, uno de sus tantos amigos en la faena. Pero ni modo, pudo más la pasión que la amistad; ardiente el corazón y fría la cabeza, llamó al "Z-l", así le dicen al desertor del Ejército mexicano Arturo Guzmán Decena. Más que orden, le suplicó matar a Rolando, solamente así podía quedarse con la adorada güerita. Dicho y hecho: dos o tres balazos en la cabeza y Guzmán fue enviado al purgatorio, algo así como estar en arraigo antes de ir al infierno.

La dama traspasó el dolor de su viudez y cayó en los brazos amorosos de Osiel; como en las telenovelas, este hombre tiene a su esposa y se llama Celia Salinas, caridulce, más guapa y sencilla. Me facilitaron unas fotos de ella y se le ve la ternura de buena mujer, madre de Celia, Grecia y Osielito. Pero a Osiel le importó muy poco haberle jurado amor eterno, de todos modos se fue con "La Güera" a Cancún; en el caribeño escenario confirmaron su adoración. De regreso a Tamaulipas, compró a Hilda una gran residencia en el fraccionamiento Victoria de Matamoros; allí se sumergieron en la pasión. Rodeados de dicha, dijeron adiós al año viejo e iniciaron otro, como dice Walter Mercado en la televisión: "Con mucho, muuucho, ¡pero muuuucho amor!"

En Tamaulipas es harto sabido; policías ni se diga, federales, estatales y municipales; hasta los gendarmes de punto siempre han recibido buenas, muy buenas gratificaciones de Osiel. No hay duda: nada más uno que otro no ha sido tentado por los dólares de Osiel; por eso hace cuanto se le antoja en la guarida golfera. Algo debía fallarle a Cárdenas Guillén y es la experiencia; todo lo ha logrado a punta de balazos. No se maneja con el talento natural de los Arellano, Zambada, "Chapo", Esparragoza, los Palma y Carrillo.

Los inicios de este episodio amoroso-mafioso son claros: encarcelado Juan García Ábrego, el mando del cártel del Golfo quedó entre Juan Manuel Garza "El Meme" y Hugo Balderrama Medina. No llegaron a decidirlo, el Ejército los capturó. Salvador Gómez Herrera "El Chava" entró al relevo, pero fue detenido por la PGR en 1998 con otro joven bien parecido llamado Osiel Cárdenas Guillén. Inexplicablemente salieron de prisión mientras con toda seguridad algún importante funcionario contaba los dólares del "ábrete sésamo". Exactamente 88 días después, otra vez la PGR: "El Chava" y Manuel Alquicides sintieron en sus muñecas el frío acero de las esposas.

Osiel pagó un millón por cabeza y las barras de la prisión se derritieron.

Don Salvador quedó muy agradecido con el fiel Cárdenas Guillén, en adelante lo trajo a su lado. Cierto día "El Chava" iba en carretera; Osiel de avanzada para alertar por si se topaba con algún retén. Llegó a Playa Bagdad, allí estaban los militares. La escolta del capo se retiró, ya estaban de acuerdo con Cárdenas Guillén; entre todos jalaron el gatillo matando a don Salvador y así fue como Osiel ocupó la jefatura del cártel del Golfo.

El poder se le encaramó a la cabeza; descuidado, compró autos robados y luego blindados en el Distrito Federal, los usó sin placas y ostentosamente en Tamaulipas; por eso el Ejército le confiscó más de 15. En 1999 ordenó matar al "madrina" de la federal que lo descubrió en el rancho Las Amarillas; asaltó luego la Expo-Guadalupe en Nuevo León para atacar a Edelio Falcón López. En Matamoros rescató a su pistolero Dávila Cano "El Cholo"; también ordenó quitarles la vida a Roger y Titino, acarreadores de cocaína y mariguana; desordenados éstos, por no pagarle "derecho de piso". Tiene otro récord: ordenó asesinar a Saúl Martínez. Vivía en Matamoros, su padre es propietario del diario *El Imparcial*.

Luego del crimen brotaron las hipótesis, pero ahora quedó en claro: no aceptó trabajar para Osiel. Otro periodista, Pablo Pineda de Reynosa, figura en la lista mortal; el pistolero Guzmán Decena lo ejecutó. Pensaban que le pasaba información a la oficina antidrogas estadounidense DEA. También mandó matar, por angas o por mangas, al comandante de la policía judicial del estado Jaime Yáñez Cantú en Matamoros; interceptaron su auto en el Periférico, entre las calles Rafael F. García y Las Palmas; por la ventanilla trasera le dispararon a la nuca y de paso a su chofer Gerardo Gazcón. Crece la nómina: Félix Fernández García, del semanario *Opción*, en Ciudad Alemán. Osiel supuso: quiso negociar con droga por su cuenta luego de trabajar para el ex alcalde Raúl Antonio Rodríguez "El Chupón". Este señor era el principal sospechoso, pero ahora las cosas cambiaron. Lo malo para Osiel fue haber dejado huella de todos esos crímenes. Naturalmente, la policía no lo tocó ni con un acta del Ministerio Público.

Hace días Osiel cayó en otra torpeza: solicitó amparo contra la captura. De plano su abogado no le dijo lo inútil de esa promoción, prácticamente se burló del mafioso. Ahora el Ejército está cerca de pisarle la sombra y hasta los estadounidenses pidieron la extradición. Si se lo llevan, hay una seguridad: no verá a su ex jefe Juan García Ábrego. De entabicarlo aquí, tampoco se reunirá con sus camaradas, pero le sucederá algo más terrible: ya no podrá estar con el amor de su vida, "La Güera" Hilda.

“TE VAS PORQUE YO QUIERO QUE TE VAYAS...”

Desde fin de año Benjamín Arellano vivía en el Distrito Federal y cada tercer día su esposa recibía 30 mil dólares; se los mandaban desde San Diego, California. Los billetes hacían escala en Tijuana y de allí hasta donde estuviera viviendo la señora; primero allá por junio en Monterrey, luego desde agosto al Distrito Federal, y empezando enero a Puebla. Alberto Martín Gerardo, “El Popeye”, un pistolero del Barrio Logan de San Diego, era el encargado de llevar los dólares a Tijuana; allí los recibía “El Chupitos”, se llama José Carlos García Rodríguez; se los remitía a Manuel Martínez “La Mojarra”, y este jovenzuelo entregaba billete tras billete a Ruth Lizzet Corona Serrano, la esposa de Benjamín.

“El Popeye” ya tiene años con los Arellano; participó en la balacera de 1997 cuando fue muerto el escolta de *Zeta*, Luis Valero Elizaldi, pero los otros dos eran novatos, inexpertos, chavalos; y por culpa de estos tres mafiosillos está preso Benjamín. Primero fueron discretos para recibir y remitir los dólares, luego cayeron en la imprudencia de presumirlo entre ellos y de no cuidarse, por eso fueron descubiertos.

La primera línea de esta historia se escribió en mayo de 2001, cuando se decidió enviar el dinero a la esposa del capo cada tercer día y desde Tijuana, 30 mil dólares. Antes no lo necesitaba, vivía en alguna de sus residencias en San Diego, La Jolla, Coronado o Bonita, siempre con falsa identidad; Benjamín la trajo de un chalet a otro para no ser descubierto. Así duraron por lo menos durante 10 años. No los molestaba el FBI, tampoco la DEA.

Ruth y sus hijas, con su esposo, vivieron felices, sin problemas; además tenía toda comodidad, espacio, juegos infantiles, aparatos de ejercicio, alberca y amplio lugar para recreo. La madre de Benjamín, doña Alicia Isabel Félix Zazueta, estuvo residiendo en Estados Unidos. Hay una referencia oficial mexicana de que se encontraba en una casona de Beverly Hills entre 1995 y el 2001. Todos sus hijos acudían a verla acompañados de los pistoleros de confianza; incluso realizaban continuamente viajes a Las Vegas por carretera y ocupaban bastantes cuartos en el hotel Río.

El licenciado José Patiño, agente del Ministerio Público Federal, estuvo muy cerca de su localización. Llegó a residir en San Diego para tenerlos más a la vista, pero en 2000 fue delatado por agentes de la PGR pagados por el cártel Arellano Félix. Lo secuestraron, torturaron y mataron; por eso Benjamín quiso poner a su esposa y dos hijas más a salvo. Su primera decisión: enviarlas con su suegra a Monterrey, el lugar menos pensado para sus seguidores; nadie esperaría que los ubicaría en una ciudad donde no tenían el dominio total. Eso fue el año pasado. Estuvieron viviendo en la calle Marsella número 308 de la colonia San Patricio en San Pedro Garza García, suburbio de Monterrey.

Rentaron otra casa en la calle Magnolias de la colonia Lomas Colorines en la misma área. El servicio de inteligencia del Ejército, con los obstáculos de la Policía Judicial Federal y de policías locales comprados por los Arellano, pudo lograr la ubicación de la familia de Benjamín por cinco razones: 1) Los viajes cada tercer día de Alberto Martín Gerardo, "El Popeye", a Tijuana, para llevar 30 mil dólares; eso atrajo sin querer al grupo de inteligencia militar. 2) Normalmente llevaba el dinero a Tijuana y se lo entregaba a José Carlos García, "El Chupitos", otro inexperto; también fue descubierto inmediatamente. 3) Remitía los billetes sin falta a Manuel Martínez, "La Mojarra", hermano menor de Fabián Martínez, "El Tiburón", de allí también le viene el apodo; no era "pieza grande" como su hermano, pero sí de confianza. 4) "La Mojarra" llevaba los dólares a la señora de Benjamín. 5) Su torpeza: utilizar el mismo auto en Monterrey, Distrito Federal y Puebla: un volkswagen Jetta blanco, placas 446KZV.

Con este movimiento al descubierto coincidió un hecho accidental: el 13 de febrero de 2001 fue ejecutado Jesús Medina Alvarado, yerno del patriarca del narcotráfico Miguel Ángel Félix Gallardo. Caminaba en el estacionamiento de Costco-Price de Monterrey, ubicado en avenida Lázaro Cárdenas, colonia Valle Oriente; Abraham Ramírez Soto y Francisco Yáñez "El Cholo" se le acercaron en un auto Ford Mystique gris modelo 2000, disparándole; huyeron, abandonaron el vehículo en el estacionamiento de JCPenney's de la Plaza San Agustín.

El auto permitió seguir la pista a los militares; así, lograron saber de un domicilio rentado y abandonado por los matones; allí encontraron varios cargadores para pistola de diferente calibre, un chaleco antibalas, diez teléfonos celulares y, lo más importante, un videocasete abrió más las puertas hacia la captura de Benjamín: el de la fiesta infantil a una de sus hijitas en Monterrey. También se localizó una agenda; traía anotado un número telefónico que llamó la atención: "Colegio CECVAC", en San Pedro Garza García.

Hasta allá fueron los miembros del Ejército y confirmaron que, registradas con otro nombre, como si fueran hermanas de la esposa de Benjamín, estaban las dos hijitas. En el colegio supieron de los domicilios: Marsella en la colonia San Patricio; otro más en la calle Cirene entre Bezancio y Decápolis de la colonia Jardines San Agustín; anteriormente residieron en una casona de Magnolias en el fraccionamiento Colorines. En un chalet estaba la esposa e hijas de Benjamín; en otro, la suegra; además se descubrió que en el colegio estaba autorizada para recoger a las niñas a la hora de salida. Fue así como localizaron los domicilios de esposa y suegra de Benjamín, *Zeta* publicó en su primera plana del 10 de agosto de 2001: "Las casas de los Arellano"; informó detalles de las residencias, ubicación, habitantes y demás. Los informes obtenidos por *Zeta* fueron más ilustrativos:

Benjamín viajaba de San Diego, California, a San Antonio, Texas; allí esperaba a su familia. Nunca cruzó la frontera para llegar a la casa en Monterrey. Se considera que, al contrario, esposa e hijas pasaban algunos días con él en algún hotel o residencia de San Antonio o lugares cercanos a la frontera mexicana. El FBI y la DEA no se dieron cuenta.

En esa misma edición, *Zeta* dio cuenta de la primera transformación de Benjamín: pelo a rape a los lados y arriba, sólo una "cola de caballo". El Ejército montó desde entonces un gran operativo; estaban listos para capturar al capo de los Arellano Félix. Pero la señora esposa se dio cuenta, avisó a Benjamín y el 23 de agosto de 2001 la familia contrató un servicio de mudanza. Todo el mobiliario se concentró en la casa de la calle Cirene, allí fue recogido para transportarlo al Distrito Federal. Desde ese momento, la señora y las hijas no pudieron zafarse de los grupos de inteligencia militar, las siguieron.

Y entonces sucedió lo notable: Benjamín no apareció. Ante esa situación, el servicio de inteligencia militar cambió de táctica: sin perder de vista los domicilios no se dejó ver por la esposa; luego verificaron que la señora de Arellano decidió abandonar el Distrito Federal y se cambió a Puebla. El 21 de diciembre de 2001, se enteraron de que María García Romo compró en esa ciudad y al contado una residencia en dos millones quinientos mil pesos.

Pero la verdadera identidad de la dama era Ruth Lizzet Corona Serrano, esposa de Benjamín. Los investigadores militares confirmaron la operación, buscaron en el Registro Público de la Propiedad, vieron los documentos: una fotocopia de la credencial de elector de la esposa de Arellano con el nombre de María García de Romo; era un documento robado al que le cambiaron la imagen de la mujer; además, el pago en efectivo.

Esto dio pie a continuar las investigaciones. La casona está ubicada en el fraccionamiento Villa Navariego, uno de los más modernos y construidos para pudientes. Oficiales del Ejército tomaron gráficas de Ruth a lo lejos con telefoto, las compararon con las de archivo; confirmaron la identidad y aumentaron la vigilancia. Luego verían a las hijas, inconfundibles comparadas con las fotografías logradas cuando estaban en el colegio de Monterrey y en las imágenes de la fiesta infantil.

Lejos de actuar inmediatamente tomaron la decisión de continuar la vigilancia. En eso estaban cuando asombrados vieron a Manuel Martínez "La Mojarra"; traía el mismo Volkswagen Jetta blanco placas 446KVZ que utilizó en Monterrey. Y como en esa ciudad lo hacía, también en Puebla le llevaba dinero cada tercer día a la señora de Benjamín: 30 mil dólares. Esto fue como la exacta pieza del rompecabezas para armar el envío del dinero; a la vez que se confirmaba en Tijuana la llegada de los dólares, también se verificaba la salida.

El siguiente paso fue perseguir a "La Mojarra"; ocupaba un pequeño departamento cercano a la residencia de la señora de Arellano Félix en las calles de San José del fraccionamiento Vista Hermosa, allí estacionaba su auto. Se dedicaba normalmente a pasarla bien en su residencia, casi no salía; tampoco se le vio embriagarse o reunirse con alguna o varias damas. Se continuó la persecución y espionaje a "La Mojarra". Los oficiales del Ejército videograbaron cuando este joven llegaba, salía y se trasladaba a su otro domicilio. En una de esas, "La Mojarra" visitó otra casa ubicada en el municipio de San Andrés Cholula, las clásicas llamadas "de seguridad"; allí estaban los vehículos que normalmente usaba la señora de Arellano y que por alguna circunstancia los cambiaron de lugar, aparte compraron otros para despistar.

Ese descubrimiento se hizo precisamente el 18 de febrero de 2002, una semana después de muerto Ramón Arellano Félix durante la balacera el Domingo de Carnaval en Mazatlán. Desde que fue descubierta la residencia de la señora de Arellano en Monterrey, Benjamín no vivió con ella; estuvo residiendo en el Distrito Federal en un domicilio hasta hoy no determinado. Es de imaginarse que cuando ambos permanecieron en la Ciudad de México se veían en alguna parte. Luego ya con el traslado a Puebla, ella veía a su esposo en el Distrito Federal y se encontraban en algún sitio.

Entonces la estrategia del Ejército fue determinante: retirarse para atacar. Benjamín debió recibir informes. El día 8 de marzo, aproximadamente a las ocho de la noche, llegó el capo de los Arellano Félix para visitar a su esposa e hijas; iba tranquilo, al fin las vería; todo vestido de negro, el luto evidente por la muerte de su hermano. Los miembros del Ejército se adentraron en la vigilancia y comprobaron desde el exterior que se trataba de Benjamín.

Los militares del Grupo Aeromóvil de Fuerzas Especiales (GAFE) entraron en acción. Sin avisar a la PGR ni a la del estado, sin dar indicios de un operativo que pudiera ser descubierto por agentes federales, estatales o municipales, los "GAFE" entraron sorpresivamente. Benjamín traía una pistola .38 con tres cargadores; pretendió defenderse, pero inmediatamente fue inmovilizado. Lo agarraron cuando estaba descalzo y se disponía a descansar con su esposa e hijas; no tuvo más remedio que rendirse.

La señora fue separada de su esposo y llevada a una habitación; a las niñas se les guardó especial cuidado; luego quedarían libres madre e hijas. Antes, tomaron una fotografía a la señora teniendo atrás un closet; vestía de oscuro, holgado y el pelo recogido; la gráfica la deja ver triste, con la vista hacia abajo y las manos cruzadas al frente, como si estuviera en la posición de "descansen"; Benjamín fue obligado a vestirse. Toda la operación fue videograbada como prueba de que no hubo violación de derechos humanos ni tortura. Luego de que Benjamín se puso calcetines y zapatos sentado en el sofá cercano a su recámara, tal como se transmitió en la televisión, fue obligado a ponerse de pie para tomarle la primera foto de cuerpo entero. Colocó las manos atrás, endureció el semblante, no dejó ver tristeza; parecía que tras su piel se escondía el coraje. Los ojos daban la impresión de impotencia; inexplicablemente, Benjamín no estaba protegido por sus tradicionales pistoleros.

La realidad es que "El Tiburón", el más experto de todos, está muerto. La nueva generación de narcojuniors de Tijuana le falló como jamás. Descubrieron al que entregaba el dinero, al que lo recibía y al que lo entregaba a la esposa. Eso nunca ocurrió con la pasada oleada de narcojuniors. Benjamín debió recibir informes de estos inexpertos jóvenes; tal vez le dirían que el campo estaba libre, que la policía de Puebla no estaba enterada de su presencia, que no había problema con la PGR y que el Ejército ya no daba señales.

Benjamín llegó procedente del Distrito Federal; alguno de sus colaboradores en la Ciudad de México debió proporcionarle el vehículo y chofer para transportarlo a Puebla, donde lo esperaba su esposa; ya tenía mucho tiempo que no la veía. Cuando el capo entró a la casa, fotógrafos con potentes lentes en su cámara lo captaron, también le videograbaron; hubo un análisis inmediato, la orden fue rápida luego de que se llevaron una hora en confirmar su identidad. Así, a las diez de la noche los GAFE entraron en la residencia y sorprendieron a Benjamín.

Lo sometieron a interrogatorio de inmediato en el baño de la residencia; en un rincón reconoció a su hermano Ramón cuando los GAFE le mostraron una fotografía, pero el altar que le tenía a Ramón, a su padre y a "El Tiburón" confirmaron la muerte de estos tres hombres. Benjamín fue muy parco. Mientras eso sucedía, otros GAFE se lanzaron rápidamente hacia el domicilio de "La Mojarra". Lo sorprendieron viendo la televisión, no tuvo tiempo para defenderse; mostró mucho miedo y casi siempre cerraba los ojos cuando le tomaban fotografías; insistió en decir que era comprador y vendedor de autos en Tijuana. El grupo de inteligencia militar consultó a los familiares y se comprobó la identidad, fue llevado a la casa de Benjamín; se derrumbó todo para "La Mojarra" cuando el capo lo saludó. Un oficial del Ejército dijo: "Benjamín estaba muy triste. No quería hablar. Casi no pronunciaba palabra. Se le veía muy dolido. La mujer estaba más preocupada". También dijeron: "Estaban asustados al sentir constantemente que los apuntaban con armas largas. No se podían mover para ningún lado", pero lo justificó: capturar a un capo de esa categoría no era para menos; estaban preparados para cualquier reacción en el interior o exterior de la casa.

Se supone que Benjamín estaba furioso porque sus colaboradores no lo alertaron. Antes de la medianoche se dejó escuchar el zumbido de los helicópteros en esa zona de Puebla; llegaron convoyes del Ejército, fue una gran movilización. A la una de la mañana del 9 de marzo Benjamín iba camino a la Ciudad de México. La PGR no sabía de la detención, tampoco la policía de Puebla. Se simuló el viaje por helicóptero, pero se hizo por tierra. Los militares no tuvieron ni asomo de obstáculo, nadie se atrevió a hacerles frente.

Llegaron a la Ciudad de México y se dirigieron al Campo Militar Número Uno; continuaron los interrogatorios. Benjamín no dormitó toda la noche; es de imaginarse que debió referir algunos detalles que permitirán continuar la investigación. No se considera que haya delatado a su familia, pero sí debió anotar a varios de sus seguidores, tal vez a funcionarios a los que sobornaron durante tanto tiempo. Siguieron las preguntas durante el día y hasta el lunes 11 fue entregado a la PGR, que inmediatamente y conforme a ley dispuso el traslado a la prisión de La Palma hasta donde lo llevó un reforzado convoy del Ejército.

Así terminaron los veinte años en el poder. Todo por culpa de tres colaboradores que por presumidos fueron descubiertos.

“ERES COMO UNA ESPINITA...”

Frederico se llamaba y le decían Fredo; era el hermano mayor de los Corleone, descendientes de don Vito, “El Padrino”; pero no tenía pujanza para apegarse a su padre; ni sentimentalmente, menos en los negocios. John Cazale protagonizó con excelencia ese papel en la inolvidable película; delgaducho, alto y moreno, pelo alisado tupido, peinado hacia atrás hasta la melena; vestía extravagante, sacos coloreados o a grandes cuadros, camisas chillantes o floridas; mujeriego, sábanas negras en su cama; tomador sin medida y bocasuelta; era como Francisco Arellano Félix, el mayor de los hermanos. Le encantaba la buena vida más que la mafia; hombre de pachanga, discotecas en Mazatlán y bellezas a su lado, hasta tres matrimonios. En la vida real Francisco fue un remedo del Fredo en la ficción de *El Padrino*; jamás llegó a tener el poder. Hacía lo que se le antojaba porque era un Arellano Félix y no por ser Francisco. La diferencia: Fredo fue ejecutado por órdenes de su hermano; Francisco está prisionero.

En *El Padrino*, Sonny (James Caan) le seguía en edad a Fredo; atrabancado, violento y hablantín; le hervía la sangre en un tronar de dedos, siempre estaba a la izquierda de su padre cuando el señor despachaba tras el escritorio de caoba y sillón con respaldo de cuero color vino; listo para obedecer, relacionado con los mafiosos, cercano a los sicarios Luca Brasi, Tessio, Roco Lampone y Clemenza. Algo así como "El Tiburón", Merardo, Fabián Reyes Partida y Federico Martínez Valdés. Sonny era como Ramón Arellano: actuaba por impulso.

Sonny quería mucho a su hermana Constanzia, cariñosamente llamada Connie, protagonizada con gran soltura hasta la naturalidad por Thalia Shire. En la película, llega al casorio con Carlo, un baquetón carita; interesado más en el dinero y no tanto por amor, ingresó a la familia Corleone; pero se pasó de la raya: le atizaba una tranquiza tras otra a pesar de su embarazo; esto encabritaba a Sonny. Por eso un día que supo que fue golpeada, salió de su casa encarrerado para vengarla; era una trampa. Su cuñado fue tentado por don Barzini, rival de don Corleone y le aconsejaron tundirle a la hija del Padrino; provocaron la reacción de Sonny; cuando fuera en camino lo matarían y sucedió.

No tan igual pero parecido le pasó a su paralelo Ramón en la vida real. Desde hacía años tenía ganas de matar a "El Mayo" Zambada. Me imagino que supuso que lo encontraría en las fiestas mazatlecas del carnaval. No le pusieron un cuatro como a Sonny, pero lo alebrestado le llevó a enfrentarse con un policía ministerial. En *El Padrino*, Sonny no pudo ver a sus asesinos, Ramón sí. Frente a frente, pero fue lo último que vio.

Así, don Corleone se quedó sin heredero; y es cuando Michael, el menor de la familia, recibe y toma el mando. Había dado muestras de ser un nuevo capo matando a balazos en un restaurante a quienes quisieron asesinar a su padre: Sollozo y el Capitán McCluskey; antes lo consideraron un "fresa". Fue a la guerra y tenía una noviecita muy bonita, Key Adams (Dianne Keaton); no se metía en vericuetos. En la vida real Eduardo tiene cierto parecido a la vida de Mike; casado con una buena mujer, apegado a la familia más que a la mafia; pero decidido a lo peor en los momentos más graves. Lo mandaron a estudiar medicina y se graduó en Guadalajara; no ejerció la profesión; estuvo más cerca de Benjamín y de Ramón cuando fue preciso, como en el tiroteo del aeropuerto en Guadalajara.

Mike Corleone se ganó el puesto de padrino; una de sus primeras decisiones fue retirar al *consiglieri*, como los italianos llaman al consejero de la mafia. Tom Hagen era su nombre en la película y fue otro papel grandioso de Robert Duvall. Don Corleone escuchó siempre a este hombre que no era de la familia; abogado, inteligente, audaz, frío en el trato, siempre buscando resultados y no pretextos; a veces su palabra decidía incertidumbres, y muchas veces era el intermediario entre el Padrino y los hijos, o mensajero para otras familias.

Jesús Labra "Don Chuy" tiene ese parecido en la vida real del cártel Arellano Félix; era el consejero, el *consiglieri*, su árbol de sabiduría para cobijarse. No se metía en los crímenes, tampoco en las trifulcas; arreglaba los grandes negocios, comprador por intermediarios para fabulosas construcciones; inteligente, se hizo de terrenos costosos en las zonas más caras de Tijuana. Al *consiglieri* de *El Padrino* nunca lo apresaron; desapareció del serial peliculesco cuando Duvall no se arregló económicamente para la tercera edición. Pero en la vida real, "Don Chuy" Labra fue capturado por los miembros del Ejército; es histórica la fotografía tomada de casualidad por un aficionado: de rodillas y con los brazos abiertos en señal de reclamar perdón; y enfrente, un "gafe" con el arma larga amartillada apuntándole al pecho.

En la película, los Corleone ya con Mike al frente trataron de abandonar la tradicional actividad mafiosa; que sus hijos y nietos no heredaran el sucio negocio, que mejor fueran políticos o empresarios respetables. Entre tanto, Mike se apropió de casinos en Las Vegas, regaló millonadas de dólares a la Iglesia católica, hasta un cardenal lo condecoró con la Orden de San Sebastián en la iglesia de San Patricio en Nueva York. Y en la vida real, los Arellano Félix se hacen de grandes negocios: farmacias, hoteles, residencias, constructoras y otros más; se acercan mucho a la Iglesia católica. Un asociado del cártel ahora en prisión recuerda cómo Benjamín y Ramón "daban mucho dinero de limosna" y hasta llegaron a reunirse con un cardenal; su señora madre, con el de Guadalajara. Solamente les faltó la condecoración.

Hay otra más o menos coincidencia: Connie se quedó viuda. Michael, más decisivo y frío que su impulsivo hermano Sonny, no recriminó a su cuñado con golpes o berrinches; fríamente ordenó ejecutarlo por traidor. La hermana maldijo a Michael y le dio por andar de pizpireta y promiscua, hasta que inesperadamente cambió su carácter; se acercó a su hermano; vivió con él cuidándole a sus hijos; y al paso de los años endureció su carácter, hasta el punto de alentar las decisiones de Michael o frenarlas. Esta Connie de la película viene siendo como Enedina Arellano Félix en la realidad. Casada y divorciada, no se tiró a la mala vida, sino a los buenos negocios; se transformó en parte elemental para el manejo de los billetes; alejada de las pasiones permitió que su ex esposo "lavara dólares" en los negocios de la familia y se acercara a las decisiones de Ramón y Benjamín.

Queda todavía un hermano: Francisco Javier, el menor; tiene 33 años, más o menos la misma edad de Mike Corleone cuando comete su primer doble asesinato.

Realmente las crónicas periodísticas y los observadores de la mafia no lo toman en cuenta. Sólo falta que para empatar con la ficción peliculesca, los Arellano Félix tengan su nuevo padrino en Francisco Javier y no en Eduardo o Enedina como todos pensamos. Ah, una coincidencia: el 11 de marzo de 1972 se estrenó la primera parte de *El Padrino*; el 11 de marzo de 2002 Benjamín fue refundido en La Palma.

"¡QUÉ BONITA FAMILIA!..."

La siguiente es una lista del cártel Arellano Félix (CAF) hasta abril de 2002.

Los prófugos

Manuel Aguirre Galindo "El Caballo": Ubicado en la línea horizontal de jefes de la organización del CAF, Manuel Aguirre Galindo "El Caballo" estuvo a punto de ser detenido en un operativo que militares montaron durante una fiesta realizada en el complejo turístico *Oasis Beach Resort*, de la carretera escénica Tijuana-Rosarito, propiedad a nombre de sus familiares, pero presuntamente de él. En enero de 1981, junto con ocho personas más fue detenido en una pista clandestina ubicada en el poblado de El Bajón, en las cercanías del puerto de San Felipe, Baja California. Allí descubrieron un avión DC-4 cargado con cinco toneladas de mariguana, procedente de El Baco, Colombia. Según la PGR, en esos años Manuel Aguirre Galindo "El Caballo" era el principal contacto de los colombianos en el noroeste del país para la distribución de droga.

Fabián Martínez González "El Tiburón": Principal matón del CAF.

Fabián Reyes Partida "El Domingo" o "El Calaco": Sicario del CAF.

Lino Portillo Salazar "Lino Quintana" o "Arturo Martínez González": Jefe de la banda que participó en la matanza del rancho El Rodeo, del Sauzal en Ensenada, Baja California, la mañana del 17 de septiembre de 1998. Murieron 20 miembros de las familias Flores Castro, Jaime Tovar y Castro Tovar, encabezados por el narcotraficante Fermín Castro Martínez. Presuntamente fue detenido a mediados de 1998, en Los Ángeles, California.

Gabriel Valdés Mainero "El Radioloco": Presuntamente detenido en San Diego, California, el 17 de junio de 1997 y dejado en libertad poco después.

Francisco Merardo León Hinojosa "El Abulón": Sicario del CAF.

Luis Alberto León Hinojosa: Hermano de "El Abulón", presuntamente fue detenido por militares en Tijuana, junto con Ramiro Zúñiga Cedillo "El Águila", en septiembre de 1997. No hay datos que lo confirmen.

Alfonso Villaseñor: No hay datos personales.

Fernando Castaños: No hay datos personales.

Manuel Fernández "El Español": No hay datos personales.

Salvador Parra Aquino "El Chava": No hay datos personales.

Quilino: cuñado de "El Chuy" Labra. No hay datos personales.

Helga Patricia Rico Sánchez: Hermana de José Manuel Rico Sánchez "El Varilla", estuvo casada con Armando López "El Rayo", un narcotraficante muerto por Ramón Arellano Félix durante el festejo del bautizo de una hija de Benjamín Arellano, en el Club Britania de Tijuana, Baja California, en diciembre de 1988.

Gilberto Higuera Guerrero "El Gililllo": Hermano de Ismael Higuera Guerrero "El Mayel", opera la plaza de Mexicali, Baja California, estuvo a punto de ser aprehendido el 12 de febrero de 2001 por agentes de inteligencia militar en un fraccionamiento residencial de esa ciudad.

Ejecutados

Francisco Rochin: Primero de los narcojuniors ejecutados; fue muerto en 1988 en venganza por la detención de Fabián Martínez González "El Tiburón" en la garita Tijuana-San Ysidro. Se dice que Rochin "sembró" droga en el vehículo que conducía "El Tiburón". No hay fecha exacta de su muerte.

Erick Rothenhausler Makalpin: Ejecutado en Tijuana, Baja California, el 12 de julio de 1988.

Óscar Retamoza: Ejecutado en Tijuana, Baja California, el 1 de septiembre de 1988.

Miguel Ángel Rodríguez Moreno "El Playboy": Ex agente del Ministerio Público del fuero común, ejecutado el 3 de enero de 1988. Años atrás fue señalado por el Ejército mexicano de proteger un cargamento de mariguana, propiedad de Benjamín Arellano Félix, en septiembre de 1985. En esa ocasión, la edición total de *Zeta* fue comprada por la Policía Judicial del Estado (PJE).

Alejandro Cázares Ledezma "El Globo": Muerto por múltiples disparos de arma de fuego, cuando hacía alto en una de las avenidas principales de Imperial Beach, California. La agresión fue durante la madrugada del 23 de septiembre de 1992. Cázares fue propietario del centro nocturno *Pacer's* y del edificio de oficinas Cazzar de la Zona del Río, de Tijuana, Baja California. El 31 de agosto de 1997 su hermano Jorge fue muerto a tiros en un bar de Playas de Rosarito.

Ángel Gutiérrez García: Ex karateca muerto en Cancún, Quintana Roo, el 25 de mayo de 1993. Se dice que la muerte de Gutiérrez García fue ordenada por el CAF al abandonar la organización y aliarse con Ismael "El Mayo" Zambada García, del cártel de Juárez. La ejecución fue planeada y realizada por el narcojunior Gustavo Miranda Santacruz "El Tavo Tortas".

Salvador Chávez Miramontes: Agente de la policía judicial del estado, fue muerto durante el enfrentamiento entre policías estatales y federales el 3 de marzo de 1994, frente al tianguis Mercado de Todos del bulevar Díaz Ordaz y López Lucio de la delegación de La Mesa, en Tijuana, Baja California. Ahí murió también el comandante de la federal Alejandro Castañeda Andrade y el pistolero del CAF Riad Hatoum Serham, de origen libanés. Ese día agentes estatales escoltaban la Suburban donde viajaba Ismael Higuera Guerrero "El Mayel" y Francisco Javier Arellano Félix "El Tigrillo".

Jesús "El Bebé" Gallardo Vigil: *Sparring* del boxeador Julio César Chávez, ejecutado en el hotel Holiday Inn de Toluca, Estado de México, el 9 de abril de 1996. La decisión para quitarle la vida al "Bebé Gallardo" partió de Emilio Valdés Mainero, ya que el *sparring* había amenazado con una pistola a su hermano, Gabriel Valdés Mainero "El Radioloco".

Jesús Romero Magaña "Romerito": Agente del Ministerio Público de la Federación ejecutado en su casa del fraccionamiento Lomas de Agua Caliente de Tijuana, Baja California, el 17 de agosto de 1996. En una declaración videograbada por militares, Alejandro Hodoyán Palacios "El Alex" señaló al narcojunior Fabián Reyes Partida "El Domingo" o "El Calaco", como el que disparó a Romero Magaña.

Fernando Gutiérrez Barrón "El Júnior Gutiérrez": Hijo del ex agente aduanal ya fallecido, Fernando Gutiérrez Moreno, propietario de la Agencia Aduanal Gutiérrez, fue ejecutado en Coronado, California, Estados Unidos, el 14 de diciembre de 1996. Por un tiempo hizo negocios con Claudio Ruffo Appel, hermano menor del ex gobernador Ernesto Ruffo. También fue cuñado del famoso casacambista Pietro LaGreca y estuvo emparentado con la familia Estudillo de Tijuana.

David Barrón Corona "El CH": Muerto en Tijuana, Baja California, por sus cómplices, durante la emboscada al periodista J. Jesús Blancornelas, el 27 de noviembre de 1997.

Roberto Pareyón Rosas "El Pare": Señalado por la PGR como posible participante en el atentado contra el periodista J. Jesús Blancornelas y su escolta Luis Valero, el 27 de noviembre de 1997. "El Pare" fue arraigado por la PGR el 2 de diciembre de ese año junto con Alberto González Ortega "El Beto Ortega" y Alejandro Weber Barrera, después de ser detenidos como resultado de una serie de cateos a 50 casas. El 21 de abril de 1998 fue acribillado a las puertas de su casa del fraccionamiento Chapultepec de Tijuana, Baja California.

Alberto González Ortega "El Beto Ortega": Ejecutado el 30 de junio de 1998, en Providence, Rhode Island, Estados Unidos, dos meses después de la muerte de su compañero Roberto Pareyón Rosas. Al momento de su muerte lo acompañaba el estadounidense James Edward Scott, quien también corrió la misma suerte.

Jesús "El Flaco" Araiza Sánchez: Ejecutado en una Suburban con placas de Chihuahua en el bulevar Fundadores de Tijuana, Baja California, el 2 de noviembre de 1999. Ex recluso de la penitenciaría del estado, "El Flaco Araiza" trabajó bajo las órdenes de Amado Cruz Anguiano. Ambos viajaban constantemente a Guadalajara, Jalisco y de allí a Bogotá y Cali, Colombia.

Joaquín Báez Lugo "El Quino Báez": Abogado muerto el 5 de noviembre de 1999, cuando salía del estacionamiento de Plaza Financiera de Tijuana, Baja California, a bordo de una camioneta Lexus LX450 1998, con placas de California. La PGR lo ubicó como apoderado legal del CAF.

Rodrigo Rothenhausler Makalpin "El Rothen": Encontrado muerto en el ejido Francisco Villa de Tijuana, Baja California, con signos de tortura. El cuerpo del "Rothen" —hermano de Erick, muerto en 1988— fue abandonado durante la madrugada del 20 de enero de 2000. Fuentes de la procuraduría estatal señalaron en su momento que Rodrigo estaba dentro del programa de protección a testigos en Estados Unidos, y la última vez que se supo de él fue durante una visita que hizo a sus padres para las fiestas de Navidad de 1999.

Gustavo Gálvez Reyes "El Gus": Abogado de Jesús Labra Avilés, su cuerpo fue encontrado en una colonia de la delegación Álvaro Obregón de la Ciudad de México, el 15 de marzo de 2000. Estaba casado con una hija del narcotraficante José Contreras Subías, ejecutado en las afueras de su residencia del fraccionamiento Lomas de Agua Caliente de Tijuana, Baja California, en septiembre de 1999.

Francisco Fiol Santana: Ex jefe del Grupo de Homicidios de la Policía Judicial del Estado (PJE), muerto en su casa del fraccionamiento Misión de las Californias de Tijuana, Baja California, el 8 de abril de 2000. Fiol Santana fue acusado de ser el responsable de la fuga de Ismael Higuera Guerrero "El Mayel" y del menor de los hermanos Arellano Félix, Francisco Javier, después de la balacera del 3 de marzo de 1994, en el Mercado de Todos de Tijuana. Meses más tarde, Fiol fue detenido junto con otras personas en Mexicali, cuando el Ejército realizó varios cateos en casas de seguridad del CAF.

Eugenio Zafra García: Abogado defensor de Jesús "El Chuy" Labra Avilés después de la muerte del licenciado Gustavo Gálvez Reyes, es ejecutado en la ciudad de Toluca, Estado de México, el 9 de julio de 2000, frente a la privada donde se localiza la casa en la que residía. Zafra García encabezó la defensa de Arturo Everardo "El Kitty" Páez Martínez, Alfredo Miguel Hodoyán Palacios "El Lobo" y la de Ismael Higuera Guerrero "El Mayel".

Ramón Arellano Félix: Muerto en un enfrentamiento con policías ministeriales en Mazatlán, Sinaloa, el domingo 10 de febrero de 2002. En sus pertenencias fue encontrada una credencial de la PGR falsa con su fotografía a nombre de Jorge Pérez López, identidad con que fue expedido el certificado de defunción. Al momento de la balacera murió el agente Antonio Arias, quien fue el que accionó el arma que mató a Ramón. La confirmación de su muerte fue revelada por su hermano Benjamín hasta el 9 de marzo, día en que fue detenido en Puebla, Puebla.

Efraín Quintero Carrizosa: Sicario del CAF, fue muerto en el enfrentamiento donde murió Ramón Arellano, en

Mazatlán, Sinaloa. En principio fue identificado con el nombre de Bernardo Rochin o Héctor Solórzano Jiménez.

Rodolfo Carrillo Barragán: Cerebro legal del CAF, este abogado fue muerto de un balazo en la cabeza la noche del 11 de marzo de 2002, cuando llegaba a su departamento ubicado sobre el bulevar Agua Caliente de Tijuana, Baja California. El licenciado Carrillo Barragán fue socio de un despacho jurídico junto con el licenciado Joaquín Báez Lugo, ejecutado el 5 de noviembre de 1999.

Encarcelados

Juan José Sánchez Gutiérrez: Mayor del Ejército mexicano, fue detenido por militares el 19 de noviembre de 1992 en Tijuana, acusado de servir de enlace entre Benjamín Arellano Félix y autoridades militares comisionadas en Baja California, ofreciendo cien mil dólares mensuales. Sánchez Gutiérrez tenía unos meses de haber renunciado a la dirección estatal de la Policía Judicial del estado, en los tiempos del procurador Juan Francisco Franco Ríos. Actualmente se encuentra recluido en el Campo Militar Número Uno, de la Ciudad de México.

Jesús Alberto Bayardo Robles "El Gory": Detenido el 24 de mayo de 1993 en Guadalajara, Jalisco, luego del asesinato del cardenal Juan Jesús Posadas Ocampo. Actualmente se encuentra en la prisión federal de San Diego, California, Estados Unidos.

Francisco Rafael Arellano Félix: Aprehendido por la PGR en Tijuana, Baja California, el 4 de diciembre de 1993. Actualmente se encuentra recluido en el Centro Federal de Readaptación Social Número Uno, La Palma, del municipio de Almoloya de Juárez, Estado de México. Fue sentenciado a siete años tres meses bajo el cargo de acopio de armas.

Francisco Cabrera Castro "El Piedras": Preso en La Palma, por el homicidio del ex subdelegado de la PGR en Baja California, doctor Ernesto Ibarra Santés. "El Piedras" fue detenido en el aeropuerto de Guadalajara, Jalisco, junto con Alejandro Hodoyán Palacios "El Alex" y Fausto Soto Miller "El Cheff", el 10 de septiembre de 1996.

Fausto Soto Miller "El Cheff": Cocinero de la familia Arellano Félix y ex trabajador del desaparecido restaurante Boca del Río de Tijuana, Baja California, es detenido en Guadalajara, Jalisco, el 10 de septiembre de 1996 y se encuentra preso en La Palma.

Gilberto Vázquez Culebro "El Cachuchas": Aprehendido el 10 de septiembre de 1996, en Guadalajara, Jalisco. En la actualidad está recluido en La Palma.

Alfredo Miguel Hodoyán Palacios "El Lobo": Perteneciente al grupo de narcojuniors a las órdenes del CAF, fue detenido junto con Emilio Valdés Mainero en Coronado, California, Estados Unidos, el 30 de septiembre de 1996. Actualmente está preso en La Palma, acusado de participar en el homicidio del ex delegado de la PGR en Baja California, doctor Ernesto Ibarra Santés. Además de ser el responsable de otras muertes en Tijuana, es señalado como la persona que secuestró y dio muerte a los hermanos Endir y Henain Meza Castaños.

Emilio Valdés Mainero "El CP": Detenido en Coronado, California, Estados Unidos, el 30 de septiembre de 1996. Está recluido en una cárcel federal de la ciudad de Indiana, Estados Unidos, y fue sentenciado a 30 años bajo los cargos de introducción, posesión y distribución de cocaína.

Alfredo Navarro Lara: General del Ejército mexicano, acusado de ofrecer un millón de dólares mensuales al general José Luis Chávez García, delegado (1997-1998) de la PGR en Baja California. La oferta fue del CAF y consistía en dejar trabajar a la organización sin problemas. La fecha de su detención fue el 17 de marzo de 1997, en Guadalajara, Jalisco. Fue sentenciado a 20 años de prisión.

Jaime Sosa García "El Sosa": Detenido el 9 de abril de 1997 en Carlsbad, California, Estados Unidos, durante una transacción encubierta de 100 kilos de cocaína. Sosa estaba a las órdenes de Emilio Valdés Mainero y fue secretario del ex agente del Ministerio Público de la Federación. Jesús Romero Magaña "Romerito", cuando éste se encargaba de recibir cargamentos de droga en el aeropuerto de Tijuana, Baja California, por encargo de Valdés Mainero.

Iván Candelario Magaña Heredia: Detenido el 9 de abril de 1997 en Carlsbad, California, Estados Unidos, junto con Jaime Sosa García.

Fernando Gastélum Lara: Capitán y ex coordinador de Seguridad Pública de Baja California Sur, fue arrestado por la PGR el 23 de febrero de 1997, acusado de participar en la venta de 10 toneladas de cocaína llegadas a México en 1995 en el avión Caravelle de matrícula colombiana que aterrizó en Llanos de Baturi, municipio de Todos Santos, Baja California Sur. Está preso en el Reclusorio Oriente del Distrito Federal. Gastélum Lara fue en un tiempo jefe de la Policía Judicial del Estado en Tijuana, en la delegación de La Mesa, renunciando al cargo poco después de que Ernesto Ruffo Appel asumiera la gubernatura.

Gerardo Álvarez Vázquez "El Gera": Detenido en junio de 1997, en Guadalajara, Jalisco.

Ramiro Zúñiga Cedillo "El Águila": También señalado como miembro de la banda de narcojuniors a las órdenes del CAF; no hay fecha de su detención, pero presuntamente fue aprehendido en Tijuana en septiembre de 1997, junto con Luis Alberto León Hinojosa, hermano del narcojunior identificado como "El Abulón".

Arturo Everardo Páez Martínez "El Kitty Páez": Detenido por militares en Tijuana, Baja California, el 8 de noviembre de 1997, cuando salía del restaurante de comida japonesa Utage, en el centro comercial Rocasa del bulevar Agua Caliente. Recluido desde el 5 de mayo de 2001 en la cárcel federal de San Diego, California, después de haber permanecido preso en el penal La Palma. El 14 de enero de 2002, la Corte federal de San Diego lo sentenció a 30 años de prisión al encontrarlo culpable de la introducción de dos toneladas de cocaína a Estados Unidos entre 1988 y 1996, además de lavado de dinero. "El Kitty" estuvo casado con una de las hijas de la familia Bustamante de Tijuana.

Arturo Eng Guerrero: Arrestado por la PGR cuando salía de un restaurante de Plaza Río en Tijuana, a finales de noviembre de 1997. Días después de que fue trasladado al Distrito Federal, fue puesto en libertad por falta de elementos para consignarlo.

Amado Cruz Anguiano: Detenido por el subdelegado de la PGR en Baja California, mayor Felipe Pérez Cruz, el 10 de marzo de 1998, cuando salía de su restaurante D'Carlos Butcher Shop, localizado sobre la avenida Rodolfo Sánchez Taboada de la Zona del Río en Tijuana, Baja California. Está recluido en La Palma, purgando una condena de cuatro años y medio, por el delito de lavado de dinero.

Aldo Ismael Higuera Ávila "El Mayelito": Hijo de Ismael Higüera Guerrero "El Mayel", fue detenido por un incidente de tránsito en Ensenada, Baja California, el 25 de mayo de 1998, junto con Fernando León León, Ricardo Solís Vega y Carlos González Félix. Este último formó parte del grupo de escoltas del ex gobernador de Baja California, Ernesto Ruffo Appel y fue director de la penitenciaría del estado en 1991. Tras su detención fueron trasladados al penal de La Palma, donde permanecieron por casi un año, pero el abogado Jaime Palafox y Javier Macklis Mercado lograron que fueran internados en la cárcel pública de Ensenada, de donde fueron liberados meses después. El viernes 25 de agosto de 2000, "El Mayelito" fue nuevamente detenido cuando escandalizaba en la vía pública junto con Edgar López Frausto, residente de San Diego, California. Ambos portaban armas de fuego y conducían una *pick-up* Toyota Tacoma 1998 con placas de California. Aldo Ismael Higuera Ávila de 23 años se identificó con una credencial de elector falsa, a nombre de Luis Gerardo Saldaña Gómez. Actualmente está recluido en La Palma.

Higinio Grijalva Portillo "El Robocop": Perteneciente a la escolta personal de Ramón Arellano Félix, "El Robocop" fue detenido en Los Ángeles, California, Estados Unidos, en junio de 1998.

Jorge Castro Gastélum "El Guicho": Detenido por la agencia antinarcóticos DEA y por el FBI en Los Ángeles, California, el 10 de julio de 1998, acusado de introducir más de tres toneladas de cocaína. Al momento de la detención, tenía en su poder cuatro toneladas de cocaína y 15 millones de dólares en efectivo. En el operativo aprehendieron también a Eladio Elenes Cázares "El Layo", Juan Carlos Pérez López

"Carlillos" y Jorge Álvarez Ángulo "El Robocop". Jorge Castro Gastélum es sobrino del ex coordinador de seguridad pública de Baja California Sur, Fernando Gastélum Lara, ya detenido.

José Manuel Rico Sánchez "El Varilla" o "El Manolo": Detenido el 24 de enero de 1999 en Chetumal, Quintana Roo, junto con su esposa Ofelia Fonseca Núñez —hija del narcotraficante Ernesto Fonseca Carrillo "Don Neto"—. Se les decomisó una avioneta con 462 kilos de cocaína, procedente de Sudamérica.

Sergio Sandoval Ruvalcaba "El Junior": Jefe de una banda a las órdenes del CAF, es detenido en su casa del barrio residencial de Bonita, California, Estados Unidos, en un operativo encubierto denominado "Búho", en el que participaron agentes de cinco corporaciones federales. Sandoval Ruvalcaba fue jefe de escoltas del ex procurador estatal, Juan Francisco Franco Ríos. Durante su paso por la procuraduría, Sergio Sandoval fue señalado por la PGR de vender credenciales de agentes judiciales a miembros del CAF por 10 mil dólares cada una. Algunas de las credenciales fueron encontradas en las pertenencias de los que murieron en la balacera de la discoteca *Christine* de Puerto Vallarta, Jalisco. El día de su aprehensión, el 2 de mayo de 1999, el FBI le decomisó un millón de dólares en bienes. Además de Sandoval Ruvalcaba, se detuvo a su novia Estelle Muñoz "La Flaca", Raúl Loza Parra "El Rulis", hijo del ex comandante de la Policía Judicial Federal (PJF) en Baja California, Raúl Loza Parra, Fernando Estrada Gutiérrez "El Tonka", Luis Martínez Ruvalcaba, Francisco García Galván, Ernesto Sandoval Ruvalcaba, Renán Gómez Morales, Enrique Hernández, Juan Romero Prieto, Antonio Sánchez Robles, Humberto Silva Barre "El Beto", Mauricio Velázquez Torres, Martín Marroquín González, Miguel Serrano, Candelario Mauricio Hernández y Ronnie Theodore Walters. Antes de su aprehensión en Bonita, California, Sandoval Ruvalcaba estuvo detenido seis días en la cárcel estatal de Mexicali, mientras era interrogado por militares en relación con un decomiso de cocaína en el puerto de San Felipe. La detención habría sido el 14 de marzo de 1997, junto con los agentes judiciales Alberto Sánchez Puerta y José Alfredo Ramírez Fuentes "El Pepas".

Bernardo Acosta Vargas: Detenido el 10 de junio de 1999 en San Diego, California, Estados Unidos, junto con Gilberto Aguilar Hernández, Marco Alatorre Ibarra, Rubén Álvarez, Juan Manuel Cortés Aguilar, Liz Aurora Díaz, Alonso Lugo Valenzuela. Óscar Henry Ohlson, Julio César Ortega Soto, Oswaldo Rosas Llamas, Tom Gary Strand, Raymond Sigler, Mayra Villanueva, Federico Villanueva Magallón y Guillermo Sanabria Torres. A esta banda integrante del CAF, se le decomisó dos toneladas de mariguana y 500 mil dólares en efectivo.

Gerardo Cruz Pacheco "El Capitán": Preso en La Palma por el homicidio del ex subdelegado de la PGR en Baja California, doctor Ernesto Ibarra Santés, y de Jesús "El Bebé" Gallardo Vigil, *sparring* de Julio César Chávez. En el primero de los casos fue sentenciado a 40 años de prisión y en el segundo a 25.

Alfredo Brambila Álvarez "El Bramboiler": Identificado por la PGR como narcojunior, no hay fecha de su detención. También hay versiones de que ya murió.

Jesús "Don Chuy" Labra Avilés: Detenido el 11 de marzo de 2000 en Tijuana, Baja California, junto con su sobrino Marco Antonio Labra Reyes. Desde el 31 de mayo está recluido en La Palma, después de que la PGR lo mantuvo arraigado por 81 días, en una casa del Distrito Federal, mientras era consignado a un juez de distrito. A Marco Antonio Labra Reyes lo liberaron el 11 de junio de 2000.

Ismael Higuera Guerrero "El Mayel": Detenido por el Ejército mexicano en una casa ubicada en el kilómetro 103 de la carretera Ensenada-Tijuana, durante la mañana del 3 de mayo de 2000. En el operativo fue detenido también el menor Jesús Alejandro Márquez de 15 años de edad, identificado por la PGR como uno de los hijos del "Mayel", Francisco Javier Moreno Bojórquez, Salvador Escobar Gallardo, Alberto Mendoza Sauceda, Mario César Maldonado Silva y Mario Alberto Rossei Gámez. Además a las colombianas Gena Alejandra Soto Soriana y Luis Fernanda Gauchita Bermúdez. Supuestamente ya había sido aprehendido el 1 de abril en una de las calles de Mazatlán, Sinaloa, pero la PGR desmintió la versión dos días después a través de un boletín. Todos están recluidos en La Palma.

Makoto Uno Morita: Detenido en Tijuana el 9 de junio de 2000, acusado por la FEADS de lavado de dinero al participar en la compra-venta de terrenos a Ismael Labra Avilés, cuando fue director de la Promotora para el Desarrollo Urbano de Tijuana (PRODUTSA). Lo último que se supo de él es que estaba arraigado en el hotel Arizona de la Ciudad de México.

María Elodia Abarca Castellanos: Presuntamente detenida el 7 de junio, en su despacho ubicado en el edificio de Las Torres de Agua Caliente.

Enrique Harari Garduño: Detenido en el fraccionamiento Playas de Tijuana por miembros del Ejército mexicano. La captura se registró la tarde del jueves 17 de agosto de 2000. Harari Garduño fue considerado brazo fuerte de Ismael Higuera Guerrero "El Mayel" y fue comandante de la Policía Federal de Caminos en la región y director nacional de la misma corporación policiaca. Está recluido en La Palma acusado de acopio de armas y brindar protección al CAF. El 14 de diciembre de 2001 es sentenciado a cumplir una condena de cuatro años. Su hijo Enrique Harari García "El Funny" fue encontrado muerto en un canal de riego del Valle de Mexicali, cerca de la carretera a San Felipe, el sábado 5 de mayo de 2001. Harari hijo, de 24 años, tenía tres balazos en la cabeza y su esposa lo había reportado como desaparecido en Mexicali dos semanas antes de su hallazgo.

Guillermo Salazar Ramos: Ex delegado de la PGR en Tijuana durante el periodo 1991-1992, fue internado en La Palma el jueves 23 de noviembre de 2000. A Salazar Ramos se le acusa de brindar protección y pertenecer al CAF. Durante su paso por la PGR fue socio de Alejandro Cázares Ledezma "El Globo" en el centro nocturno Pacer's. También fue socio del restaurante Boca del Río, donde Fausto Soto Miller era el *cheff* y del desaparecido bar La Cascada, de la Zona del Río. Lugares frecuentados en su tiempo por los hermanos Arellano Félix.

Miguel Ángel Fernández Loera: Detenido el 12 de febrero de 2001 en Mexicali, después de ser descubierto manejando una camioneta Ram con placas de Baja California. Minutos antes de su detención, elementos de la policía militar interceptaron la *pick-up* en la que iba a bordo Gilberto Higuera Guerrero "El Gilillo", hermano de "El Mayel". A Fernández Loera se le encontró documentación de la PGJE que lo acreditó como agente ministerial comisionado en el Grupo Antisecuestros. El 19 de febrero, el Ejército mexicano realizó cateos en ocho casas de Mexicali y se detuvo a

Miguel Ángel García Serrano "El Capi", Moisés Robles Vizcaíno, Alfonso Henkel Ponce "El Poncho", Ricardo Osuna Tirado y Jesús Antonio Tirado Tapia. El 26 de febrero se les dictó auto de formal prisión y fueron trasladados al penal La Palma, de Almoloya de Juárez. Durante los cateos se decomisaron armas y 2 millones y medio de dólares en efectivo.

Bernardo Araujo Hernández "El Jabalí": Cuñado de Ismael Higuera Guerrero "El Mayel", fue detenido el viernes 23 de marzo de 2001 en un domicilio de la colonia Narvarte de la Ciudad de México, junto con Rigoberto Yáñez Guerrero "El Primo", Roel Ariel Yáñez Guerrero "Misael" y Alfredo Naim Salmán Aguilar "Bocina". Los hermanos Yáñez Guerrero son primos de "El Mayel". Durante el operativo conjunto entre la PGR y el Ejército mexicano, se les decomisaron 35 armas largas, entre ellas 22 AK-47, chalecos y vestimenta de la PFP, PFCyP y PJF. Los cuatro fueron ingresados en el penal de La Palma de Almoloya de Juárez, el 25 de marzo. Dos miembros más del CAF que fueron detenidos en el mismo operativo se apegaron al programa de testigos protegidos de la PGR.

Humberto Rodríguez Bañuelos "La Rana": Uno de los principales sicarios del CAF, Rodríguez Bañuelos fue excarcelado de la penitenciaría de La Mesa de Tijuana, el 6 de julio de 2001. "La Rana" estaba procesado por el homicidio de una persona ocurrido en Tijuana durante la madrugada del 23 de marzo de 2001, bajo la identidad falsa de Carlos Durán Montoya de 55 años.

Ivonne Soto Vega "La Pantera": Principal "lavadólares" del CAF. Ivonne Soto Vega fue aprehendida en Tijuana el 19 de julio de 2001.

Gino Brunetti: Colombiano, fue detenido en Cancún, Quintana Roo, el jueves 23 de agosto de 2001. La PGR lo acusa de ser el principal proveedor de cocaína del CAF. Días después de su detención se anunció su entrega a las autoridades estadounidenses.

Capitán Antonio Carmona Añorve: Ex director de Seguridad Pública de Mexicali en la administración del presidente municipal Eugenio Elorduy Walther (1995-1998), es detenido en su casa del fraccionamiento Jardines del Valle, el 29 de agosto, durante un cateo realizado por elementos de la UEDO. La PGR lo señala como protector del CAF y lo mantiene arraigado en una casa de la Ciudad de México. El 30 de noviembre es ingresado al penal de La Palma, acusado de dar protección a los hermanos Ismael y Gilberto Higuera Guerrero, operadores del CAF en Mexicali.

Marcos Assemat: Tijuanense sicario a las órdenes de Ramón Arellano, fue detenido en un operativo en Mazatlán, Sinaloa, minutos después de la balacera donde murió Ramón. Junto con él fueron aprehendidos Sergio Reyes Cruz y Manuel López López. El primero, agente activo de la Policía Federal Preventiva en Sinaloa y el segundo, residente de Chula Vista, California.

Benjamín Arrellano Félix: Detenido en su residencia de Puebla, Puebla, durante la madrugada del sábado 9 de marzo de 2002. Benjamín se encontraba en esos momentos acompañado de su familia y de Manuel Martínez González "La Mojarra" de 29 años, quien también fue aprehendido. Ambos fueron trasladados al penal de La Palma.

Narcojuniors desaparecidos

Endir y Henaín Meza Castaños: Secuestrados y desaparecidos en la avenida Presidente Mazarik de la colonia Polanco de la Ciudad de México desde abril de 1995. A través de dos cartas publicadas en *Zeta* a finales de 1997 y principios de 1998, su madre María Castaños culpó a Ramón Arellano Félix de ser el responsable. Tiempo después, el 25 de agosto de 1998, su hija Abdelia Yadira Meza y su nieto Eduardo Gómez Meza fueron acribillados en el centro comercial Minarete, de Tijuana, Baja California. En el atentado resultó herido su yerno Gilberto Gómez Camacho. El padre de los hermanos Meza Castaños, Héctor Nahum Meza Dales "El Toro", descartó que la muerte de su hija fuera en venganza por las cartas publicadas.

Gustavo Miranda Santacruz "El Tavo Tortas": No se sabe de él desde el 3 de octubre de 1996, día que lo balearon en su carro Maxima 1991, cuando hacía línea para cruzar hacia Estados Unidos, por la garita internacional Tijuana-San Ysidro. Informes indican que después del atentado quedó inválido y se encuentra en Estados Unidos bajo el sistema de protección a testigos.

Alejandro Enrique Hodoyán Palacios "El Alex": Desaparecido desde el 5 de marzo de 1997. Anteriormente, el 10 de septiembre de 1996, fue detenido por militares en el aeropuerto de Guadalajara, Jalisco. El 11 de febrero de 1997, agentes de la agencia antinarcóticos de Estados Unidos lo trasladaron al aeropuerto de Brownfield en Otay Mesa, liberándolo días después.

Rogelio "El Pelón" y Raúl Eduardo Verber Campos: Ambos desaparecidos en Playas de Rosarito, junto con un trabajador de nombre Cecilio Beltrán Cavada, el 5 de enero de 1997.

"ME AGARRARON LOS *SHERIFES* AL ESTILO AMERICANO..."

Ramón Arellano Félix no tuvo agonía, murió antes de quedar tendido; cayó hacia atrás, por eso terminó desmadejado; con el pie izquierdo doblado, tanto, que el talón quedó cerca del bolsillo trasero de su *short*. Ni una señal de movimiento agónico, inanimado por la muerte, la cabeza sobre el pasto, entre banqueta y cordón; el brazo izquierdo hacia arriba en la zona de andar como señal del impacto; no pudo subir el derecho por el peso de la pistola. Al caer, en el pavimento de tránsito, ya no tenía fuerzas ni para sostenerla, el arma quedó a unos quince centímetros de su mano.

Ramón Arellano Félix no fue ejecutado; se necesitaba sorprenderlo por la espalda y dispararle a la nuca; hubiera caído boca abajo. Pero el fin de su vida fue dramático, balaceó al policía que pretendía detenerlo y éste tuvo todavía fuerza para responder fatídicamente. Ramón no supo a quién mató, ni el agente se enteró de haber acabado con la vida de un afamado capo. El cuerpo cayó frente a una farmacia y cerca de la defensa trasera de un auto azul compacto. Metros atrás de su cabeza, una camioneta Van y a otros tantos de sus pies, el corte del cordón para permitir la subida de vehículos.

Tengo un video tomado ese 10 de febrero de 2002 en Mazatlán; así como lo narro, pero luego la mano izquierda de Ramón aparece abajo y con una pulsera terminando en dos "bolitas", de esas que publicitan con propiedades curativas. Originalmente al ver la escena creía que era un reloj, pero un amigo periodista de Chihuahua examinó y magnificó el detalle en su computadora para confirmar que se trataba de una pulsera; no era el Rolex que acostumbraba usar. En el video, uno de los forenses saca algo de su bolsa izquierda delantera y también de la derecha trasera. Antes de subirlo a la camilla, le bajan la camisa en el frente, seguramente para ver si traía chaleco antibalas; pero con eso confirmé que no llevaba su medalla con la imagen guadalupana. De las que todos sus hermanos y pistoleros cercanos acostumbraban traer.

Taparon su cuerpo con sábana nueva blanca estampada y subieron el cadáver a una carroza de la funeraria Calderón. Hasta allí nadie sabía que era Ramón; todos teníamos la imagen de un hombre con abundante cabello y largo, no pelón a rape. Policías y reporteros lo tomaron como un pistolero más con credencial de la PGR.

Una semana antes en Guadalajara fue detenido cierto viajero de Sinaloa, conocido en el ambiente de la radio. Aparte de ebrio y drogado, traía cocaína en la bolsa. Rayó primero en lo indiscreto y se hundió en el escándalo, por eso dos agentes federales lo detuvieron, ni siquiera se resistió y menos se opuso a contestar sus preguntas. Les dijo de dónde venía, que era muy amigo de éste, otro y otro; y para más señas les comentó: El Domingo de Carnaval "El Mayo" Zambada estaría en una gran fiesta con sus amigos de Mazatlán.

Rápidamente a los federales "les cayó el veinte". Dejaron libre al sinaloense, ni siquiera hay constancia de su detención; inmediatamente hablaron a sus asociados del cártel Arellano Félix. Y por eso al saber de "El Mayo", Ramón decidió el viaje a Mazatlán. Así llegó este personaje al hermoso puerto sinaloense; igualito como cuando viajó a Guadalajara para matar y no pudo a "El Chapo" Guzmán. Le encantaba estar en los que llamaba "bailes grandes", que así les decía a los tiroteos; tenía pasión por apretar el gatillo, matar cristianos y darle tiro de gracia a sus enemigos.

Pero hubo algo fuera de lugar: no llevó a sus pistoleros estelares, le acompañaron inexpertos, sin arrojo. Cualquiera de los ausentes tenía más experiencia que los cuatro acompañantes a Mazatlán. Todavía no me explico la ausencia de Fabián Reyes Partida "El Calaco", Merardo León Hinojosa "El Abulón" y su hermano. De Fabián Martínez "El Tiburón" se dijo que había muerto en Ciudad Juárez, pero estoy seguro: hasta Ramón extrañó a David Corona Barrón, el famoso "CH", temible jefe de los sanguinarios gatilleros del Barrio Logan en San Diego, California, muerto en 1997 por sus compañeros durante un tiroteo en Tijuana.

Recuerdo cómo a Guadalajara fue casi con una veintena y otros tantos pistoleros los esperaban capitaneados por Humberto Rodríguez Bañuelos "La Rana". Llevó a más de diez matones a Tijuana para acabar con "El Cochiloco"; pero ir con tres descoordinados a Mazatlán solamente tiene una explicación: creyó ser el todopoderoso o ellos pensaron que nada más por acompañar a Ramón no les pasaría nada, que serían intocables.

En otras batallas siempre salían sin rasguño y dejando su huella mortal. En Mazatlán fue maniobra de kinder, equivocaron la calle, el rumbo, el vehículo y el momento.

Siendo cuatro no pudieron con dos enemigos y cometieron un par de fallas terribles: dos pistoleros huyeron a la hora del tiroteo, lo que no hubiera hecho ninguno de los expertos; y lo más dramático, inaceptable, imperdonable fue abandonar el cadáver de Ramón. Estoy segurísimo: "El Tiburón", "El Calaco", "El Abulón" o su hermano y "El CH" no lo hubieran dejado allí, tirado en la banqueta. Mejor se morían con él. La ausencia de los pistoleros empuja a considerar seriamente que todos están muertos. Un empujoncito a la confirmación viene de otro hecho: no estuvieron presentes para proteger a Benjamín cuando lo capturaron.

No creo que emboscaron a Ramón; si hubiera sido así, sus enemigos lo proclamarían inmediatamente; a nadie más que a ellos convenía. Es lógico; el de Mazatlán fue un episodio desafortunado, hubo sobreestimación; el enfrentamiento no tuvo razón. Muchas veces supe que los Arellano viajaban en auto y fueron detenidos por policías, paraban el vehículo, esperaban a que se acercaran los agentes; entonces sucedía una de dos cosas: se identificaban y les daban su propina, o disparaban desde adentro para matarlos a quemarropa; no fallaban. En Mazatlán no fue así, lo alebrestado de Ramón se impuso a la inexperiencia de sus pistoleros ocasionales.

Aquel 10 de febrero, don Gregorio Medina, mi amigo editor de *El Debate* en Mazatlán, me transmitió nota y fotos. Todavía no sabíamos, ni siquiera imaginábamos, que se trataba de Ramón, pero el martes 19 a las 9:32 de la mañana recibí el correo electrónico de un informante: "Podemos empezar con el evento suscitado el pasado 10 de febrero, cuando sicarios de los hermanos Arellano Félix durante un tiroteo con la policía ministerial del Estado, en la cual fallecieron dos policías y un sicario, recibí información de una fuente de confianza que uno de los muertos —Jorge Pérez López— es Ramón Arellano Félix. ¿Qué opina Usted? ¿Es posible?"

Contesté a su pregunta y agregué comentarios. El mensaje del día siguiente me estremeció: "Hay un 95% de probabilidades de que sí es". Luego otro correo: me mandó pros y contras para comentar, pero pidiendo a su vez los míos. Así lo hicimos. Más tarde respondió. Si por él fuera, le daba como positivo. Un 98%. Experto en los vericuetos del narcotráfico me dijo: "Estoy seguro de que es Ramón". "¿Pero y el otro dos por ciento?", pregunté y respondió que era el más difícil: la prueba de ADN. Solamente podían comparar con piel, sangre y cabellos de su hermano Francisco encarcelado en La Palma, pero se negó. Recordamos cómo Benjamín fue detenido en 1982 en San Diego y fue prisionero casi un año. Se solicitaron antecedentes.

Para completar mi nota llamé al compañero Isaac Guzmán de *Noroeste* de Mazatlán. Le solicité fotos e información y pregunté si sabía algo sin darle el nombre de Ramón. Al oír que no y darle las gracias agregué: "Parece que tienen algo 'gordo' por allí". Naturalmente "lo dejé picado", me preguntó y le dije: "Déjame publicarlo primero. Después te comento". Traté el asunto con mis compañeros editores y decidimos publicar lo más objetivo: "Investigan si mataron a Ramón Arellano". No teníamos un factor en la mano para asegurarlo y tampoco había un informe oficial. El titular nos permitía una posición sin compromiso; si era o no cierto, no perdíamos nada, simplemente nos adelantábamos a toda la información. Cerramos la edición y me retiré del periódico.

Isaac no quedó conforme y llamó entrada la noche a casa; insistió y no dije nada; luego solamente me pidió que le confirmara si había estado alguien de los Arellano en la balacera. Repetí que se esperara, volvió a la carga:

nada más que le dijera sí o no. "Interpreta mi silencio", contesté. Volvió a sonar el timbre telefónico a medianoche; Isaac me aseguró tener informes de sus compañeros en Culiacán de que Ramón era uno de los muertos, me pedía confirmar. No podía negarme, estaba en su papel. Le dije tal cual estaban las cosas, que no se había confirmado todavía; le aconsejé irse con cuidado, pero al día siguiente publicó afirmando la muerte de Ramón sin existir pruebas.

Ni la PGR o la DEA se atrevían a confirmarlo. Consulté a mi hombre informante; repitió, falta el ADN y me dijo desconsolado: "Francisco no quiere dar piel, cabello o sangre. No hay antecedentes en Estados Unidos". La confirmación se dio hasta 24 días después, precisamente cuando capturaron a Benjamín y lo afirmó; el altar descubierto en su casa fue la clave. Luego aceptó que le extrajeran sangre, permitió que le tomaran una muestra de piel, de cabello. A los pocos días la PGR lo confirmó, una semana después lo hizo la DEA.

Si alguna de sus muchas víctimas pudiera hablar desde la sepultura, tal vez le diría a Ramón: "Como te ves, me vi. Como me veo, te verás".

ÍNDICE ONOMÁSTICO

B

C

D

E

F

G

H

I

J

K

L

M

N

O

P

Q

R

S

T

U

V

W

Y

Z

ÍNDICE

El Cártel, de Jesús Blancornelas
Esta obra se terminó
de imprimir en agosto del 2006 en
Litográfica Ingramex, S.A. de C.V.
Centeno 162-1, Col. Granjas Esmeralda
México, D. F. 09810